rororo

Caroline von St. Ange ist Lerncoach, Bildungsaktivistin und Sinnfluencerin. Seit fast zwanzig Jahren lernt sie in unterschiedlichen Formaten mit Kindern. Heute inspiriert sie Zehntausende Abonnent:innen auf ihrem Instagram-Kanal @learnlearning.withcaroline mit allen Themen rund um Schule, Lernen und Hausaufgaben. Sie hat Philosophie, Sprache, Literatur und Kultur in München studiert. Ihr Ziel ist es, Eltern und Lehrkräfte dafür zu begeistern, Schule und Lernen neu zu denken, damit mehr Kinder ihr Potenzial entfalten können und die Schule im Glauben an den eigenen Erfolg verlassen. Bei rororo erschien im Sommer 2023 «Mein Lerntagebuch» für alle Schüler:innen, die Hausaufgaben und Lernen in den Griff bekommen wollen.

CAROLINE
VON ST. ANGE

Alles ist SCHWER, bevor es LEICHT ist

Wie Lernen gelingt

Rowohlt Taschenbuch Verlag

15. Auflage Mai 2026
Originalausgabe
Veröffentlicht im Rowohlt Taschenbuch Verlag, Rowohlt Verlag GmbH,
Kirchenallee 19, 20099 Hamburg, September 2023

Illustrationen im Innenteil Judith Mattes-Schneider
Covergestaltung zero-media.net, München
Coverabbildung Paula Winkler, FinePic®, München
Satz aus der Dolly bei Dörlemann Satz, Lemförde
Druck und Bindung CPI books GmbH, Leck
ISBN 978-3-499-01103-0

Kontaktadresse nach EU-Produktsicherheitsverordnung:
produktsicherheit@rowohlt.de

INHALT

3. WAS KANN ICH TUN, WENN MEIN KIND UNMOTIVIERT IST? 53

4. SCHWIERIGE LERNSITUATIONEN MEISTERN 74

EINLEITUNG MIT ENDGEGNER

Viele Menschen, die zum ersten Mal lesen, dass ich als Lerncoach arbeite, denken sich sicherlich: «Um Himmels willen – was braucht's denn noch alles?! Lerncoach! Früher, da sind wir einfach in die Schule gegangen und haben unsere Hausaufgaben gemacht, und es hat wunderbar funktioniert. Heute benötigen Kinder schon zum Lernen einen Coach.»

Interessanterweise denken diese Menschen das lediglich bis zu exakt dem Punkt, an dem sie auf ihren Endgegner treffen. Endgegner, so nenne ich augenzwinkernd die Kinder, die nicht «einfach zur Schule gehen» und nicht «einfach ihre Hausaufgaben machen». Kinder, die wüten, lügen, schreien, schimpfen, Stifte werfen und sich allem, was mit der Schule zu tun hat, einfach entziehen. Kinder, denen es schwerfällt, in der Schule mitzukommen, oder die zutiefst gelangweilt dort sitzen, ständig stören und nicht einsehen wollen, dass sie genau heute genau diesen Stoff lernen müssen. Kinder, die ihre Aufgaben ständig aufschieben oder immer nur genau so viel machen, dass sie gerade noch knapp versetzt werden. Kinder, die andere Lernmethoden bräuchten.

Von diesen Kindern gibt es erstaunlich viele. Mit ihnen muss man anders umgehen. Dieses «anders» vermittelt das Lerncoaching. Kinder profitieren enorm davon. In der Regel sind Lehrpersonen und Eltern bass erstaunt, wie viel sich in kurzer Zeit verbessern lässt. Ohne allzu große Mühe und mit zunehmendem Spaß. Das ist mein Versprechen an alle Eltern, Lehrkräfte und natürlich vor allem an die Kinder.

Wir haben heute eine neue Generation von Kindern. Kinder, die so erzogen wurden, dass sie entscheiden durften: «Möchtest du heute den gelben oder den roten Pulli anziehen?» Kinder, denen beigebracht wurde, dass sie über ihren Körper selbst verfügen dürfen: «Du musst Onkel Martin nicht küssen.» Und: «Du musst nicht aufessen, wenn du keinen Hunger mehr hast.» Kinder, die am Abendessenstisch mitreden dürfen. Gewalt, ein autoritärer Stil und disziplinarische Härte in der Erziehung nehmen stetig ab. Gleichzeitig wachsen demokratische Familienmodelle, in denen die Bedürfnisse aller mitgedacht werden. Ich befürworte diesen Wandel und bin überzeugt, dass er richtig ist. Kinder mit Respekt zu behandeln, Kindern im Rahmen ihrer altersgemäßen Möglichkeiten eine Wahl zu lassen, die Grenzen von Kindern zu achten – das finde ich gut. Gleichzeitig entstehen durch diese Erziehung kleine autonome Persönlichkeiten.

Und diese Persönlichkeiten kommen dann mit sechs Jahren in die Schule. Eine Schule, die fast immer noch genauso funktioniert wie Jahrzehnte zuvor: «Hier ist der Stoff, ich bin die Lehrkraft, du musst XYZ jetzt und heute lernen. In drei Wochen schreiben wir einen Test, wenn du es bis dahin nicht kannst, bekommst du eine 6. Heute Nachmittag machst du dann im Buch auf Seite 67 Nummer 3 und 4, aber bitte ordentlich und ins rote Heft.»

Diese autoritäre Art zu unterrichten ist verständlich, denn wir haben es alle nicht anders erlebt und denken, Schule könne nur genau so funktionieren. Wie soll man denn sonst etwas lernen? Und wie sonst soll man Leistung messen? Für viele Kinder funktioniert dieses System auch noch. Aber eben nicht mehr für die Endgegner-Kinder. Die Endgegner-Kids sind autonom, haben einen starken Willen, hinterfragen, sind es gewohnt zu entscheiden, wollen die Gründe hinter Arbeitsanweisungen verstehen. Sie lernen nicht, weil ihnen jemand das sagt, sie lernen, weil sie verstehen, warum sie etwas lernen müssen. Sie wollen Sinn – in der Erwachsenenwelt würde man «Purpose» dazu sagen. Sie wollen echte Motivation, und wenn sie in der 5. Klasse im Biologieunterricht die Organe der Weinbergschnecke lernen sollen, fragen sie berechtigterweise: Warum? Was hat das mit mir zu tun?

Mit diesen Kindern müssen wir anders umgehen. Ich bekomme jeden Tag Hunderte Nachrichten, etwa vierzig davon haben diesen Wortlaut: «Liebe Caroline, kannst du mir vielleicht helfen? Ich weiß nicht mehr weiter. Mein Sohn/meine Tochter will einfach nicht lesen/schreiben/rechnen lernen. Wir haben wirklich alles versucht. Aber es gibt hier nur noch Streit und Tränen wegen der Schule. Die Hausaufgaben zerstören den Familienfrieden. Ich weiß nicht mehr weiter.»

Was die Eltern da beklagen: Es stimmt, leider. Bis auf einen Punkt. Sie haben *nicht* alles versucht. Es gibt eine ganze Menge an Dingen, die man ausprobieren kann und die überraschend gute Veränderungen bewirken – wie ich auch bei meiner Arbeit als Coach in Brennpunktschulen regelmäßig erlebt habe. Von dieser ganzen Menge an positiven Veränderungen handelt dieses Buch.

Das Großartige ist: Selbst die «einfachen» Kinder, ich nenne sie auch die Kinder im «Erfüllermodus», profitieren von diesen Methoden. Kinder, die gerne kooperieren und selbst diese drei zusätzlichen Arbeitsblätter noch machen, obwohl sie den Stoff längst verstanden haben. Sie werden ebenfalls mit mehr Motivation, mit mehr Freude und dadurch mit mehr Erfolg lernen.

Sie werden wissen, *warum* sie das tun, was sie da tun (müssen), und sie werden die Schule mit einem andern Blick auf sich und die Welt verlassen.

Wir müssen unsere Kinder auf die Herausforderungen des 21. Jahrhunderts vorbereiten. Es ist sehr schwierig zu sagen, wie die Berufswelt in achtzehn Jahren aussehen wird. Deswegen fahren wir am besten, wenn wir Kinder zu kreativen, kritisch denkenden, kommunikativen und selbstlernenden Wesen heranziehen, die vor Herausforderungen nicht zurückschrecken.

Wie dieses neue Lernen gelingen kann, für alle Kinder, davon handelt dieses Buch.

1. KINDER WACHSEN LASSEN MIT DEM GROWTH MINDSET

«ICH KAAAANN DAS NICHT!»

Das höre ich bei den Hausaufgaben oft von meinen Schülerinnen und Schülern. «Du kannst es nooooch nicht!», rufe ich dann zurück. In diesem winzigen Austausch, den ich schon tausendfach erlebt habe, steckt eine ganze Menge, nämlich der Unterschied zwischen zwei Haltungen, die für das Lernen entscheidend sind.

Die Haltung oder das Selbstbild, im Englischen «das Mindset», beschreibt meine Grundeinstellung gegenüber mir und den Dingen – auch gegenüber dem Leben und dem Lernen. Die Psychologin Carol Dweck, Professorin an der Stanford University, hat herausgefunden, dass es bezüglich Herausforderungen und dem Lernen von neuen Dingen zwei unterschiedliche Mindsets gibt. Sie kam auf diese Idee, als sie einer Gruppe Schüler:innen eine Aufgabe gab, die ein bisschen zu schwierig für sie war.

Als sie die Kinder befragte, wie es ihnen damit ginge, waren die Antworten überraschend unterschiedlich. Einige Kinder sagten: «Das ist herausfordernd – das macht Spaß.» Oder: «Dabei lerne ich wenigstens was Neues.» Andere Kinder sagten

Dinge wie: «Das ist zu schwer. Das kann ich nicht.» Oder: «Darin bin ich nicht gut.»

Diese unterschiedlichen Haltungen gegenüber Herausforderungen faszinierten Carol Dweck so sehr, dass sie ihre gesamte wissenschaftliche Laufbahn diesem Phänomen widmete. Nach über dreißig Jahren Forschung ist ihr Mindset-Konzept mittlerweile ausgereift. Weil ihre Erkenntnisse so bahnbrechend sind für jedes Kind, das gerade zur Schule geht und lernt, nehmen sie viel Platz in diesem Buch und in meiner Arbeit ein.

Aber lassen wir uns zunächst verstehen, um was es geht.

FIXED MINDSET

Carol Dweck fand heraus, dass es ein Growth Mindset gibt, also eine «Wachstums-Haltung», und ein Fixed Mindset, also eine «Statische/festgelegte Haltung». Da diese Begriffe im Deutschen etwas holprig klingen und sich daher nicht durchsetzen konnten, bleibe ich wie viele meiner Kolleg:innen bei den englischen Begriffen *Growth Mindset* und *Fixed Mindset*. Das Herzstück dieses Ansatzes: Menschen reagieren unterschiedlich auf Herausforderungen und Misserfolge. Eben mit einem der beiden Mindsets.

Menschen mit einem Fixed Mindset sagen z. B.: «Darin bin ich nicht gut.» Bei dieser Überzeugung bleiben sie oft ein Leben lang: Sie denken, dass ihre Fähigkeiten fest, fixiert, unveränderlich sind. Bestimmt erinnern Sie sich an einen Mitschüler mit einem derartigen Mindset. Oder haben Sie es vielleicht selbst?

In der Schule, kurz nach der Mathearbeit, war ein solches Kind z. B. völlig verzweifelt und sagte weinend: «Ich hab's total verhauen!» Nur um ein paar Tage später erleichtert eine 1– in die Hand gedrückt zu bekommen. Diese fehlende Fähigkeit, sich selbst und die eigene Leistung realistisch einschätzen zu können und dazu die übersteigerte Angst zu scheitern, sind typisch für ein Fixed Mindset.

Menschen mit einem Fixed Mindset sind außerdem Könige im Vergleichen. Egal, welchen Raum sie betreten, sofort versuchen sie, sich einzuordnen. Merken sie, dass sie «die schlaueste Person im Raum sind», können sie aufatmen. Aber nicht lange, denn da ist immer die Angst, dass jemand anderes vorbeikommen, sie «entlarven» und ihnen vor Augen führt, dass sie doch nichts können. Ihre allergrößte Sorge ist es, dass jemand in einer Sache besser sein könnte, in der sie selbst gut sind.

GROWTH MINDSET

Menschen mit einem Growth Mindset hingegen sagen: «Ich mag es, neue Dinge zu lernen.» Sie fühlen sich durch Aussagen wie «Du kannst das nicht!» herausgefordert. Mein Bruder z. B. ist über fünfzig, ein gestandener Mann, verheiratet, vier Kinder, aber wenn man zu ihm sagt: «Wetten, dass du es nicht schaffst, bis ans andere Ufer zu tauchen!», reißt er sich die Kleidung vom Körper, springt ins Wasser und taucht so lange, bis er bewiesen hat, dass er es schafft.

Übertragen auf das Lernen bedeutet dies, dass Menschen mit einem Growth Mindset mit erhöhtem Einsatz auf schlechte Noten und Schwierigkeiten beim Lernen reagieren. Sie akzeptieren Misserfolge nicht, sondern machen so lange weiter, bis sie es können.

Außerdem sind sie im Gegensatz zu Menschen mit einem Fixed Mindset ziemlich gut darin, ihre Fähigkeiten akkurat einzuschätzen. Nach Prüfungen können sie recht genau sagen, wie gut sie abgeschnitten haben.

Menschen mit einem Growth Mindset vergleichen sich außerdem weniger mit anderen, sondern lieber mit sich selbst. Sie sind stolzer auf das, was sie erreicht haben, und geben seltener auf.

Growth und Fixed Mindset nach dem Konzept von Carol Dweck

FIXED MINDSET:

Zum Verständnis der Grafik und generell der hier beschriebenen Phänomene ist es wichtig zu erwähnen, dass diese beiden Köpfe die jeweiligen Enden eines Spektrums zeigen. Wenige Menschen haben *nur* ein Growth oder *nur* ein Fixed Mindset, die Mehrheit von uns befindet sich irgendwo dazwischen. Außerdem ist unser Mindset abhängig vom Gebiet, in dem wir uns bewegen, von den Menschen, mit denen wir zusammen sind, und von unserer Tagesform.

GROWTH MINDSET:

Die bahnbrechende Entdeckung von Carol Dweck war nun: Kinder mit einem Growth Mindset haben mehr Erfolg in der Schule und später im Leben als Kinder mit einem Fixed Mindset. Ab einem bestimmten Punkt ist ihre Haltung sogar *erfolgsentscheidend*. Und noch wichtiger: Man kann das Mindset eines Kindes *verändern*.

Wir als Eltern und Lehrpersonen sind in der Lage, das Mindset der Kinder zu verändern! Ist das nicht eine tolle Neuigkeit? Warum kommt das nicht in den 20-Uhr-Nachrichten? Ich würde sagen, das ist eine ziemlich große Sache.

DAS MINDSET VERÄNDERN

Um das Mindset zu verändern, gibt es verschiedene Möglichkeiten, auf die ich gleich noch eingehen werde. Bei Erwachsenen ist es etwas schwieriger, da sich ihr Mindset über Jahre verfestigt hat. Aber auch bei Erwachsenen ist es möglich, und Eltern und Lehrkräfte sind herzlich eingeladen, an ihrem eigenen Mindset zu arbeiten. Denn, Sie ahnen es, das eigene Mindset und die damit verbundene Vorbildfunktion sind ein entscheidender Faktor dabei, ob wir es schaffen, das Growth Mindset eines Kindes zu stärken.

Interessanterweise reicht es aber nicht, selbst ein Growth Mindset zu haben. Denn wie Carol Dweck nach eigener Aussage enttäuscht feststellen musste, geben Eltern ihr Mindset nicht automatisch an ihre Kinder weiter.

Wenn wir genauer darüber nachdenken, fällt allerdings auf, dass wir Kleinkinder fast immer im Growth-Mindset-Stil erziehen. Wenn ein Kind zu laufen beginnt, feuern wir es an. Fällt es hin, applaudieren wir und ermutigen das Kind, es gleich noch

Fixed Mindset / statisches Selbstbild	Growth Mindset / dynamisches Selbstbild
Fähigkeiten und Intelligenz sind grundsätzlich *vorgegeben* und nicht oder wenig veränderbar.	Fähigkeiten und Intelligenz sind grundsätzlich entwicklungsfähig und veränderbar.
Erfolg bedeutet, gute Noten zu haben oder der/die Beste zu sein. Dabei zählt das *Ergebnis*.	Erfolg bedeutet *Lernen*, um etwas besser zu verstehen.
Fehler werden gleichgesetzt mit einem *Mangel an Kompetenz*. Nach Fehlern sinkt die Motivation.	Fehler werden als *Entwicklungsmöglichkeiten* gesehen. Dadurch steigen die Motivation und Entwicklungsbereitschaft.

mal zu versuchen. Das Kind lernt mit jedem Sturz, und eines Tages kann es laufen. Niemand würde je auf die Idee kommen und zu seinem Kind sagen: «Du bist so schlau, deshalb hast du so schnell Laufen gelernt. Laufen liegt dir einfach.» Nein, wir gehen davon aus, dass unser Kind Laufen lernen wird, deswegen lassen wir uns von Misserfolgen nicht entmutigen, sondern bestärken das Kind darin, einfach weiterzumachen.

Irgendwann, meist mit Eintritt in die Schule, kommt uns dieses Mindset abhanden. Wenn ein Kind nun alles falsch schreibt, beginnen wir uns zu sorgen: Ist es nicht klug genug? Warum kann es das nicht, ich habe es doch schon dreimal erklärt? Warum macht es das schon wieder falsch? Das sind alles Fragen, die wir uns in Bezug auf das Laufen- oder Essenlernen niemals stellen würden.

Was wir als Eltern tun sollten? Wir sollten diese Haltung, dass Fallen nicht schlimm ist und sie es schon bald schaffen werden, gegenüber unseren Schulkindern beibehalten.

Wichtig zu betonen: Das Growth Mindset ist keine Zauberpille. Es ist nur eine Haltung, aber eine wichtige. Denn sie hilft uns und vor allem Ihrem Kind,

1. etwas Neues anzufangen und sich auf Herausforderungen einzulassen, denn es hat im Hinterkopf die prinzipielle Einstellung: Wenn ich will, dann kann ich das lernen;
2. nicht aufzugeben. Wenn wir Fehler machen, scheitern, der Kopf brummt, es einfach nicht klappen will, dann haben wir das Bild im Kopf, wie gerade unsere Synapsen wachsen;
3. ins Handeln zu kommen. Denn allein durch das Growth Mindset lernt natürlich niemand etwas. Es geht vielmehr darum, mit dem Growth Mindset die nötige Motivation aufzubauen und dadurch ins echte Tun zu kommen.

Das Growth Mindset hilft, anzufangen.

Und es hilft, durchzuhalten.

Wir haben also verstanden, dass ein Growth Mindset besser ist als ein Fixed Mindset und dass sich die schulischen Leistungen allein durch eine Änderung des Mindsets deutlich verbessern lassen, ungeachtet der Intelligenz oder der Art des Unterrichts. Eine nützliche Erkenntnis. In den Vereinigten Staaten hat sie sich schon durchgesetzt, sodass sich viele Schulen der Stärkung des Growth Mindsets verschrieben haben und auf diese Weise innerhalb kürzester Zeit in Leistungstests besser abschnitten als Klassen bzw. Schulen, die sich die Förderung des Mindsets nicht als Ziel gesetzt hatten.

In Deutschland liegen wir hier noch Jahrzehnte zurück. Eine Umfrage auf meinem Instagram-Kanal mit inzwischen mehr als 150 000 Nutzer:innen ergab, dass über 80 Prozent der antwortenden Lehrkräfte noch nie etwas vom Growth Mindset gehört hatten. Es ist also nicht unrealistisch, dass die Lehrkraft des eigenen Kindes nicht Growth-Mindset-fördernd unterrichtet. Dabei ist das keine Raketenwissenschaft. Im Gegenteil. Hier einige Beispiele, wie man das Growth Mindset im Unterricht fördern kann:

- Schwierigkeitsgrad langsam, aber stetig steigern, weitere Leistungsfortschritte ermöglichen,
- richtige Antwort ermöglichen durch Umformulierung, Hilfestellung, Zeit,
- Rückführung des Resultats auf Fleiß und Anstrengung (z. B. «Gut nachgedacht!», «Gut aufgepasst!»),
- Lob nur bei wirklicher Anstrengung (Dinge, die das Kind ohne Anstrengung geschafft hat, nicht hervorheben),
- Rückführung des Resultats auf zu geringen Einsatz und niemals auf Intellekt (z. B. «Das kannst du besser, ich weiß, dass du dich mehr anstrengen kannst.» Statt: «Mathe liegt dir nicht so.»),
- neutrale Rückmeldung, dass noch mehr getan werden muss, kein Tadel,
- immer wieder äußern, dass ich als Lehrkraft dem Schüler die richtige Antwort zutraue,
- prozessbezogenes anstatt ergebnisbezogenes Lob (nicht die Note zählt, sondern der Lernprozess),

- Hervorhebung des weiteren Wegs (z. B. «Jetzt, wo wir hier stehen, geht es dort weiter»),
- «noch», z. B. «Das kannst du *noch* nicht!»,
- «schon», z. B. «Das hast du *schon* gelernt, und hier müssen wir *noch* dran arbeiten»,
- «Das Gehirn ist ein Muskel!»-Analogie verwenden (s.u.).

Diese Herangehensweise ist nicht nur für die Arbeit von Lehrkräften hilfreich, sondern kann auch Ihnen als Eltern Orientierung bieten. Etwa, wenn es um Hausaufgaben geht oder Ihr Kind für Klassenarbeiten lernen muss. Natürlich wäre es wünschenswert, wenn auch Lehrkräfte verstärkt mit diesem Konzept arbeiten würden. Doch bis sich das durchgesetzt hat, können auch Sie das Growth Mindset Ihres Kindes entscheidend fördern und stärken.

Nutzen Sie die Kraft des Wörtchens «noch» z. B. für den kritischen Unterschied zwischen «Mama, ich kann das einfach nicht!» und «Du kannst das *noch* nicht!». Fördern Sie Ihr Kind jeden Tag ein wenig in Richtung des Growth Mindsets.

Ein Kind mit einem Growth Mindset denkt z. B. nicht: «Jetzt bloß keinen Fehler machen.» Es denkt vielmehr: «Ich kriege das schon irgendwie hin!» Es glaubt nicht: «Ich kann das einfach nicht.» Es weiß vielmehr: «Wenn ich mir wirklich Mühe gebe, schaffe ich das.»

Ihrem Kind ein Growth Mindset zu vermitteln, gehört zu den größten Geschenken, die Sie ihm machen können. Leider funktioniert Schule heute (noch) so, dass vor allem jene Kinder gelobt werden und Erfolgserlebnisse haben, die etwas «sofort gut können», und weniger die Kinder, die sich besonders anstrengen und es dann schaffen. Fehler machen führt zu einem

Nachteil, einer schlechten Note, und so bekommt ein Kind verständlicherweise Angst davor. Es ist fast so, als hätte sich die Schule zum Ziel gesetzt, Growth Mindsets zerstören zu wollen.

Wenn ein Kind oft an sich zweifelt oder wegen schlechter Noten weint, hilft die folgende Übung.

LERNERFOLGE SICHTBAR MACHEN

Eine der wichtigsten Methoden, um das Growth Mindset zu stärken, ist: Lernerfolge sichtbar zu machen. Sichtbar und am besten begreifbar wie in diesem Beispiel:

Man nehme eine Rolle Klopapier und einen Kugelschreiber. Nun setzen Sie sich gemeinsam hin, gerne auch als Familie, und schreiben auf jedes Blatt eine Sache, die schwer zu lernen war, die das Kind aber gemeistert hat. Laufen, Fahrrad fahren, mit Besteck essen, Schuhe binden, zählen, das Alphabet aufsagen, lesen, auf Bäume klettern, schaukeln usw. Die Übung ist erst beendet, wenn die ganze Rolle vollgeschrieben ist (Sie dürfen groß schreiben). Ja, eine ganze Rolle ist viel – doch speziell hier gilt: Viel hilft viel.

Die Rolle würde ich danach wieder aufwickeln und gut sichtbar aufstellen, als klares Zeichen für Ihr Kind: Diesen riesigen Berg an Sachen habe ich schon gelernt, sie waren alle schwierig, und auf dem Weg dahin musste ich viele Fehler machen. Sehr oft hat es nicht geklappt, bis ich es plötzlich geschafft habe. Deshalb ist es wahrscheinlich, dass ich diese Sache, die mir gerade so schwerfällt, wohl auch schaffen werde, wenn ich einfach einiges Hinfallen in Kauf nehme und mindestens ebenso oft wieder aufstehe.

Ist Klopapier das schönste Material für diese Übung? Nein, aber ich bin mir sicher, dass Sie welches zu Hause haben – und mir geht es darum, mit möglichst wenig Aufwand viel zu erreichen. Selbstverständlich kann man diese Übung beliebig verschönern und z. B. Luxus-Klopapier wählen. Viel wichtiger jedoch ist es, sie überhaupt zu machen. Am besten jetzt gleich; spätestens heute noch.

Eine andere gute Möglichkeit für Kinder, die wenig an sich glauben, ist, die mittlerweile populäre Idee des Dankbarkeitsglases einfach zu erweitern. Wer es noch nicht kennt: Beim Dankbarkeitsglas schreibt man jeden Abend etwas, für das man dankbar ist, auf einen kleinen Zettel und steckt ihn in ein altes Konservenglas. Am Ende des Jahres hat man ein Glas voller Dankbarkeit für schöne Momente.

In der Erweiterung zur Unterstützung des Growth Mindsets schreibt man nun einfach etwas auf einen Zettel, das man heute gelernt hat. So kommt eine ganz schöne Menge zusammen, und es wird unmöglich für das Kind zu glauben, dass es «nichts kann».

Eine weitere tolle Methode ist es, die Lernreise bei einem bestimmten Thema sichtbar zu machen.

Dazu nehme ich meist ein Band oder einen dicken Faden, fixiere ihn mit vielen Schwüngen und Bögen, gleich einer Auto-Rennstrecke von A nach B an einer Pinnwand. Anschließend schreibe ich die einzelnen Stationen des Lernwegs kleinteilig auf Mini-Post-its, die ich an das Band hänge. Bei einem Erstklässler wären das z. B. die Buchstaben, pro Post-it ein Klein- und Großbuchstabe, in der richtigen Reihenfolge, wie sie in der Schule durchgenommen werden. Dann bastele ich gemeinsam mit dem Kind eine Figur des Kindes, die mit einer Reißzwecke immer an der Stelle befestigt wird, wo das Kind gerade steht. So wird auf den ersten Blick deutlich: Wahnsinn, dort bin ich gestartet, und jetzt bin ich schon so weit gekommen!

Alternativ kann man auch zwei Konservengläser nehmen. Im linken Glas stehen auf kleinen Zetteln all die Dinge, die in der nächsten Zeit zu lernen sind. Darauf ist ein Aufkleber mit einem kleinen Samen, der in der Erde und vielleicht gerade aufgegangen ist. Auf den kleinen Zetteln stehen z. B. schwierige Wörter, die immer wieder falsch geschrieben werden, oder das nächste Mathe-Thema. In das rechte Glas, auf dem der Aufkleber eines Baums ist, wandern die Zettel, sobald die Sache gelernt wurde. So kann man immer wieder die Zettel des linken Glases durchgehen und Woche für Woche feststellen: Wow, schon wieder was gelernt. Ab in das rechte Glas damit!

RESEARCH ON A HERO

Dies ist eine Übung, die Carol Dweck in ihrem Proseminar mit all ihren Studierenden macht. Sie bittet sie, sich ihren Hero auszuwählen, also einen Star, den sie bewundern. Eine Person, die Großes geleistet hat, die Vorbild ist. Dann sollen sie Annahmen über diese Person treffen. Z. B.: «Adele wurde mit einer einmaligen Stimme geboren. Es war klar, dass sie mal eine weltberühmte Sängerin wird, denn ihre Stimme ist so besonders.» Diese Annahmen müssen die Studierenden dann überprüfen, indem sie die Geschichte und den Werdegang der betreffenden Person recherchieren. Wie ist sie wirklich zu dem geworden, was sie heute ist?

In jedem einzelnen Fall stellen die Studierenden fest: Jeder ihrer Heros hatte zwar eine Neigung und ein Talent. Doch viel entscheidender war und ist: Die Person hat Ausdauer gezeigt, hat sich von Misserfolgen nicht aufhalten lassen, hat lange gekämpft, Durststrecken überstanden, und irgendwann war sie an dem Punkt, für den wir sie heute so bewundern.

Diese Übung mache ich gerne mit Jugendlichen. In einer Klasse bitte ich jeden, sich eine Person vorzunehmen und deren Werdegang den anderen vorzustellen. So haben wir am Ende viele verschiedene Geschichten, die uns selbst Kraft geben, wenn es mal nicht so einfach ist.

Ansonsten empfehle ich Eltern, zusammen mit ihren Kindern Dokus über Stars zu schauen. Darunter gibt es mittlerweile ganz großartige, z. B. über Cristiano Ronaldo oder Michael Jordan, die beide ihren Erfolg zu 100 Prozent auf ihr Durchhaltevermögen zurückführen. Natürlich gehört zum Erfolg auch dazu, von einem funktionierenden Bildungssystem gefördert zu werden und ein unterstützendes Umfeld zu erfahren.

Die Frage ist nämlich nicht, ob jemand talentiert ist oder nicht. Viele Menschen, die nie irgendetwas erreichen, wurden trotzdem mit Talent und Intelligenz geboren. Ich würde sogar dem Hirnforscher Gerald Hüther zustimmen und sagen: «Jedes Kind ist hochbegabt.» Hochbegabt auf seine Weise. Die Frage ist nur, was machen wir als Eltern und als Lehrkräfte aus dieser Begabung? Und wird das Kind eine Haltung haben, die ihm hilft, dieses Talent zum Erblühen zu bringen?

SAG DEINEM KIND NICHT, DASS ES SCHLAU IST!

In den 90er-Jahren gab es eine riesige Bewegung, die versucht hat, das Selbstbewusstsein von Kindern zu stärken mit Suggestionen wie: Du bist schlau! Du bist toll! Du bist perfekt!

Der Gedanke dahinter war, dass Kinder auf diese Art ein besseres Selbstbewusstsein entwickeln. Er entsprang der Erkenntnis, wie kontraproduktiv es ist, Kindern zu sagen, sie seien dumm, faul usw. An sich also eine gute Entwicklung und von den Eltern, die das tun, auch gut gemeint.

Dass dieses «Intelligenz-Loben» auch eine Schattenseite hat, war bis zu Carol Dwecks Mindset-Forschung nur wenigen bewusst.

Wie Carol Dweck sinngemäß sagt: Wenn du jemanden schlau nennst, dann stellst du ihn auf ein Podest. Und irgendwann beginnt sich das ganze Leben dieses Kindes darum zu drehen, bloß auf diesem Podest zu bleiben. Wir wollen den guten Eindruck, den andere von uns gewonnen haben, unbedingt bewahren. Deshalb verengen wir unsere Welt immer weiter und bleiben auf unserem kleinen Podest stehen, indem wir neues Terrain, sprich, bisher Unbekanntes, meiden. Wir verweilen dort, wo wir uns sicher fühlen und keine Fehler fürchten müssen. Aber wer wachsen und sich wirklich weiterentwickeln will, muss Fehler machen. Es ist, als hätten wir einen endlos verzweigten Baum und so viele Wege zum Klettern, aber das Kind klammert sich an den einen Ast, auf dem es sich sicher fühlt, anstatt sich zu trauen, auch andere Äste auszuprobieren.

Stellen wir uns vor, ein Kind kommt in die erste Klasse, und das Lesenlernen fällt ihm leicht. Eigentlich konnte es schon vor der Schule lesen, und nun liest es überdurchschnittlich gut. Was sagen wir zu diesem Kind? «Du bist ja schlau, dass du jetzt schon so gut lesen kannst!» Was hört das Kind? Es hört die unterschwellige Botschaft: «Aha, wenn ich etwas schnell kann, wofür ich mich nicht besonders anstrengen musste, dann bin ich schlau. Heißt also, wenn ich mich so anstrengen müsste wie die anderen Kinder, wäre ich nicht schlau.» Eine verständliche, aber fatale Schlussfolgerung, die das falsche Mindset fördert: das Fixed Mindset. In der Folge entwickelt das Kind Angst vor Neuem – das Gegenteil von Lernfreude, Neugier und Kompetenzerweiterung.

Dasselbe Kind, das sich in der Grundschule so leichtgetan hat, kann in der 6. Klasse plötzlich arge Probleme haben, Bruchrechnung zu verstehen. An sich hat es die mentalen Fähigkeiten, also einen genügend hohen IQ, um Bruchrechnen zu erlernen. Aber sein starkes Fixed Mindset hindert es daran, sich wirklich auf die Komplexität des Themas einzulassen, zu üben, Fehler zu machen, aus diesen zu lernen und es gleich noch mal zu versuchen. Denn dieses Kind, das immer für seine Schnelligkeit und Fehlerlosigkeit gelobt wurde, glaubt nun enttäuscht und frustriert: «Wenn ich das nicht auf Anhieb verstehe, dann liegt es mir einfach nicht.»

Viele Kinder, die sich in der Schule unfassbar leichttun, erleben dann im Studium ein böses Erwachen. Plötzlich ist die Stoffmenge sehr groß und überaus komplex, sodass auch die größte Intelligenz nicht mehr ausreicht und man sich die Dinge schlicht mühsam und hart erarbeiten muss. Viele dieser «schlauen Kinder» erleiden dann eine echte Sinnkrise, rutschen ins Burnout oder werden zu Ober-Prokrastinierern, einfach weil sie nie gelernt haben, dass es völlig normal ist, wenn Neues anstrengend ist. Dass unser Verstand wächst, wenn es sich nach «Arrrgh – das ist so kompliziert!» anfühlt. Ihnen ist nicht klar, dass genau das der Ort ist, an dem sie wirklich über sich hinauswachsen.

Vorwerfen kann man den Kindern nicht, dass sie bis dahin noch nicht an diesem verheißungsvollen Ort waren. Das ist schlichtweg eine riesige Schwachstelle unseres Bildungssystems, das sehr schlecht darin ist, die beiden Enden des IQ-Spektrums zu fördern, und stattdessen Kinder auf Durchschnitt trimmt. Wie schade, dass diese Kinder erst erwachsen werden müssen, um zu erfahren, was echtes Lernen bedeutet, also was es heißt, sich selbst herauszufordern, zu scheitern und es noch mal und noch mal zu versuchen. Wie viel hätten sie in den Jahren davor lernen können, wenn sie Lehrkräfte gehabt hätten, die sagen: «Das ist alles richtig. Entschuldige, ich habe dir eine zu leichte Aufgabe gegeben. Probier mal diese hier, damit dein Gehirn auch die Chance hat zu wachsen.»

Stattdessen werden in der Schule oft jene Kinder am meisten bewundert, die «eine 1 schreiben, ohne zu lernen». Ich frage mich: Was gibt es da zu bewundern? Offensichtlich war die Aufgabe für diese Kinder zu leicht.

In der Sekundarschule (Berliner Realschule), in der ich zwei Jahre gearbeitet habe, hatte ich einen Jungen in der Klasse, der ein klassischer Fall für dieses Phänomen war. Er hatte eine schnellere Auffassungsgabe als die anderen in der Klasse und schrieb fast nur Einsen. Demnach war er der «Schlaueste», aber eben nur an einer Schule, die ein niedriges Niveau hatte. Ganz offensichtlich war er an dieser Brennpunktschule im Norden Berlins falsch und hätte problemlos Abitur machen können. (Damit will ich nicht sagen, dass ein Abitur für alle das Ziel sein sollte, einfach nur, dass ich ihm eine höhere Komplexität zutraue.)

Darauf angesprochen, ob ich ihm helfen dürfe, ein Stipendium zu bekommen und die Schule zu wechseln, weigerte er sich. Zu groß war augenscheinlich seine Angst, seine Position zu verlieren, plötzlich Fehler zu machen und umgeben zu sein von anderen, die ebenso «schlau» oder noch «schlauer» waren als er. So schade. In ihm steckte noch so viel mehr, als er sich zutraute.

Es ist vollkommen unerheblich, was die anderen können. Entscheidend ist, dass ein Kind lernt, sich nicht mit anderen, sondern nur mit sich selbst zu vergleichen. Wer um mich herum ist, ist willkürlich. Auch wenn ich auf das anspruchsvollste

Gymnasium gehe, werde ich mich spätestens im Studium zwischen anderen wiederfinden, die mindestens genauso intelligent oder, oh je, noch intelligenter sind als ich. Die meisten Menschen mit einem Fixed Mindset fallen spätestens dann in ein tiefes Loch.

Viel mehr zu feiern wäre also die Person, die viel gelernt und deshalb eine 2 geschafft hat. Oder die, die in der letzten Arbeit hundert Fehler hatte und in dieser nur noch zwanzig – sie hat schließlich eine fünfmal bessere Leistung erbracht. In unserem Schulsystem bekommt sie für beides eine 6, und das ist ein Problem – der Schule, nicht des Schülers.

HEITER SCHEITERN UND FEHLER ALS CHANCE KOMMUNIZIEREN

Auch hier gilt: Wir als Erwachsene haben eine Vorbildfunktion. Kindern schauen sich bei uns ab, wie wir mit Niederlagen oder Fehlern umgehen, sie orientieren sich an unserem Verhalten. Wenn wir wollen, dass unsere Kinder nicht bei der kleinsten Hürde oder einem Rückschlag sofort verzweifeln, müssen auch wir als Eltern und Lehrkräfte ein Growth Mindset vorleben.

Eine gute Methode dafür: selbst zu scheitern. Wir als Erwachsene müssen laut und öffentlich scheitern, zu unseren Fehlern stehen, diese nicht zu ernst und nicht zu wichtig nehmen und den Kindern vormachen, wie man mit Misserfolgen umgehen und aus Fehlern lernen kann. Das vorzuleben ist selbst bei den kleinsten Alltagsfehlern und Misslichkeiten möglich; z. B. so: «Mist, jetzt habe ich mich verfahren, und wir sind eh schon viel zu spät. Oh nein, so etwas Blödes! Ich habe nicht aufgepasst und die Abfahrt übersehen, ach Mann, das ärgert mich jetzt. (Pause) Na ja, so schlimm ist es auch nicht. Ich war eben gerade in Gedanken, und wir machen alle Fehler. Jetzt habe ich auf jeden Fall wieder gemerkt, dass ich mich besser konzentrieren muss, wenn ich einen Weg fahre, den ich noch nicht gut kenne. Das kann ich machen. Vielleicht stelle ich mir das Navigationsgerät auch wieder laut, dann wird das beim nächsten Mal bestimmt nicht passieren.»

Wir sehen hier einen Viererschritt aus: sich ärgern – Fehler eingestehen – relativieren – in die Selbstwirksamkeit zurückfinden. Wenn Sie jede Situation, in der etwas schiefgeht, dafür nutzen, wird Ihr Kind schon sehr bald selbst auf diese souveräne Weise reagieren: «Mist, ich habe bei allen Aufgaben ‹minus› gerechnet, dabei stand überall ‹plus›. Oh man, so was Blödes, jetzt muss ich alles noch mal machen, und ich wollte doch so gerne schon nach draußen. Na ja, immerhin geht ‹plus› einfacher. Ich bin auch einfach schon sehr müde nach dem langen Schultag, da kann man so was mal übersehen. Ich glaube, beim nächsten Mal nehme ich erst einen Textmarker und markiere mir alle Rechenzeichen in Gelb, dann passiert mir das nicht noch mal.» So geht das.

Diese Methode habe ich bei der amerikanischen Psychologin Dr. Becky Kennedy gelernt. Sie ist so wirksam, dass ich sie Ihnen von ganzem Herzen empfehlen kann. Immer wenn Ihnen etwas herunterfällt, Sie zu spät kommen oder Ihr Chef ungehalten ist, weil Sie etwas versäumt haben: ärgern – Fehler eingestehen – relativieren – in die eigene Kraft zurückfinden.

DAS GEHIRN IST EIN MUSKEL

Nein, ist es nicht! – Doch, ist es! – Nein! – Okay. Also: Das Gehirn ist natürlich rein physisch betrachtet kein Muskel; es besteht aus Nervengewebe und nicht aus Muskelgewebe.

Für Kinder jedoch, die verstehen sollen und wollen, wie ihr Gehirn funktioniert, eignet sich diese biologisch falsche Aussage als Analogie sehr gut. Unsere Gehirne ähneln nämlich einem Muskel stärker, als wir denken: So, wie unsere Muskeln wehtun müssen, wenn sie wachsen sollen, so sind es oft schmerzhafte Herausforderungen, die unseren Verstand zum Wachsen bringen. Wenn wir muskulöser werden wollen, hilft es nicht, Übungen zu machen, die uns leichtfallen. Nein, wir brauchen Gewichte und viele Wiederholungen. Beim Lernen ist es genauso: Wer immer in der Komfortzone bleibt, lässt keine neuen starken Verbindungen im Gehirn entstehen.

Unsere Gehirne sind auch in der Hinsicht wie Muskeln, dass wir zwar alles über Sport, Ernährung oder die besten Übungen wissen können und dieses Wissen nützlich ist, aber am Ende des Tages müssen wir die Dinge *tun*. Beim Lernen ist es genauso. Es hilft, anderen zuzuschauen, sich Tipps zu holen, viel zu lesen – aber am besten lernt, wer etwas selbst tut.

Eine weitere schöne Analogie: Wenn ich einen durchtrainierten Körper möchte, ins Fitnessstudio gehe, dort lediglich zwei Übungen mache, von denen ich die eine kaum schaffe, dann gehe ich auch nicht nach Hause und sage: «Hm, ich bin immer noch schwabbelig, Sport bringt also nichts.» Nein! Ich muss natürlich über viele Wochen und Monate hinweg immer wieder Sport machen, an meine Grenzen gehen und diese erweitern, und irgendwann habe ich dann einen muskulösen Körper. Unser Gehirn und das Lernen funktionieren genauso. Ich muss schwierige Aufgaben immer wieder angehen, das Level ständig steigern und muss viel Zeit einplanen, aber dann kann ich Enormes leisten.

Dabei ist es besonders wichtig, Erfolgserfahrungen zu ermöglichen, vor allem für Kinder, die Probleme haben, in der

Schule mitzukommen. Immer wenn sie sich ein Thema hart erarbeitet haben, ist die Klasse schon wieder weiter, und sie fangen von vorne an. Ständig haben sie das Gefühl, nichts zu können. Dabei lernen sie sehr wohl mit, nur eben in einem anderen Tempo.

Für diese Kinder ist es extrem wichtig, dass sie echte Erfolgserlebnisse haben. Lehrkräfte sind dazu verpflichtet, zu differenzieren, also unterschiedliche Schwierigkeitslevel an Aufgaben anzubieten. Leider geschieht das in der Praxis viel zu häufig nicht. Wenn das bei Ihnen der Fall ist, gehen Sie unbedingt mit der Lehrkraft ins Gespräch, und entwickeln Sie gemeinsam einen Arbeitsplan, bei dem auch Ihr Kind Erfolgserfahrungen sammeln kann. Manchmal sind Lehrkräfte regelrecht dankbar, wenn sie daran erinnert werden und dabei elterliche Unterstützung erfahren. Fürs Mindset, fürs Lernen und für die schulische Laufbahn insgesamt ist das enorm wichtig.

LOBEN ODER NICHT?

Und wenn es dem Kind dann gelungen ist, sich zu verbessern? Wenn es Fortschritte macht? Der Impuls, den viele von uns dann haben: das Kind zu loben. Inwiefern das durchaus auch problematische Seiten haben kann, habe ich bereits anklingen lassen. Nicht dass wir uns falsch verstehen: Ich bin nicht gegen das Loben an sich, auch wenn ich finde, dass viele Menschen es etwas damit übertreiben.

Viel wichtiger als ein Lob von außen ist jedoch das Gefühl des Kindes, wenn es in eine Tätigkeit vertieft ist, die es gerade erfolgreich bewältigt. Deswegen frage ich gern: «Wie fühlt sich das an?», wenn ein Kind z. B. gerade eine anspruchsvolle Matheaufgabe gelöst oder einen guten Aufsatz geschrieben hat.

Denn viel wichtiger als mein Urteil, mein Lob und meine Meinung dazu ist das Gefühl des Kindes zu dieser Tätigkeit. Unser Ziel ist es, dass ein Kind intrinsisch motiviert lernt; also aus sich selbst heraus, einfach weil sich der Lernprozess an sich gut anfühlt. Da wollen wir hin, und das erreicht man nicht durch Loben, sondern durch ständiges Rückverweisen auf das Kind selbst (wir vertiefen das Thema «Motivation» in Kapitel 3).

Lernen soll sich gut anfühlen? Vielleicht klingt das in Ihren Ohren angesichts der eigenen Erfahrungen fast zynisch: Wie soll sich Lernen jemals gut anfühlen für mein Kind? Oder meine Schüler:innen? Doch genau das soll ja unser Ziel sein, auch wenn es vielleicht momentan noch ein Stück entfernt ist. Alle meine Erfahrungen als Coach und Nachhilfelehrerin haben gezeigt: Lernen *kann* Spaß machen. Auch Kindern, die bislang keine oder wenig Freude daran hatten.

Trotzdem lobe ich, wahrscheinlich immer noch viel zu oft. Dabei achte ich allerdings genau auf ein Growth-Mindset-förderndes Lob. Das sieht z. B. so aus:

Fixed Mindset	Growth Mindset
Du bist ja schlau!	Diese Idee gefällt mir, wie bist du darauf gekommen?
Alles richtig! Super!	Null Fehler! Das ist wirklich gut. Leider hat diese Aufgabe deinem Gehirn keine Chance gegeben, zu wachsen. Das ist, wie im Sportunterricht nur zwei Liegestütze zu machen. Klar, die hast du gemacht, aber deine Muskeln werden dadurch nicht wachsen. Komm, wir suchen eine Aufgabe, die dein Gehirn wachsen lässt.
Physik kannst du einfach. Beeindruckend.	Es freut mich zu sehen, dass du so viel Spaß und Interesse an Physik hast. Was ist dein nächstes Ziel? Was willst du als Nächstes lernen?
Das stimmt! Sehr clever!	Gut nachgedacht!

Sie sind noch nicht von dem Konzept überzeugt? Zweifler – und alle anderen, die sich für die Hintergründe der unterschiedlichen Mindset-Konzepte interessieren – finden im Anhang einen Überblick über einige der Studien, die zum Thema durchgeführt worden sind.

2.

JEDES KIND LERNT ANDERS: LERNTYPEN

ALLE LERNTYPEN SIND MISCHTYPEN

Nachdem wir uns mit der grundsätzlichen Haltung gegenüber Lernen, also mit dem Growth Mindset, beschäftigt haben, soll es nun ebenso grundsätzlich darum gehen: Wie lernen wir? Wie lernen Kinder überhaupt?

Beschäftigt man sich mit dem Thema, fällt schnell der Begriff «Lerntypen». Der Lerntypentheorie zufolge lernt jeder Mensch anders, aber eben typisch für ihn, indem er bestimmte Wahrnehmungskanäle bevorzugt: Der eine muss nur einen Satz *lesen* – schon kann er ihn verstehen und sich merken. Andere müssen denselben Satz *hören*, um ihn (besser) zu verstehen, wieder andere profitieren davon, wenn sie sich beim Lernen *bewegen* können.

Wohlgemerkt: Die Lerntypentheorie wird von der (Kognitions-)Psychologie als überholt und nicht bewiesen abgelehnt. Wir betrachten sie hier trotzdem in Grundzügen, weil die Modelle Ansatzpunkte geben, wie man Lehr- und Lernmethoden variieren und für das Kind individuell anpassen kann. Außerdem verdeutlichen sie uns etwas extrem Wichtiges: Jeder Mensch lernt anders, aber eben typisch für ihn, und je besser die Lernmethode zum jeweiligen Kind passt, desto mehr Lernfortschritte macht es. Umgekehrt: Passt die Darbietung des Stoffs nicht zum Kind, lernt es nur schwer oder gar nicht – und das hat nichts mit seiner Intelligenz oder seiner Disziplin zu tun.

Es gibt verschiedene Lerntypen-Modelle, die zwischen drei und sieben Lerntypen ansetzen. Alle Modelle haben Vor- und Nachteile und konzentrieren sich meist auf einen ganz besonderen Aspekt. Ich habe die Erfahrung gemacht, dass es nicht so wichtig ist zu wissen, welchen Lerntyp mein Kind hat, weil es ohnehin keine exakten Typen gibt: Alles sind Mischtypen, das heißt, jeder Mensch hat von mehreren Typen etwas. Sie werden also nicht herausfinden, dass Ihr Kind exakt in den Lerntyp XY passt. Und es ist auch nicht so, dass ein Kind nur anhand der Methoden des zu ihm passenden Lerntyps lernen kann. Vielmehr ist es mir wichtig, festzuhalten, dass alle Menschen auf allen typischen Kanälen lernen können: lesen, hören, schreiben und selbst das tun, was gelernt werden soll.

Außerdem erzielen wir den größten Lernerfolg, wenn wir den Lernstoff über möglichst viele Kanäle aufnehmen. Trotzdem können die vielen Tausenden Eltern in unserer Community und ich aus Erfahrung sagen, dass es ganz bestimmte, eben typische Lern*neigungen* gibt. Es lohnt sich, herauszufinden, wo diese liegen, damit wir verstärkt unser Augenmerk darauf richten und sie nutzen können.

So kennen wir alle Menschen, die sehr gut visuell arbeiten können, Diagramme lieben und Bilder, Karikaturen, Mindmaps oder Filme. Sie können Zusammenhänge gut visuell erfassen. Andere Menschen setzen sich in einen interessanten Vortrag, lauschen ihm gespannt und können sich hinterher an alles erinnern, was gesagt wurde. Wieder anderen fällt es eher schwer, auditiv so viel aufzunehmen, und sie lernen lieber durch Lesen. Wichtig ist dabei: Man kann alles drei üben – und sollte das auch. Trotzdem sollten wir immer daran denken, die vorhandenen Stärken eines Kindes so zu nutzen, wie sie im Kind eben schon angelegt sind.

DAS VARK-MODELL: DER VISUELLE LERNTYP

Es gibt wie gesagt verschiedenste Lerntypen-Modelle, wir betrachten auf den nächsten Seiten das VARK-Modell, weil es verständlich und praktikabel ist. Das Modell stammt von Neil Fleming. Es gibt noch komplexere Ansätze, doch für den Einstieg ist VARK gut geeignet. Die Abkürzung setzt sich aus der Bezeichnung von vier Lerntypen zusammen: Visuell – Auditiv – Reading (es ist ein englisches Modell) – Kinästhetisch. Bevor wir mit den einzelnen Typen starten, möchte ich erneut betonen: Niemand entspricht einem dieser Typen zu 100 Prozent.

Dies vorwegschickt, beginnen wir mit Menschen visuellen Lerntyps, die ihre Informationen und ihren Lernstoff *sehen* möchten, um am besten lernen zu können. Menschen dieses Lerntyps bevorzugen Bilder, Pfeile, Diagramme. Tendenziell sind das Menschen, die Gehörtes schnell vergessen – also bleibt recht wenig hängen, wenn man ihnen Vorträge hält oder «alles hundertmal» sagt. Ihre Stärke liegt darin, dass sie Grafiken und Diagramme schnell verstehen und einen Sinn für Farben haben. Es fällt ihnen auch leicht, Mindmaps zu erstellen.

Sie sehen bei ähnlichen Bildern schnell die kleinsten Unterschiede, können sich an bestimmte Textpassagen später visuell erinnern, sehen praktisch den Text vor ihrem inneren Auge erscheinen und können ihn so quasi noch einmal lesen. Landkarten und Wegbeschreibungen zu verstehen, fällt ihnen leicht. Wer in Teilen dieser Beschreibung des visuellen Lerntyps sein Kind erkennt, kann nun aufgrund dieser Stärken hilfreiche Lernstrategien nutzen.

Visuell Lernende sollten viele Farben verwenden. Nicht nur, wenn sie einen Text lesen und mit Farben unterlegen, sondern auch, wenn sie selbst etwas schreiben. Sie lernen leichter, wenn sie einzelne Worte in unterschiedlichen Farben schreiben, viel farbig unterstreichen und mit entsprechenden Pfeilen versehen. Wenn sie zu wichtigen Begriffen und Vokabeln kleine Bilder malen oder Icons und visuelle Eselsbrücken, dann verstehen und lernen sie diese Begriffe schneller. Das gilt insbesondere auch für Mindmaps – die als äußerst nützliches Hilfsmittel ein eigenständiges Thema sind, zu dem es eine Menge guter Bücher gibt.

Kinder des visuellen Lerntyps brauchen eine ruhige Lernumgebung, da sie schnell von Umweltgeräuschen abgelenkt werden. Natürlich ist auch wichtig, dass ihr Blick nicht auf viele Sachen fällt, die sie ablenken könnten – z. B. Zimmerwände voller Mindmaps. Besser sind weiße Wände, damit sich das Kind auf das visuelle Material vor sich auf dem Tisch konzentrieren kann. Gerade bei jüngeren Kindern dieses Typs sollten Arbeitsanweisungen schriftlich fixiert und am besten noch mit Bildern und Icons visualisiert werden; z. B.: «Bitte schreib diesen Text ab!» – und daneben steht ein kleiner Schreibstift abgedruckt. So eine simple visuelle Unterstützung hilft diesem Lerntyp tatsächlich! Oder «Sprich mit deinem Sitznachbarn!» – und daneben ein stilisierter Mund nebst Nachbar. Das hilft den Kindern, weshalb viele Lehrkräfte inzwischen auf diese Art ihre Arbeitsblätter gestalten.

Für ältere visuell lernende Kinder bietet es sich an, Videos und Bilder zum Lernstoff selbst zu erstellen. Wenn sie z. B. für eine Bio-Arbeit lernen, können sie dazu ein kleines Video aufnehmen, beispielsweise ein Lege-Video. Dabei filmt man mit dem Handy von oben ein Blatt Papier, auf das man nach und nach relevante Dinge legt – bis ein ganzes Bild entsteht. Es gibt auch Apps dafür. Wenn das Kind für ein solches Video dann eine Art Mindmap erstellt hat, sollte man diese unbedingt irgendwo aufhängen – aber eben, wie erwähnt, nicht im Arbeitsbereich, sondern eher an einem Spiegel oder an der Klo- oder einer Schranktür.

DER AUDITIVE LERNTYP

Lernende mit dieser Neigung hören ihre Informationen lieber, als dass sie diese lesen oder sehen. Das sind später dann häufig Menschen, die Podcasts lieben. Auditive Menschen hören gerne zu, sprechen aber auch gerne, weshalb ihnen traditioneller Schulunterricht eher leichtfällt: Sie kommen gut damit klar, im Unterricht zuzuhören, können auditiv viel aufnehmen, glänzen mit guten Redebeiträgen und sind daher bei den Lehrkräften beliebt. Sie verstehen auch mündliche Arbeitsanweisungen schnell und leicht, wenn die Lehrkraft z. B. sagt: «Schlagt jetzt bitte euer Buch auf Seite 27 auf!» Auch wenn das nicht an der Tafel steht, kriegen die Auditiven das problemlos mit, weil sie innerlich quasi das Tonband zurückspielen und hören können: Was wurde eben gesagt?

Ihre Stärken sind das Gespräch mit anderen, außerdem das schnelle Verständnis für gesprochene Anweisungen und eine gute Erinnerung an Gesprochenes. Sie diskutieren gerne und reden sogar über Dinge, die sie noch gar nicht verstanden haben, weil sie durch Reden lernen. Wie der britische Schriftsteller Edward Forster sagte: «Woher soll ich wissen, was ich denke, bevor ich höre, was ich sage?» Auditive mögen Vorträge und Vorlesungen und sind daher meist gute Studierende.

Alle folgenden Techniken helfen auditiv Lernenden, besser, schneller und freudiger zu lernen: Texte laut lesen, um sie schneller und besser zu verstehen; sich laut abfragen lassen, auch wenn Karteikarten dazu benutzt werden.

Auditive lernen gut und gern in Kleingruppen, wenn sie in der Gruppe den Lernstoff gemeinsam durchsprechen. Sie lernen Neues schnell und leicht, indem sie es selbst vortragen. Es lohnt sich also, wenn sich z. B. die Oma neben das Kind setzt und sich von ihm erklären lässt, was beispielsweise im Erdkundeheft steht.

Auditive können sich Hörbücher selbst erstellen oder Gelerntes als Voice-Memo auf dem Handy abspeichern und dann immer wieder abspielen.

In der Umgebung von auditiv Lernenden sollten störende Geräusche auf ein Minimum reduziert werden; gleichzeitig hat sich ruhige Konzentrationsmusik oft sehr für sie bewährt. Tausende Eltern und Lehrkräfte haben hervorragende Erfahrung mit meiner Konzentrations-Playlist gemacht (zu finden bei Spotify unter meinem Namen). Täglich bekomme ich mehrere Nachrichten von begeisterten Eltern oder Lehrkräften, die mir sagen, dass ihre Kinder dank dieser ruhigen Musik so gut gelernt haben wie noch nie.

Manche Kinder möchten Hausaufgaben mit nebenherlaufendem Hörbuch machen. Davon rate ich generell ab. Das fällt unter Multitasking, was erwiesenermaßen nicht funktioniert (auch wenn es sich so anfühlt): Das Gehirn versucht das im Hörspiel Dargebotene zu verstehen oder, gerade bei unbekannten Hörspielen, der Story zu folgen. Dabei wird man dann unweigerlich aus der Konzentration gerissen und braucht jedes Mal Zeit, um sich wieder auf die eigentliche Aufgabe konzentrieren zu können.

Auch wenn im Hintergrund jemand spricht oder sich z. B.

am Handy unterhält, stört das immer, weil auditiv Lernende Geräusche auf jeden Fall hören und aufnehmen.

DER READING/WRITING-TYP

Auf Deutsch: der Lese-Schreib-Lerntyp. Menschen mit dieser Neigung lernen am besten – Achtung, Überraschung –, wenn sie etwas lesen oder aufschreiben. Sie haben eine Affinität zu Worten und deren Hintergrund. Ihnen fällt Schule eher leicht, weil Schule derzeit stark auf Lesen und Schreiben ausgerichtet ist.

Ihre Stärken sind daher: Listen erstellen, Worte und Begriffe in Tabellen ordnen und strukturieren, Überschriften verstehen, Oberbegriffe finden. Auch haben sie einen großen aktiven und passiven Wortschatz (aktiv ist jener Wortschatz, den man beim eigenen Sprechen verwendet; passiv ist der, den man verstehen kann). Menschen des Lese-Schreib-Lerntyps haben eine gute Erinnerung an Gelesenes oder Geschriebenes, sie lesen gerne Bücher, schreiben gerne Briefe und können sich schriftlich meist gut ausdrücken.

Hilfreiche Lernstrategien sind für sie: sich zu allem Notizen machen, auch am Rand von Texten (wenn Sie das schon seit einigen Seiten hier im Buchrand machen, tendieren Sie wohl zu diesem Typ). Außerdem: immer mit einem Stift in der Hand Texte lesen, um in oder neben den Text kleine Anmerkungen zu notieren, immer mit Textmarker lesen.

Wenn R-Typen Videos schauen, sollten sie Untertitel einschalten – wenn sie es nicht ganz unbewusst längst schon tun, weil sie das Gefühl haben, so mehr vom Video zu haben. Für diesen Typ gibt es übrigens die ultimative Lernmethode: *die Spickzettel-Methode.*

Sie funktioniert so: Ich schreibe mir den gesamten Stoff, den ich z. B. für einen Test brauche, von oben bis unten auf ein A4-Blatt. Dann nehme ich ein A5-Blatt, lege es daneben und konzentriere nun den Stoff in einem zweiten Schritt so, dass er auf das kleinere Blatt passt: Ich lasse einfach weg, was ich dank meines ersten Zettels bereits im Kopf habe. Und so mache ich weiter. Schritt für Schritt.

Als Nächstes nehme ich ein A6-Blatt, also Postkartengröße, und wiederhole den Konzentrationsvorgang. Danach nehme ich ein A7-Blatt. Ich kenne Kinder, die führen das fort bis zur Größe einer Briefmarke, die sie sich dann ins Mäppchen stecken – und ein unvergleichliches Sicherheitsgefühl spüren, das ihnen dieser Spickzettel verleiht. Aber eigentlich ist nicht der Spickzettel die Ursache für dieses gute Gefühl, sondern das Wissen, das sie sich bei dessen Erstellung durch die schrittweise Konzentration des Lernstoffs erworben und gemerkt haben. Wer einen Spickzettel auf diese Weise erstellt, braucht ihn kaum noch – er weiß ja schon alles auch ohne Spicken, weil er über das wiederholende Schreiben und immer stärkere Kondensieren auf immer kleinere Formate den ganzen Lernstoff toll gelernt hat.

EXKURS:

Erlaubt Spickzettel!

Ich finde es schade, dass Spickzettel in der Schule nicht erlaubt sind. Wozu denn dieses stupide Auswendiglernen – außer bei Vokabeln, unregelmäßigen Verben und Ähnlichem –, welches langfristig nichts bringt, weil es nach dem nächsten Test ohnehin in weiten Teilen vergessen wird?

Viel wichtiger ist es doch, kreativ zu arbeiten, kritisch zu denken, Zusammenhänge zu verstehen. Wir leben schließlich im Informationszeitalter! Jede Information, die wir brauchen, können wir irgendwo schnell nachschlagen. Außer dass es früher so gemacht wurde, gibt es heute keinen Grund mehr, etwas auswendig zu lernen, das man hinterher sowieso vergisst und im Internet ruckzuck finden kann.

Es wäre schön, wenn wir davon wegkommen und dem Kind sagen könnten: Du kannst dir ruhig einen Spickzettel schreiben. Dann werden die Fragen in den Tests auch viel interessanter, weil ich nicht stupide Auswendiggelerntes abfragen muss. Dann kann ich sagen: «Schlag gerne die Formel nach, den Wert, die Jahreszahl – viel interessanter ist doch: Hast du Bedeutung und Zusammenhang verstanden?» Diese Art von Test würde etlichen Kindern eine enorme Ruhe geben, und es wäre auch konzentrationsförderlich, wenn sie wüssten: Was ich nicht mehr weiß, das schlage ich einfach nach! Einmal ganz davon abgesehen, dass es den lästigen Prüfungsstress deutlich reduzieren würde (s. a. Kapitel 12, Prüfungsangst).

Eigentlich ist alles, was auf einen Spickzettel passt, es nicht wert, (auswendig) gelernt zu werden (ausgenommen vielleicht einige Grundlagen, je nach Alter und Wissensstand eines Kindes). Wert zu erlernen sind dagegen Fähigkeiten, und diese kann man nicht auf einen Spickzettel schreiben, sondern nur entwickeln. Aber das ist meine persönliche Meinung. Wobei: nicht ganz! Ich bin nicht allein damit. Selbst in der gegenwärtigen Zeit, in der Spickzettel noch verboten sind, beobachte ich immer mehr Lehrkräfte, die sie für ihre Klasse in Tests erlauben. An Universitäten gibt es sogar sogenannte Open-Book-Klausuren, bei denen man sein Lehrbuch, wie der Name schon verrät, offen auf den Tisch legen darf. Bis es an «ganz normalen» Schulen ebenfalls so weit ist, ist die Spickzettel-Methode für die Vorbereitung auf Tests und Klausuren oder generell zur Wissensaneignung und Lernstoffbewältigung ein sehr nützliches Hilfsmittel, insbesondere für Kinder mit R-Neigung.

DER KINÄSTHETISCHE LERNTYP

Diese Kinder brauchen körperliche Bewegung und haptische Empfindungen, um besser zu lernen. Es geht im Sinne des Wortes um das Be-Greifen. Für sie ist die traditionelle Lernumgebung an Schulen mit viel Zuhören und Stillsitzen, milde ausgedrückt, herausfordernd. Häufig lernen kinästhetische Kinder sehr schnell und vergessen auch nicht mehr, was sie durch Ausprobieren und eigene Bewegungen körperlich erfahren und damit gut gelernt haben. Sie lernen z. B. chemische Zusammenhänge am besten, wenn sie selbst Experimente dazu durchführen können.

Kinder mit K-Neigung haben ein exzellentes Körpergedächtnis und sind deshalb gut in Sport oder auch bei handwerklichen Tätigkeiten. Sie lernen bestens durch Projekte, gerne auch fächerübergreifend. Und sie lieben vielseitige Aufgabenstellungen. Oft haben sie ein hohes Energielevel und brauchen viel Abwechslung, sonst langweilen sie sich schnell und fahren ihre Aufmerksamkeit komplett herunter.

Deshalb sind hilfreiche Lernstrategien für Kinder mit dieser Neigung: kurze, klar festgelegte Sitzphasen, die von ebenso klar festgelegten Bewegungspausen unterbrochen werden. Ihnen tut es gut, wenn sie beim Lernen kippeln, wackeln, laufen, sich bewegen dürfen, kleine Geräusche machen, auch Kaugummi kauen (was ebenfalls eine Bewegung ist). Ich empfehle z. B. auch, dass man für die nötige und hilfreiche Bewegung beim Sitzen ein Balance-Sitzkissen auf einen normalen Stuhl legt.

EXKURS:
Die richtige Sitzgelegenheit

Weil die richtige Sitzgelegenheit ein so wichtiges Thema ist, wollen wir hier kurz einen Exkurs dazu einlegen. Ich empfehle ein Balance-Sitzkissen deshalb, weil ich kein Freund von Sitz- oder Gymnastikbällen bin. Diese laden zwar zur Bewegung ein, doch meiner Erfahrung zu meist *zu viel* Bewegung. Das behindert die Konzentration aufs Lernen eher. Außerdem kann man auf solchen Bällen nicht ohne übermenschliche Anstrengung über längere Zeit eine wirklich rückenschonende Sitzhaltung einnehmen. Deshalb halte ich diese runden Wackelhocker mit konvexer (nach oben gewölbter) Sitzfläche eher für eine ideale Sitzgelegenheit. Darauf bekommt ein Kind, das viel Bewegung braucht, die Bewegung, die es zum Denken braucht.

Eine gute Sache ist auch ein elastisches Gymnastikband, das zwischen den vorderen Beinen eines normalen Stuhls gespannt ist. Dann kann sich das Kind mit den Füßen darin verfangen, sie gegen elastischen Widerstand vorwärts und rückwärts bewegen und so seine Bewegungsimpulse abreagieren. Demselben Zweck dient ein kleiner Gymnastikball, der nicht ganz aufgeblasen ist. Da steckt

das Kind dann die Füße rein und knetet nach Herzenslust darin herum: Unten ist viel Bewegung, damit oben Ruhe zum Lernen ist.
Die sogenannten Tischfahrräder sind ebenfalls eine gute Alternative. Das sind praktisch zwei Pedale – ohne Fahrrad dazu. Man stellt sie unter den Tisch, und das Kind kann lostreten. Es gibt ganz simple Tischfahrräder und hochkomplexe, die praktisch wie moderne Ergometer ausgestattet sind. Eine befreundete Lehrerin hat ein schön einfaches Rad in den Klassenraum gestellt. Wenn ein Kind merkt, dass es nicht mehr ruhig sitzen kann, gilt es nicht als «Zappelphilipp», sondern setzt sich auf das Rad, tritt in die Pedale und arbeitet ruhig und gut weiter, weil es sich zwischendurch bewegen darf.

Kinästhetische Kinder sind schnell abgelenkt. Es lohnt sich also, ihnen eine reizarme Lernumgebung einzurichten. Ist das aus welchen Gründen auch immer in der Wohnung oder im Zimmer des Kindes nicht möglich, hilft es bereits manchen K-Kindern, wenn sie für Hausaufgaben und fürs Lernen eine Mütze aufziehen: Diese definiert eine körperlich spürbare Begrenzung um den Kopf und schirmt quasi von der störenden Umwelt ab. Manche arbeiten mit Ohropax oder Noise-Cancelling-Kopfhörern (die inzwischen dank der Initiative von Lehrkräften bereits Einzug in einige Klassen gefunden haben). Wenn Sie also mitten im Sommer Kinder mit einer Mütze im Unterricht sitzen sehen, hat das möglicherweise weniger mit Mode und mehr mit dem Lerntyp zu tun.

Oder Sie stellen ein sogenanntes Lernbüro auf. Das besteht meist aus Papp-Aufstellern, Paravents oder Stellwänden, die man um den Schreibtisch des Kindes herum positioniert. Auch sie schirmen das Kind schon rein physisch gegen eine störende Umwelt ab und unterstützen seine Konzentration. Einen Versuch sind diese Tipps allemal wert.

Da K-Kinder wegen ihres Fokus auf Bewegung auditiv relativ wenig wahrnehmen, sind sie es, denen man «alles dreimal erklären muss», wie manche entnervten Eltern klagen, die noch nicht wissen, wie ihr Kind am besten lernt. Dabei wäre es natürlich besser, wirksamer und für alle entspannter, wenn man K-Kindern eben nicht «alles dreimal erklärt» und sie verbal ständig ermahnt, sondern ihnen etwas zeigt und sie es dann nachmachen lässt – z. B. einen Dreisatz oder jede andere Aufgabe. Dabei beginnt man sinnvollerweise auf einfachem Einstiegsniveau und steigert dann Schritt für Schritt den Schwierigkeitsgrad.

Diese Kinder lernen beim Machen – also lässt man sie machen. Es gestaltet sich alles viel einfacher, wenn man das Lernverhalten seines Kindes kennt, einordnen und akzeptieren kann und das Lernen so einrichtet, dass es so weit wie möglich der natürlichen Lernneigung des Kindes entspricht.

Bei K-Kindern lohnt es sich außerdem, zu Hause verschiedene Räume auszuprobieren. Warum darf ein Kind nicht auch einmal auf dem Badezimmerboden, unterm Esszimmertisch oder auf der Küchenarbeitsfläche seine Hausaufgaben erledigen? Weil das «nicht der richtige Platz dafür» ist? Wer sagt das? Und warum? Also: einfach ausprobieren (lassen)! Ebenso kann das Kind seine Aufgaben stehend, laufend oder liegend ausführen – wenn es möchte. Und da Kinästheten großen Wert auf haptisches Erleben legen, lernen sie gerade im Grundschulbereich sehr gut, wenn Materialien begleitend eingesetzt werden: Knete, Legosteine, Montessori-Materialien (dazu später mehr).

FLEXIBEL BLEIBEN!

Ich würde jeder Lernmethode auf jeden Fall zwei bis drei ernsthafte Chancen geben und danach ehrlich abwägen, ob sie für Ihr Kind sinnvoll ist oder nicht. Und: Bleiben Sie flexibel! Denn natürlich bleiben Lernneigungen und -vorlieben nicht über ein ganzes Leben gleich oder werden gar per Gen vererbt. Sie können sich mit dem Alter ändern. Lerntechniken, die in der 2. Klasse noch überhaupt nicht funktionierten, können in der 6. Klasse z. B. sehr gute Ergebnisse liefern – und umgekehrt. Die Welt dreht sich weiter – und vor allem: Unsere Kinder entwickeln sich weiter. Wenn wir mit ihnen und der Welt Schritt halten, bleiben wir immer auf der Höhe der Zeit.

Wenn Sie den Eindruck haben, dass einzelne Lehrkräfte Ihr Kind durchaus noch etwas typgerechter unterrichten könnten, dann gehen Sie doch auf die betreffende Lehrkraft zu und suchen proaktiv das Gespräch. Natürlich nicht provokativ oder belehrend, sondern mit einer einfachen Erklärung: wann und wie das Kind am besten lernt, welche Erfahrungen Sie zu Hause mit welcher Vermittlung des Lernstoffs gemacht haben und was gut funktioniert. Sie können – wenn Sie dafür Zeit, Willen und Kompetenz aufbringen möchten – die Lehrkraft auch fragen, ob Sie zu Hause in Eigenregie immer mal wieder die Hausaufgaben und Arbeitsaufträge so anpassen können, dass es Ihrem Kind mehr entspricht und es somit bessere Lernerlebnisse sammeln kann. Ein Gespräch zu suchen bringt in der Regel mehr, als nicht miteinander zu reden. Das nutzt keinem, und das Kind leidet darunter, weil es schlechter lernt, als es lernen könnte.

Wenn Sie nicht «außer der Reihe» auf Lehrkräfte zugehen möchten, nutzen Sie Elternabende und Eltern-Lehrer-Gespräche, um über Lerntypen allgemein und speziell den Lerntyp Ihres Kindes zu sprechen.

Ideal wäre natürlich, wenn der Schulunterricht generell so gestaltet würde, dass die angewendeten Unterrichtsmethoden möglichst treffsicher auf die einzelnen Lernvorlieben ausgerichtet wären, weil Kinder eben am allerbesten lernen, wenn die vier Lernkanäle kombiniert werden. Natürlich sollte der Schwerpunkt der Methoden auf dem jeweiligen individuellen Lernstil des Kindes liegen, doch selbstverständlich sollte man ihm Stoff für die anderen Wahrnehmungskanäle nicht vorenthalten. Auch Kinästheten hören gerne mal ein Hörspiel; auch auditive Kinder toben gerne durchs Klassenzimmer, auch visuelle Kinder lesen gerne mal ein Buch. Typgerechtes Lernen bedeutet eben nicht, dass nur ein Kanal bespielt wird. Vielfalt und Flexibilität gehören zum guten und effizienten Lernen.

Doch bis das an Ihrer Schule so weit ist, können Sie zu Hause eine Menge für den Lerntyp Ihres Kindes tun.

Wenn Eltern beginnen, mit den Lerntypen zu arbeiten, höre ich oft vier Arten von Feedback. Zum einen: «Mein Kind lernt jetzt viel besser, schneller – und mit mehr Freude am Lernen!» Zum anderen: «Wir haben viel weniger Stress mit Lernen und Hausaufgaben, und das tut der ganzen Familie gut!» Und zum dritten: «Einmal ganz von den Lernfortschritten abgesehen: Ich lerne mein Kind dadurch besser kennen, und das bringt mehr Harmonie und Verständnis in unsere Beziehung!» Viertens sagen mir Eltern auch: «Danke! Ich lerne jetzt ebenfalls besser, seit ich meinem eigenen Lerntyp auf die Schliche gekommen bin.»

3.

WAS KANN ICH TUN, WENN MEIN KIND UNMOTIVIERT IST?

ABSOLUTE VERZWEIFLUNG

Die allermeisten Eltern, die zu mir kommen, schildern ihr größtes Problem so: «Mein Kind ist total unmotiviert! Es will nichts für die Schule tun. Ich kann mir den Mund fusselig reden, aber es passiert einfach nichts!» Das Thema fehlende Motivation kann Eltern in die absolute Verzweiflung treiben und sorgt in Familien für viel Streit und Unmut.

Was aber ist Motivation, und wie entsteht sie? Was kann ich tun, wenn mein Kind keine Motivation hat? Wie überwinde ich kurzfristige Motivationstiefs? Das sind die Fragen, die Eltern beschäftigen. Wenn Eltern sie sich stellen, haben sie meist schon vieles probiert und tun es noch. Sie reden mit Engelszungen und einer Eselsgeduld auf das Kind ein: «Du machst das doch für dich und nicht für mich!», «Es geht um deine Zukunft!», «Das ist doch interessant, was ihr da grad durchnehmt!», «So was muss man aber wissen!», «Wie willst du später einen guten Job bekommen, wenn du das nicht kannst?»

War Ihr Lieblingssatz darunter? Was sagen Sie Ihrem Kind oft und gerne? Oder: Was haben Sie als Kind selbst häufig hören müssen? Hat es gewirkt?

Das Verrückte daran: Alle diese Sätze sind natürlich hundertprozentig richtig und wahr, gut gemeint und berechtigt, und trotzdem ist mir kein Fall bekannt, wo ein Kind nach einem solchen Satz gesagt hätte: «Stimmt! Mama/Papa, du hast ja recht! Ich mache das für mich, und deshalb setze ich mich jetzt hin.» Oder: «Das ist wahr. Ich lerne jetzt für die Physik-Arbeit, weil das super interessant ist.» Wir schlussfolgern also: Diese Sätze bringen nichts!

Die Art und Weise, wie wir normalerweise versuchen, Kinder für die Schule zu motivieren, ist menschlich, nachvollziehbar – und wenig hilfreich, erfolgreich oder im eigentlichen Sinne motivierend. Das zeigt die Erfahrung; von uns allen übrigens. Wenn das funktionieren würde, hielten Sie wahrscheinlich nicht dieses Buch in den Händen. Warum aber tut es das nicht?

Um eine brauchbare Antwort zu erhalten, betrachten wir die gängige Art und Weise, Kinder zu motivieren, einmal genauer. Wie wird denn am häufigsten «motiviert»? Ich kann

- meinem Kind Druck machen oder Angst einflößen: «Wenn du deine Hausaufgaben nicht machst, kriegst du eine schlechte Note!»,
- mein Kind belohnen: «Fünf Euro für jede 1, drei für jede 2!»,
- mein Kind auf die Zukunft hinweisen und versuchen, es rational zu überzeugen.

Betrachten wir diese drei grundsätzlichen Möglichkeiten der Reihe nach auf den folgenden Seiten.

DRUCK UND ANGST – UND WARUM SIE NICHT NACHHALTIG FUNKTIONIEREN

Warum funktioniert es nicht, ein Kind mit Verweis auf drohende Konsequenzen zu motivieren? Warum wirkt Angst nicht nachhaltig? Weil sie heftige Nebenwirkungen hat. Nicht umsonst gibt es das Sprichwort: «Wer mit Angst lernt, lernt die Angst gleich mit!» Wer etwas mit Angst macht, macht es nicht lange, gut, gerne oder eben motiviert. Angst ist keine Motivation im positiven Sinne. Gewiss: Mit Druck und Angst kann man natürlich lernen. Wir alle haben das schon gemacht, wenn wir z. B. auf den letzten Drücker für eine Prüfung gelernt haben: Das durch Angst und Druck ausgeschüttete Adrenalin hilft durchaus kurzfristig; es aktiviert uns, der Lernstoff geht schnell in den Kopf – und ebenso schnell wieder raus aus dem Kopf. Das ist ein Problem.

Das viel größere Problem: Alle, die mit Angst und Druck lernen, haben dabei ein negatives Lernerlebnis. Ein Schulkind, das mit Angst und unter Druck lernt, erlebt Lernen als etwas, das alles andere als angenehm oder gar schön ist. Es erlebt Lernen vielmehr als stressigen Zustand, in dem es unter Druck etwas erledigen muss, aus Angst vor den negativen Konsequenzen.

Das hat mit dem, wie Lernen eigentlich sein soll und wie Lernen funktioniert, wenig zu tun. Echtes Lernen findet nur im sogenannten Flow-Zustand statt: vertieft, auf die Tätigkeit konzentriert, Zeit und Raum vergessend. Kinder sind im Flow, wenn sie z. B. völlig versunken spielen.

In diesem Zustand findet echtes Lernen statt. Lernen, das motiviert und als motivierend erfahren wird, das sich positiv auf den Verstand auswirkt und das vor allem eine gute Erfahrung und Erinnerung hinterlässt. Meine tiefe Überzeugung ist:

Kinder starten in die Schule mit fast ausschließlich positiven Lernerlebnissen! Denn bis zu ihrem sechsten Lebensjahr haben sie das allermeiste rein intrinsisch gelernt; aus sich selbst heraus, aus eigenem Antrieb, weil sie etwas wissen, etwas lernen, etwas beherrschen wollten. Mit diesem echten Lernen haben sie sich in ihren ersten Lebensjahren schon unfassbar viele Dinge angeeignet. Denken wir nur an ein Neugeborenes, das nach der Geburt noch nicht einmal selbstständig seinen Arm heben konnte, und betrachten wir dann ein sechsjähriges Kind – oder am besten Ihr Kind: Was hat es in seinen wenigen Lebensjahren schon alles gelernt: sitzen, krabbeln, laufen, sprechen, klettern, basteln. Einen Löffel halten, mit der Schere Dinge ausschneiden, Farben benennen, sich selbst die Jacke anziehen, Bauklotztürme aufbauen, vielleicht sogar schon schwimmen – welche ungeheure Menge an Wissen und Fähigkeiten! Und alles ohne Schule und meist ohne Druck und Angst, ganz von alleine.

Was dann leider in der Schule viel zu häufig passiert: Es wird am Kind vorbei unterrichtet. Und irgendwann beginnt das Kind deshalb, *für die Schule* zu lernen. Nicht mehr für sich oder für sein Leben. Nicht mehr, weil es Lesen, Schreiben und Rechnen lernen *will* (intrinsisch motiviert), sondern weil es gemacht werden *muss*: «Ich bin nun mal in der 3. Klasse, und da wird dieser Stoff durchgenommen, also muss ich den jetzt lernen …» Und schon sind wir meilenweit von diesem echten Lernen entfernt, das wie ein Spiel ist, wie fröhliches Erkunden.

Meine Überzeugung – und meine Erfahrung – bestätigen das: Wenn wir möchten, dass ein Kind gerne lernt, dann muss es positive Lernerlebnisse sammeln. Das ist das Geheimnis der Lernmotivation. Auf dem Weg dorthin kann es sein, dass das Kind eine Weile, für eine Übergangszeit, weniger oder schlechter lernt, als wenn es unter Druck und mit Angst lernen würde. Doch langfristig gesehen wird es danach viel besser und lieber lernen, weil das Kind nun wieder erfahren hat: Lernen ist ein schöner, lohnender Vorgang. Lernen macht wieder Spaß! Es gibt mir ein gutes Gefühl, etwas Neues zu lernen, es dann zu verstehen und/oder zu beherrschen.

Auf lange Sicht ersparen sich Eltern (und Lehrkräfte) mit diesem Vorgehen ungeheuer viel Arbeit – denn Druck auf- und Angst abzubauen bereitet immense Arbeit. Und dem Kind erspare ich damit jede Menge Stress und Frust, die sich im Erwachsenenalter, vielleicht beim Studium, sicher noch verstärken.

Übrigens: «Ohne Druck und Angst lernen» heißt keinesfalls, dass Lernen nicht manchmal auch anstrengend oder immer nur schön ist. Das können wir schon an Kleinkindern beobachten, wenn sie sich etwas Neues wirklich hart erarbeiten müssen, z. B. immer wieder versuchen, selbst mit dem Löffel zu essen, bis es dann endlich gelingt und das Essen auch im Mund landet. Mein Ziel ist es daher, dass Kinder unterscheiden lernen zwischen Druck und Anstrengung. Druck ist schlecht, Anstrengung ist gut.

Die Crux: Druck und Angst funktionieren zur kurzfristigen Motivation (s. o.) herausragend gut, insbesondere bei jungen Kindern. Bei einem Grundschulkind wirkt es noch durchaus aktivierend, wenn ich sage: «Wenn du das nicht machst, ist deine Lehrerin böse auf dich!» Die allermeisten Kinder kommen so direkt ins Arbeiten – sie wollen alles richtig machen und nicht den Zorn der Lehrkraft auf sich ziehen.

Doch um denselben aktivierenden Effekt zu erzielen, müssen meine Drohungen Jahr für Jahr größer und radikaler werden. Die Ehrfurcht vor einer enttäuschten Lehrkraft schwindet mit den Jahren, und es wird immer schwieriger, aktivierende Drohungen zu finden.

Also drohen wir gezwungenermaßen jedes Mal mehr, bis der Punkt kommt – für gewöhnlich mit der Pubertät –, an dem das Kind schließlich sagt oder denkt: «Mir doch sch...egal! Du kannst mir drohen, wie du willst – ich mach das nicht!» Spätestens dann habe ich ein Riesenproblem.

Mal ganz davon abgesehen: Wer möchte schon Jahr für Jahr und Tag für Tag seinem eigenen Kind drohen? Und sich immer bedrohlichere Szenarien ausdenken? Dabei fühlt sich niemand gut. Tägliche Drohungen belasten die Eltern-Kind-Beziehung enorm. Ein Grund, warum sich viele Eltern dabei bremsen: Sie merken, dass sie wegen dieser Drohungen mit ihrem Kind praktisch nur noch im Streit liegen.

Mit Druck, Angst und Strafen zu erziehen, ist also alles andere als hilfreich. Das haben inzwischen glücklicherweise viele Eltern verstanden. Statt mit negativen Konsequenzen zu drohen, setzen sie lieber eine Belohnung aus – unsere Option 2 (s. o.). Funktioniert das besser?

BELOHNUNGEN – UND WARUM SIE NUR KURZFRISTIG ERFOLG ZEIGEN

Belohnungen sind die Kehrseite von Strafen, denn: Wenn eine versprochene Belohnung ausbleibt, empfindet das Kind das wie eine Strafe – und nicht nur das Kind. Wer das Thema vertiefen möchte, dem seien die Bücher und Internet-Texte des amerikanischen Autors Alfie Kohn empfohlen, die sich mit Elternschaft jenseits von Belohnungen und Bestrafungen beschäftigen.

Eine Belohnung ist keine echte Motivation im positiven Sinne, sondern erst einmal – seien wir ehrlich – eine geschickte

Manipulation. Die meisten von uns empfinden das auch selbst so, etwa, wenn die Chefin abendliche Überstunden einfordert und als «Belohnung» mit ins Büro bestellter Pizza lockt. Natürlich wollen wir für unsere Arbeit entlohnt werden, aber nur, wenn wir auch in der Arbeit selbst Sinn sehen, sind wir wirklich motiviert, sie zu tun.

Für mich ist der schwierigste Aspekt an einer Belohnung, dass ich meinem Kind das gewünschte Verhalten nicht von alleine zutraue. Wenn ich belohne, glaube ich offenbar nicht, dass das Kind von selbst z.B. Vokabeln lernen könnte oder möchte, also muss ich es dafür belohnen. Auf diese manipulative Weise lernt das Kind, nicht etwas zu tun, weil es vernünftig, angemessen, hilfreich, erfreulich oder einfach nötig ist, sondern nur, weil ein äußerer Reiz gesetzt wird. Wenn ich belohne, steckt allein in der Handlung des Belohnens die Botschaft an das Kind: Lernen an sich macht keinen Spaß. Sonst müsste ich ja nicht dafür belohnt werden.

Wir möchten das Gegenteil erreichen: dass ein Kind Spaß am Lernen hat und es das *deshalb* nachhaltig gerne tut. Das ist für mich der Hauptgrund, warum ich Lernen niemals belohne. Ich möchte, dass ein Kind versteht: Etwas gelernt zu haben und daher etwas zu verstehen, zu erkennen oder zu beherrschen ist der schönste Lohn des Lernens. Und dieser innerlich empfundene Lohn ist viel größer als jede mögliche Belohnung von außen.

Keine Belohnung kann langfristig den inneren Antrieb ersetzen. Das sage ich Kindern auch oft und gerne – natürlich in anderen Worten: «Alles kann dir genommen werden! Ich kann dir alles klauen, was du besitzt, aber niemand kann dir nehmen, was du in deinem Kopf und gelernt hast. Das sind Schätze, die du in dir sammelst. Die können dir kein Hacker und kein Dieb mehr wegnehmen!» Kinder verstehen das sehr gut. Vor allem, wenn man es gelegentlich wiederholt.

Ein weiteres Problem von Belohnungen, das wir ähnlich bereits bei Angst, Druck und Drohungen beobachtet haben: Sie nutzen sich extrem schnell ab. Belohnungen fürs Lernen sind eine Art der extrinsischen (von außen kommenden) Motivation, die, das will ich nicht verhehlen, zwar kurzzeitig funktioniert, dann aber schnell einem Gewöhnungseffekt unterliegt: Die Belohnung für dieselbe Wirkung muss immer größer werden.

Wenn ich in diesem Schuljahr 3 Euro für eine gute Note verspreche, dann müssen es im nächsten Jahr schon 5 Euro sein. Irgendwann wollen Kinder dann mehr, als wir geben können oder zu geben bereit sind: Dann hat sich die Belohnung als (Un-)Art der Motivation erledigt.

Ich erinnere mich in diesem Zusammenhang an ein krasses Beispiel aus meiner Arbeit: Seit mehreren Jahren bereits begleitete ich eine von Scheidung und Streitigkeiten geplagte Familie und ihre drei Kinder, die immer wieder zwischen den Eltern zerrieben wurden. Eine schwierige Situation mit viel Stress, in der die Kinder verständlicherweise wenig motiviert waren, Hausaufgaben zu machen und zu lernen. Also wählten beide Eltern als Ausweg immer wieder Belohnungen, die dann natürlich dem Gewöhnungseffekt unterlagen: Sie mussten immer größer werden. Neue und immer bessere Handys, PC-Spiele, Pferde (echte, zum Reiten!) und andere schöne Dinge wurden versprochen und verschenkt. Verzweifelte Versuche in einer verzweifelten Situation. Dann wurde es richtig extrem: Insbesondere der jüngste Sohn hatte enorme Schulprobleme, die seine Eltern mit Belohnungen zu lösen versuchten. Er war so wenig motiviert, etwas für die Schule zu tun, dass sie ihn schon belohnen mussten, damit er überhaupt zur Nachhilfe und zum Legasthenie-Training ging.

Im jugendlichen Alter von 13 Jahren war der Junge bereits auf der vierten Privatschule, als er eines Tages zu seinen Eltern ging und tatsächlich forderte: «Wenn ihr wollt, dass ich weiter zur Schule gehe, müsst ihr mich dafür bezahlen!» Was geschah? Worauf tippen Sie? Die Eltern willigten in ihrer Verzweiflung ein. Sie zahlten. Und auch dieses «Gehalt» musste Jahr für Jahr erhöht werden.

Gewiss: Das ist ein sehr krasses Beispiel aus der Praxis. Doch es veranschaulicht, weshalb Belohnungen langfristig nicht funktionieren können und es viel besser ist, erst gar nicht damit anzufangen. Mit einer einzigen Ausnahme.

Es gibt Extremsituationen, in denen ein Kind sehr schnell kooperieren sollte, weil es von den äußeren Umständen her nicht anders geht. Denken wir z. B. daran, dass das Kind sich beim Arzt untersuchen oder eine Spritze geben lassen muss. In solchen Fällen kann man durchaus mal sagen: «Wenn du jetzt mitmachst, bekommst du eine schöne Zeitschrift!» Oder ein Spielzeug oder sonst etwas, von dem man weiß, dass es dem Kind eine Freude macht.

Aber Achtung: Am Anfang belohnen wir nur diese eine, unliebsame Sache in einer Situation, dann auch in anderen, die keine Ausnahmesituationen sind, und irgendwann stellt das Kind bei jeder Leistung oder Aufgabe vorab die Frage: «Und was krieg ich dafür?» Keine schöne Art, zu leben und zu lernen – übrigens auch nicht für das Kind, das ja ebenfalls in der Spirale steckt.

Belohnungen in Form von Essen bringen noch ganz andere Schwierigkeiten mit sich. Sehr viele Kinder und Jugendliche leiden heutzutage unter irgendeiner Form von Essstörung.

Mehr als 20 Prozent der Heranwachsenden im Alter von 11 bis 17 Jahren sind laut dem Robert-Koch-Institut von einer Essstörung betroffen; wobei Mädchen mit rund 29 Prozent fast doppelt so häufig darunter leiden wie Jungen. Viele Ernährungswissenschaftler sind davon überzeugt, dass Essstörungen auch daher rühren, dass Essen mit Gefühlen und Dingen verknüpft wurde, die mit dem eigentlichen Sinn der Nahrungsaufnahme nichts zu tun haben.

Essen dient der Ernährung und dem geselligen Beisammensein. Mit Kuchen wird gefeiert, nicht belohnt. Wenn wir beginnen, Kinder für erledigte Hausaufgaben mit Süßigkeiten zu belohnen, dann verankern wir in ihrem Kopf: Ich habe etwas gut gemacht, und dafür bekomme ich Schokolade. Das bedeutet für die Zukunft: Jedes Mal, wenn das Kind etwas gut macht, denkt es, jetzt einen Schokoriegel als Belohnung essen zu dürfen. Umgekehrt wird Kindern oft mit Süßigkeiten Trost gespendet, und damit verinnerlichen sie: «Ich fühle mich schlecht – also esse ich ein Eis, dann geht es mir besser.»

Diese Koppelung von Essen an Gefühle ist nur sehr schwer wieder abzutrainieren. Deshalb möchte ich dringend davon abraten, Kinder mit Essen zu belohnen, und auch dafür werben, dass es in der Schule seltener passiert: Auch Lehrkräfte teilen manchmal Süßigkeiten zur Belohnung aus. Das ist lieb gemeint. Doch viele Lehrkräfte sind sich oft nicht darüber im Klaren, was das bei einigen Kindern für negative und langwierige Auswirkungen haben kann.

Ich sage immer: Eis gibt es im Sommer, weil es etwas schön Kühles in der Sommerhitze ist. Schokolade gibt es zu Weihnachten in Form von Schoko-Nikoläusen. Nachtisch gibt es, wenn man als Familie ein leckeres Essen genießt. Meinetwegen gibt es jeden Tag in der Brotbox vom Schulkind auch ein Gummibärchen – jede Familie mag da ihr eigenes Maß finden. Das oder die Gummibärchen gibt es einfach so, als Dreingabe – aber nicht abhängig vom Verhalten oder den Gefühlen des Kindes!

OPTION 3: RATIONAL ÜBERZEUGEN – UND WARUM DAS ZU KURZ GREIFT

Nun sind wir bei der dritten Option angelangt, dem Versuch, rational zu überzeugen, z. B. mit dem Verweis auf die Zukunft: «Denk doch mal an später! Wenn du gut lernst, kannst du einen schönen Beruf ergreifen.»

Das Problem ist, dass dafür das Lernen im Hier und Jetzt als viel zu unangenehm empfunden wird. Gleichzeitig sind Kinder und Jugendliche nicht im selben Maß wie Erwachsene in der Lage, in die Zukunft zu schauen oder sich diese vorzustellen. Für uns Erwachsene sind fünf Jahre nichts – für Kinder eine halbe Ewigkeit.

Gerade bei Jugendlichen wird das Gehirn während der Pubertät so vollständig umgebaut, dass es ihnen zeitweise gar nicht möglich ist, rationale und vorausschauende Entscheidungen zu treffen. Die eigenen Impulse und das Hier und Jetzt sind dafür viel zu stark.

Wenn man 16 ist, denkt man, man hätte noch ewig Zeit, «das alles irgendwann zu lernen. Nur bitte nicht heute, nicht hier und jetzt.» Jugendliche sind echte Profis im Aufschieben, im Prokrastinieren (siehe dazu später Kapitel 4). Da hilft es einfach sehr, sich als Eltern zurückzuerinnern, wie man einzelne Tage mit 15, 16 Jahren empfunden hat und wie weit weg das reale Leben mit allerlei Verantwortung erschien, in dem man «irgendwann» mal Geld verdienen muss.

Das heißt natürlich nicht, dass ich nicht gerne und häufig

mit Jugendlichen ihre Zukunft thematisiere, wir gemeinsam Ziele setzen und überlegen, was nötig ist, diese zu erreichen. Das sind enorm wichtige und lohnende Gespräche. Aber ich benutze den Wink mit dem Zukunftszaunpfahl nicht, wenn ich ein Kind in einer bestimmten Situation motivieren möchte.

Diese Art der Motivation funktioniert also auch nicht. Aber wie können wir sonst vorgehen?

BESSER ALS JEDE BELOHNUNG: DAS INNERE JUHU-GEFÜHL

Im Grunde ist es ganz einfach: Kinder dürfen bereits in einem frühen Alter lernen, dass es Dinge gibt, die man einfach machen muss: langweilige und «doofe» Dinge, die man trotzdem anpackt und erledigt, einfach weil sie nötig sind und Sinn ergeben – auch und gerade ohne Belohnung. Denn es gibt tatsächlich etwas, das besser ist.

Ich gebe diese einfache und kostengünstige Alternative immer dann, wenn ein Kind etwas geschafft oder erledigt hat, das mühsam war und/oder gegen das es sich anfangs gesträubt hat. Sobald das Kind die Aufgabe erledigt hat, frage ich: «Und? Wie fühlt sich das jetzt an, nachdem du es geschafft hast?» Kein Kind hat mir jemals geantwortet: «Ganz doof! Ich ärgere mich, dass ich mich überwunden und diese mühsame Aufgabe bewältigt habe!» Nein, die Kinder sind vielmehr stolz auf sich, berichten von guten Gefühlen, freuen sich, genießen den Erfolg. Dank dieser Frage lernen sie etwas, das für alle Menschen im gesamten Leben von elementarer Bedeutung ist. Sie lernen: Es gibt Dinge, auf die ich keine Lust habe, und diese zu erledigen, kostet mich jedes Mal Überwindung. Doch danach bin ich immer froh, erleichtert und stolz, sie getan zu haben.

Mit der Frage «Wie fühlt sich das an?» lenke ich die Aufmerksamkeit des Kindes auf dieses innere und so wichtige Juhu-Gefühl!

Je öfter ein Kind dieses kleine oder große Triumphgefühl bewusst erlebt, desto einfacher wird es in Zukunft, sich auf neue, unangenehme Aufgaben einzulassen, weil es erfahren hat: Am Anfang kostet mich das jetzt vielleicht wieder Überwindung – aber später bekomme ich wieder verlässlich dieses tolle Gefühl. Und dieses Gefühl zu antizipieren wirkt und motiviert tausendmal besser als jede versprochene Belohnung, als Druck, Strafe oder ein rationaler Verweis auf eine bessere Zukunft es je könnten. Außerdem unterliegt dieses innere Juhu-Gefühl nicht einmal einem Gewöhnungseffekt. Es funktioniert jeden Tag und immer wieder aufs Neue.

Genau dieses innere Juhu, dieses «Ich hab's geschafft!» braucht ein Kind, damit es beim nächsten Mal motiviert ist fürs Lernen und seine Hausaufgaben. Das beantwortet zum großen Teil die Frage: Wie motiviere ich mein Kind? Antwort: Indem ich es nach möglichst vielen erledigten Aufgaben frage, wie es sich anfühlt, diese jetzt gemacht, geschafft oder es einfach nur versucht zu haben, sie zu lösen. Das ist im wahrsten Sinne des Wortes die Motivationsfrage.

KINDER RICHTIG MOTIVIEREN

Ich selber motiviere Kinder durch ein Zusammenspiel verschiedener Faktoren, die alle wichtig sind und von Kind zu Kind unterschiedlich gewichtet werden.

Z.B. arbeite ich konsequent mit einer Sprache, die das Growth Mindset (s. Kapitel 1) fördert. Wenn das Kind also frustriert «Ich kann das einfach nicht!» klagt, erwidere ich zuverlässig und zuversichtlich: «Du kannst das *noch* nicht! Und ganz toll, wie du dich anstrengst! Du gibst dir solche Mühe; das ist schön zu sehen.» Das tut einem schon beim Lesen gut, nicht wahr? Und erst dem Kind!

Dadurch sorge ich dafür, dass das Kind über die Zeit einen festen Glauben an sich selbst und seine Fähigkeiten entwickelt – und dieser Glaube motiviert exzellent von innen heraus. Damit ist das Kind beinahe automatisch motiviert, sich neue Dinge zuzutrauen und anzupacken. Ich muss es vor einer neuen Aufgabe nicht mehr (so sehr) motivieren, weil es sich mit diesem Glauben von innen heraus selbst motiviert.

Ein weiterer Motivationsfaktor ist das, was ein Kind im Innersten bewegt und begeistert. Das versuche ich herauszufinden. Schön ist hier der Wortzusammenhang: «Motivation» kommt vom Lateinischen «movere» – bewegen. Anstatt zu fragen: Was *motiviert* dich?, können wir also fragen: Was *bewegt* dich? Jedes Kind hat etwas, das es emotional bewegt, gute Gefühle hervorruft, begeistert. Bei manchen Kindern ist es gut versteckt. Es dauert manchmal lange, es herauszufinden. Doch es lohnt sich. Immer.

Dazu fällt mir eine Geschichte ein: Als junge Studentin bot ich in München Mathe-Nachhilfe an. Eines Tages besuchte mich eine neue Schülerin, 16 Jahre alt. Sie trat in meine winzige Studentenbude, rümpfte die Nase und meinte, das sei doch ziemlich klein und einfach hier; sie war anderes gewohnt. In diesem Stil ging es weiter. Beinahe überflüssig zu erwähnen, dass sie insgesamt alles andere als motiviert für unsere Nachhilfe war. Sie würdigte mich kaum eines Blickes und saß auf ihrem Stuhl, als sei es eine Zumutung, überhaupt hier sein zu müssen. Ich hatte zu diesem Zeitpunkt schon so viel Erfahrung gesammelt, dass ich mich nicht mehr aus dem Konzept bringen ließ, sondern fröhlich begann, ihr die linearen Funktionen zu erklären. Sie schaute derweil aus dem Fenster, machte Bemerkungen über meine unzureichende Einrichtung, hörte mir wenig bis gar nicht zu und wiederholte ansonsten lediglich diesen einen Satz: «Das verstehe ich nicht.»

Nach qualvollen 45 Minuten stellte ich ihr eine neue Aufgabe. Da ich selber Harry-Potter-Fan bin, wählte ich ein Harry-Potter-Beispiel. Ich entschied mich für eine Fragestellung, bei der Draco Malfoy einige Zauberbücher mit Galleonen und Silbersickeln bezahlt. Daraufhin wandte sie sich mir zu, ihre Augen leuchteten, sie schaute mich zum ersten Mal wirklich an und fragte erstaunt: «Du kennst Harry Potter?» Ich antwortete: «Natürlich, ich bin der größte Fan aller Zeiten!» Worauf sie, jetzt schon fast enthusiastisch, meinte: «Niemand ist ein größerer Fan als ich!» Die Folgestunde verbrachten wir ausschließlich damit, über Harry Potter zu reden; in welches Haus wir gehören würden, welche Szenen uns am meisten Spaß machten.

Sie erzählte von ihrem Besuch im Harry-Potter-Hotel in London, und wir stellten uns besonders knifflige Insider-Fragen, die nur absolute Fans beantworten können. Von diesem Tag an hatten wir keine Probleme mehr miteinander oder mit ihrer Motivation. Sie war in jeder Stunde motiviert bei der Sache – was uns beiden das Leben leicht machte.

Bis heute bin ich mit ihr und ihrer Familie befreundet. Mathe wurde zwar nie ihre Leidenschaft, aber sie begann sich der Materie so weit zu öffnen, dass sie ihr Abitur erfolgreich ablegen konnte.

Eine schöne Geschichte zur Frage: Was bewegt ein Kind? Manchmal ist es Harry Potter. Und wird es von Harry Potter bewegt, bewegt es sich auch in Richtung Mathematik – sofern man beides miteinander verbindet.

WENN DAS KIND SICH WEIGERT, ZUR SCHULE ZU GEHEN

Wenn wir den Zugang finden zu dem, was ein Kind bewegt, können wir über diesen Zugang viele andere Sachen bewegen, die mit diesem Zugang erst einmal nichts zu tun haben. Ich muss es nur schaffen, Zugang zum inneren Feuer des Kindes zu finden. Dazu fällt mir eine weitere Geschichte ein: Ich erhielt damals einen Anruf von einer völlig verzweifelten Mutter, deren Achtklässler sich rundheraus weigerte, weiter zur Schule zu gehen. Natürlich waren dieser Weigerung viele Jahre mit Schulproblemen vorausgegangen. Aber es kam der Tag, an dem der 14-Jährige sagte: «Ich gehe dort nicht mehr hin!» Was macht man dann als Mutter mit einem fast ausgewachsenen jungen Mann?

Sie sagte zu mir: «Ich kann ihn ja schwerlich hochheben, zum Auto tragen und in die Schule fahren!» Sie überlegte ernsthaft, die Polizei zu rufen, damit diese ihren Sohn, wie die Polizei es übrigens mit vielen Schülern in einem Land mit Schulpflicht macht, zur Schule bringt. Mir war klar: Das kann nicht die Lösung sein.

Die Mutter arbeitete damals auch mit einem Therapeuten, der ihr riet, den Sohn erst einmal ein paar Wochen nicht mehr zur Schule zu schicken. Er stellte eine Krankschreibung für vier Wochen aus – da war dann erst einmal der Druck weg. Doch sie fragte mich sogleich: «Was machen wir denn jetzt?»

Ich fragte sie: «Gibt es irgendetwas, das er gerne macht?» – «Ja, er sitzt den ganzen Tag am Computer.» – «Spielt er da nur Spiele?» – «Nein, das zwar auch, aber er macht außerdem ganz viele andere Sachen, er macht kleine Filme, ist immer zugange, sehr produktiv.» Ich gab ihr den Rat, einen Informatik-

Studenten zu suchen, der jeden Tag zu ihm kommt und ihm Programmieren beibringt. In diesem Fall hatte die Familie die Mittel dafür.

Sie fand einen geeigneten Studenten, der wirklich kompetent und nett war und dem Jungen täglich für 90 Minuten Programmieren beibrachte. Er gab ihm auch Hausaufgaben, an denen der für die Schule total unmotivierte Sohn nicht selten bis spät in die Nacht hinein arbeitete. Über diese vier Wochen veränderte sich der Junge sehr. Sein Gang wurde aufrechter, sein Blick klarer, sein Wesen freundlicher. Er saß voller Spannung vor dem PC und war plötzlich auch morgens schon komplett angezogen, bevor der Student vorbeikam.

Er war so engagiert bei der Sache, dass er sich nach dreieinhalb Wochen zu seinen Eltern an den Tisch setzte und sagte: «Ich werde jetzt wieder zur Schule gehen. Ich möchte mein Abi machen, damit ich Informatik studieren kann.» Er ging danach tatsächlich wieder zur Schule, legte ein tolles Abitur ab, und auch wenn er nie ein Fan vom Prinzip Schule geworden ist, hat er das gemacht, was nötig war, um seinen Traum zu leben.

Das bewirkt Motivation.

Es kann also sein, dass ich es nicht schaffe, ein Kind für Französisch, Bio oder Musik zu motivieren, weil diese Fächer für dieses bestimmte Kind schlichtweg uninteressant sind. Aber ein Kind ist durchaus in der Lage, zu verstehen, dass manche Dinge nötig sind für ein größeres Ziel. Deshalb ist die Suche nach dem, was ein Kind bewegt, so entscheidend.

Dafür ist es nicht wichtig, ob das Kind einen klaren Berufswunsch hat – den hatte der eben erwähnte Junge am Anfang ebenfalls nicht. Er musste erst einmal erleben, dass er bei etwas, das er in seiner Freizeit gern tut, viel lernen kann, darin gut ist und versteht, das in ihm ein Informatikstudent steckt.

Diese Erkenntnis zu gewinnen, dieses Erlebnis zu ermöglichen, ist oft die größte Herausforderung, wenn es um das Thema Motivation geht.

Denn viele Kinder, die nicht motiviert sind, glauben einfach nicht, dass sie etwas Produktives leisten können, um später einen tollen Beruf auszuüben. Deshalb mein Tipp: Wenn Ihr Kind z. B. schlecht in Latein, aber gut in Mathe ist, braucht es Nachhilfe in Mathe. Das klingt zwar paradox, doch ich nenne es: Stärken stärken – anstatt auf Schwächen herumzureiten (siehe dazu auch Kap. 6).

Die Erfahrung, z. B. in Mathe besonders gut zu sein, löst im Kind eine so große Motivation aus, dass es auch eher bereit ist, in einem ungeliebten Fach wie Latein das Nötige zu tun, um passabel durch das Schuljahr zu kommen. Mein Lieblingszitat hierzu stammt vom griechischen Philosophen Plutarch: «Der Geist des Menschen ist kein Fass, das gefüllt werden, sondern ein Feuer, das entfacht werden will.» Das entspricht meiner langjährigen Erfahrung.

Natürlich kann es dann immer noch sinnvoll sein, dass ein Kind Latein-Nachhilfe bekommt, um eventuelle Lücken zu schließen. Doch empfehle ich Eltern, stets darauf zu achten, dass mindestens die doppelte Zeit in die Stärken investiert wird. Weil seine Stärke zu erleben so entscheidend für die Motivation und die Zukunft des Kindes ist.

DIE ERSTE OPTION ZUR MOTIVATION: EMOTIONEN HERVORRUFEN

Es gibt drei einfache Möglichkeiten, ein Kind in einer konkreten Situation zu motivieren. Die erste: Emotionalisierung. Anstatt eine neutrale, sachliche Aufgabe oder Übung zu machen, kann ich diese je nach Kind emotionalisieren. Wenn ich z. B. eine Bildbeschreibung auf Englisch übe, wähle ich nicht irgendein Bild aus dem Englischbuch, sondern ein Bild aus einem Buch oder Video, das dem Kind etwas oder viel bedeutet. Ein Bild, das für das Kind mit starken Gefühlen verknüpft ist. Und plötzlich gewinnt der Satz «In the foreground of the picture I see …» eine ganz andere Bedeutung – für das Kind und seine Motivation.

Meine Freundin Verena Friederike Hasel erzählt in ihrem Buch «Der tanzende Direktor» hierzu die schöne Geschichte, wie Kinder in Neuseeland eine Bildbeschreibung lernen: Sie treffen sich morgens vor der Schule mit ihrem Lehrer am Strand und erleben mit den Füßen im Sand den Sonnenaufgang über dem Meer. Angefüllt mit dieser oft emotionalen Erfahrung, gehen sie dann in den Klassenraum und sammeln zunächst Adjektive an der Tafel darüber, was sie wahrgenommen und gefühlt haben. Dann erst beginnen sie mit ihrer Bildbeschreibung. Wer derart hoch emotional lernt, ist auch hoch motiviert. Emotion macht Motivation.

DIE ZWEITE OPTION DER MOTIVATION: BEZUG ZUR LEBENSWELT DES KINDES HERSTELLEN

Oft genug ist der Bezug zur Lebenswelt beim Stoff, den unsere Kinder an der Schule lernen müssen, nicht oder nur sehr schwer möglich. Auch mir als «Profi» fällt auf die Frage von Kindern «Warum muss ich das lernen?» oft nur eine sehr weit hergeholte Antwort ein.

Trotzdem gebe ich nicht auf und versuche, wo immer es geht, ihn zu finden; Beispiel Prozentrechnen: Wie viel Prozent Datenvolumen oder Handy-Akku hast du denn noch? Solche Fragen, die den Bezug zum Leben des Kindes herstellen, lösen oft das berühmte Aha-Erlebnis aus, das dann wiederum dazu motiviert, der Prozentrechnung doch noch eine Chance zu geben. Oder nehmen wir ein anderes Beispiel, den Aufbau einer Erörterung. Diesen üben wir anhand einer Instagram-Story. Bei dieser Methode zeige ich mich offen für die Vorschläge der Kinder und Jugendlichen und interessiere mich für ihre Lebenswelt. Das ist grundsätzlich ein guter Rat beim Lernen mit Kindern und Jugendlichen: *Sei interessiert – nicht interessant*!

Je mehr ehrlich interessierte Fragen ich ihnen stelle, desto interessierter werden sie bald an dem sein, was ich zu sagen habe. So gewinne ich ihre Aufmerksamkeit: Bezug zur Lebenswelt des Kindes ist Motivation.

DIE DRITTE OPTION DER MOTIVATION: AKTIVIERUNG

Wer mir auf Instagram folgt, fragt sich vielleicht: Warum kommt dieser Tipp so spät? Ist er doch das Herz meiner Arbeit und einer der Hauptgründe für meinen Erfolg bei der Arbeit mit Kindern, aber auch des Erfolgs, den Eltern zu Hause mit ihren Kindern erleben, wenn sie meine Methoden anwenden.

Denn wenn eine ausreichende Motivation weder durch Emotionalisierung des Lernstoffs noch durch einen echten Lebensweltbezug geweckt werden kann, bleibt als letzter Ausweg immer eine aktivierende Methode. Ganz gleich, wie trocken eine Aufgabe auch ist, wenn ich sie draußen im Freien mit Kreide auf den Asphalt oder Steinboden schreibe, gewinnt sie für Kinder jeden Alters erst einmal eine neue Qualität. Ich kann fast jede Aufgabe mit einem sogenannten Kreidestift (ist abwaschbar) an einer Fensterscheibe lösen. Während Corona schrieben Tausende Kinder ihre Aufgaben mit Kreidestift ans Zimmerfenster

– ihre Eltern schickten mir begeisterte Bilder davon, weil ihr Kind sich zum ersten Mal wieder mit leuchtenden Augen einer Aufgabe widmete.

Ebenso kann ich Vokabeln auf mit Tape beklebte Bauklötze oder auf Gegenstände in der Wohnung schreiben. Oder ich schreibe das Einmaleins, Deklinationen und Konjugationen auf Kreidehüpfkästchen am Boden. Wirklich jede Aufgabe oder Übung lässt sich auf diese Weise aktivieren – und Aktivierung ist Motivation. Beispiele für viele aktivierende Methoden und Bilder finden Sie im Tafelteil in der Mitte des Buches.

FAZIT: SO GEHT ES AUFWÄRTS

Ich verstehe die Verzweiflung von Eltern, die ein unmotiviertes Kind zu Hause haben, das sich der Schule oder den Hausaufgaben verweigert oder sie nur mit hängenden Schultern und nach dutzendfacher Ermahnung endlich macht. Das halbe Problem ist schon gelöst, wenn wir erkennen: Es liegt meist an dem Versuch, das Kind mit den untauglichen Mitteln Druck, Angst, Belohnung oder rational zu überzeugen.

Die andere Hälfte löst sich, wenn Sie von den Motivationsfaktoren, die wir im zweiten Teil dieses Kapitels diskutiert haben, eine gute Mischung anzuwenden beginnen. Das Schöne an der Motivation ist ja: Sie werden sofort sehen, welche Faktoren bei Ihrem Kind wie gut wirken. Das Kind zeigt es Ihnen mit seiner Mimik und seinem Verhalten. Ab da geht es aufwärts.

4.

SCHWIERIGE LERN-SITUATIONEN MEISTERN

PROKRASTINATION, AUFSCHIEBERITIS

Wahrscheinlich lesen Sie dieses Buch, weil es mit Ihrem Kind immer wieder schwierige Lern- und Schulsituationen gibt. Eine der häufigsten ist das ewige Aufschieben, auch «Prokrastination» genannt. Wir alle kennen dieses Phänomen.

Machen wir uns nichts vor: Jeder und jede von uns schieben eine Liste mit mindestens zehn Dingen vor sich her, die er oder sie längst schon erledigt haben wollte: Da sind der Brief, der zur Post gebracht werden muss, die Schuhe mit der kaputten Sohle, die längst beim Schuster sein sollen – und wie war das gleich mit der Steuererklärung? Aufschieberitis ist normal und menschlich. Dabei sollten wir zwei Arten von Prokrastination unterscheiden.

Zum einen gibt es eine Aufschieberitis, die zwar unangenehm ist, aber keine schwerwiegenderen Folgen hat, als mal eine Mahngebühr bezahlen zu müssen. Zum anderen gibt es jedoch auch Prokrastination, die so heftig ist, dass sie sich negativ auf das ganze Leben des Aufschiebenden auswirkt. Deshalb ist es mir wichtig, dass Eltern klar wird, was Prokrastination ist, um sich besser in ihre Kinder und Jugendlichen einfühlen zu können und sie besser zu verstehen.

Es fördert dieses Verständnis bereits, wenn man weiß: Manche Kinder und Jugendliche neigen mehr zum Aufschieben, andere weniger – doch im Prinzip ist Aufschieben ein erlerntes Verhalten, das sich leider immer weiter verstärkt.

Die erste Verstärkung resultiert daraus, dass ich durch das Aufschieben einer unangenehmen Aufgabe oder Tätigkeit ein positives Gefühl bekomme, da ich ja das unangenehme Gefühl der Überwindung oder Anstrengung für den Moment vermieden habe. Innerlich spüre ich ein (kurzfristiges) Hochgefühl: Der Druck ist weg. Ich muss mich nicht mehr mit Thema XY auseinandersetzen.

Die zweite Verstärkung resultiert aus meiner Ausweichhandlung, jener Handlung, die ich anstelle der unangenehmen Aufgabe ausführe; z. B. TikTok-Videos schauen, Computerspiele spielen oder die Freundin anrufen. Diese Handlungen liefern zuverlässig und schnell noch mehr positive Gefühle.

Beide Verstärker führen dazu, dass sich Aufschieben eigentlich gut anfühlt – und sich so immer weiter verschärft. Warum sollte ich etwas ändern, wenn ich mir das Problem doch auch auf diese Art vom Hals halten kann?

Einige Stunden später kommen dann das schlechte Gewissen und die Vorahnung, dass die eigentliche Aufgabe durch das Aufschieben (welche Überraschung!) weder erledigt noch kleiner geworden ist: Denn nun kommt auch noch Zeitdruck dazu. Wenn wir die Aufgabe dann immer noch nicht angehen, wird das positive Gefühl zunächst ein weiteres Mal stärker, weil wir es erneut geschafft haben, uns der Anstrengung zu entziehen. Und so geht das immer weiter. Ein klassischer Teufelskreis.

Betrachten wir zwei Formen von Prokrastination.

ZWEI ARTEN VON AUFSCHIEBERITIS: TYP A

Typ A (hierzu zähle ich mich) schiebt alles ewig vor sich her, läuft jedoch in letzter Minute zur Höchstform auf, um am Ende doch noch ein gutes Ergebnis abzuliefern. Gehört Ihr Kind diesem Typ an, wird es prinzipiell am Abend vor der Klassenarbeit anfangen zu lernen, bis nachts am Referat sitzen oder morgens vor Schulbeginn noch schnell ein Plakat fertigstellen. Hat Ihr Kind damit Erfolg, bekommt also im Endeffekt eine gute Note oder liefert gute Leistungen ab, rate ich Eltern, nichts oder wenig zu tun. Denn entweder ist Typ A irgendwann so genervt von sich selbst, weil er sich immer wieder in diese schreckliche Stresssituation bringt, dass er seine Arbeitsweise grundlegend überdenkt und einfach früher mit dem Lernen oder Schreiben anfängt. Oder aber er akzeptiert irgendwann, dass er einfach jemand ist, der nur unter höchstem Druck gute Arbeit abliefern kann – und er ergibt sich seinem Schicksal in Demut.

Ich erinnere mich in diesem Zusammenhang gut an mein zweites Uni-Semester: Acht Prüfungen standen an. Vier Wochen vor Prüfungsbeginn bekam ich von einer Freundin den ersten *Twilight*-Band geschenkt. Mit dem Ergebnis, dass ich drei Wochen lang in einer Vampirwelt versank und es mir unmöglich war, mich auch nur eine Sekunde mit den Skripten für meine Prüfungen zu befassen. Gleichzeitig wuchs mein schlechtes Gewissen ins Unermessliche.

Die letzte Woche vor Prüfungsbeginn schlief ich überhaupt nicht mehr. Ich lernte 16 Stunden am Tag – was gar nicht möglich ist, zumindest nicht, wenn es darum geht, auch etwas von dem Gelernten zu behalten – und schaffte letztlich alle Prüfungen sogar mit sehr guten Noten, holte mir aber als Quittung eine dicke Mandelentzündung mit Abszess ab.

Wir sehen: Prokrastinierende strafen sich konsequent selbst – und lernen manchmal daraus, aber eben nicht immer. Als Außenstehender so etwas mit anzuschauen, ist nicht immer einfach.

Gerade Eltern, die nicht oder nur wenig zur Prokrastination neigen, leiden Höllenqualen, wenn sie sehen, wie ihr Kind die Facharbeit über Wochen aufschiebt, anstatt «einfach jeden Tag eine Seite zu schreiben». Ich habe wirklich viel versucht und bin zu dem Schluss gekommen, dass es ab einem gewissen Alter nichts mehr bringt, einen Menschen vom Typ A immer und immer wieder zu ermahnen und motivieren zu wollen. Ich habe erkannt, dass die Selbsterkenntnis irgendwann tatsächlich mehr Früchte trägt, als wenn wir permanent von außen neue Tipps und Ratschläge geben.

Viel problematischer ist aus meiner Sicht auch der Typ B.

TYP B

Wenn ein Kind seine Aufgaben so lange aufschiebt, dass es kein gutes Ergebnis mehr abliefern kann, kurz vor einer Prüfung nicht zu Hochform aufläuft, sondern vor Angst erstarrt – dann sollten Eltern unbedingt eingreifen.

Denn dann ist die Schullaufbahn gefährdet. Ich halte generell nichts davon, Kinder in ihr eigenes Unglück laufen zu lassen. Doch höre ich diese Ansicht von Eltern immer wieder: «Ich lass ihn ins Messer laufen, wenn er dauernd so rumtrödelt. Das ist dann sein Problem.» Das finde ich lieblos und gemein. Es widerspricht auch meinem Verständnis davon, was Eltern für ihre Kinder tun und sein sollten. Oft wirken gerade Jugendliche sehr genervt, wenn Eltern ihnen mit Rat und Tat zur Seite stehen. Ich bitte Sie, sich davon nicht verunsichern zu lassen. Aus meiner Praxis weiß ich, dass alle, mit denen ich gelernt habe, mittlerweile mir und ihren Eltern ausgesprochen dankbar dafür sind, dass wir sie nie aufgegeben oder in ihr Unheil haben laufen lassen.

Es gibt einfach schwierige Phasen beim Heranwachsen, da braucht es einen Erwachsenen mit funktionierendem präfrontalem Kortex, der hinter dem Kind steht und aufpasst, dass ihm nichts passiert. Und einfach nichts mehr für die Schule zu tun, gehört zu diesen Dingen, die einem Kind nicht passieren sollten.

Haben Sie also ein Typ-B-Kind, dem es wirklich schwerfällt, anzufangen, und das es selbst kurz vor knapp nicht schafft, in die Gänge zu kommen, dann gibt es einige gute Methoden, die helfen können.

DIE ERSTE METHODE: JETZT ANFANGEN UND DER 5-MINUTEN-TRICK

Das Motto lautet: Jetzt anfangen! Und damit meine ich: Jetzt, in diesem Augenblick, in dem es gesagt wird. Hier und jetzt anfangen, anstatt mit dem Kind noch das Gespräch zu suchen, anstatt noch eine To-do-Liste zu schreiben und noch mehr Pläne zu schmieden, wann das Kind endlich Zeit für die Hausaufgaben oder das Lernen hat oder der richtige Moment gekommen ist, um die ganze Spanisch-Grammatik aufzuarbeiten.

Nein, stattdessen gilt und wird gesagt: «Fang jetzt an!» Genau jetzt, nicht in fünf Minuten, nicht «später», nicht heute Abend – einfach hier und jetzt das Buch, das Handy oder was auch immer weglegen und: anfangen. Natürlich kostet das dann immer noch Überwindung.

Und bei dieser Überwindung hilft der 5-Minuten-Trick (ab

14 Jahren nenne ich ihn den 10-Minuten-Trick). Dieser Trick sagt nichts weiter aus, als dass man mit dem Kind oder Lernenden ausmacht: «Okay, du findest dieses Thema ganz schrecklich und hast große Angst davor, dass das irrsinnig unangenehm und anstrengend wird – aber 5 Minuten kann man aushalten. Deshalb stellen wir jetzt einen Timer auf 5 Minuten (wie gesagt, bei älteren Kindern 10 Minuten) und arbeiten in diesen 5 Minuten mit voller Kraft an der Aufgabe (oder dem Thema). Und wenn du danach das Gefühl hast, dass das alles so furchtbar ist, dass du keine weitere Sekunde mehr aushalten kannst, dann hören wir auf. Versprochen.» Natürlich muss dieses Versprechen auch eingehalten werden.

Meine Erfahrung zeigt aber, dass mir in 95 Prozent der Fälle das Kind nach 5 oder 10 Minuten zunickt und sagt: «Ich mache noch ein wenig weiter.» Und ehe wir uns versehen, haben wir über 40 Minuten an der Aufgabe gearbeitet und eine Menge Stoff geschafft.

Dieser Überwindungstrick ist wirklich unglaublich wertvoll und eine tolle Methode, die man auch später selbst gut in seinem Werkzeugkoffer haben kann. Dann schafft man auch 5 Minuten Steuererklärung oder 5 Minuten Hemdenbügeln. Meist wird dann doch eine Stunde daraus, und wenn nicht, hat man trotzdem der fiesen Verstärkung der Prokrastination getrotzt und den Teufelskreis durchbrochen.

DIE ZWEITE METHODE: KLEINE ETAPPENZIELE

Das größte Problem bei der Prokrastination ist, dass wir einen riesigen Berg vor uns sehen, von dem wir meinen, ihn niemals zu schaffen – und das wird natürlich als äußerst unangenehm wahrgenommen. Wie meine Lektorin sagte, um mir Mut für dieses Buch zu machen: «Nehmen Sie sich nicht vor, ein Buch zu schreiben. Nehmen Sie sich vor, immer wieder eine Seite zu schreiben.»

Auch bei Schulkindern können sich solche Berge auftürmen. Z. B., wenn einige Wochen versäumt wurde, Latein-Vokabeln zu lernen. Oder in Mathe große Lücken entstanden sind und man im Unterricht nicht mehr mitkommt, weil die Basis fehlt. Ebenso kann aber auch ein Referat oder das Lernen für einen anspruchsvollen Test als großer Berg empfunden werden. Ich bitte Eltern in solchen Fällen immer, sich in ihr Kind hineinzuversetzen und sich vorzustellen, dass das Lernen z. B. für einen Chemie-Test sich für das Kind so schlimm anfühlt wie für den Erwachsenen die anstehende Steuererklärung (oder vergleichbar Bedrohliches oder Unangenehmes).

Was wir als Erwachsene tun können, da wir den Überblick haben: die große Aufgabe in so kleine Teile zu teilen, dass jeder kleine Teil sich für das Kind so anfühlt, als sei er leicht zu schaffen. Mein Lieblingssatz dazu: «Wie isst man einen Elefanten? Stück für Stück.»

Bei besonders schwierigen Fällen, also auch bei «Totalverweigerern», mache ich diese Teilaufgaben lächerlich klein. Z. B. lautet die gefühlt viel zu große Aufgabenstellung, eine Inhaltsangabe von einem Text im Buch zu verfassen.

Dann nehme ich einen Post-it-Block zur Hand und schreibe auf die Rückseite des ersten Post-its: «Seite 76 aufschlagen und lesen.» Auf das zweite Post-it: «Textmarker in die Hand nehmen und Schlüsselwörter unterstreichen.» Auf das dritte: «Einleitungssatz der Inhaltsangabe anhand W-Fragen schreiben: wer, wie, wo, was, wann.» Und immer weiter so.

Jedes Post-it hänge ich dann an die Wand oder klebe es auf den Schreibtisch. Und da ich die lächerlich kleinen Etappenziele auf die Post-it-Rückseiten geschrieben habe, sieht man nur eine Wand voller leerer Post-its vor sich (die natürlich in der korrekten Reihenfolge dort hängen). Das macht keinem mehr Angst. Zwischenrein streue ich kleine Joker-Post-its, auf denen steht z. B.: «Aufstehen und eine Apfelschorle holen» oder «10 Hampelmänner machen».

Bis die Post-it-Methode eingeübt ist und gut funktioniert, empfehle ich unbedingt, persönlich anwesend zu bleiben und das Ganze motivierend zu begleiten. Das setzt voraus, dass Eltern sich die Zeit dafür nehmen (können). Doch diese Zeit ist gut investiert. Denn der einzige Weg aus der Prokrastination heraus sind positive Überwindungserfahrungen. Diese sind jedoch, wenn man tief in der Aufschieberitis drinsteckt, gar nicht so einfach zu realisieren. Deshalb lohnt es sich wirklich, in der Anfangszeit das Kind persönlich zu unterstützen. Idealerweise lernt das Kind dabei auch, sich die Aufgaben selbst in verdauliche Häppchen einzuteilen.

DIE DRITTE METHODE: ARBEITSZEIT-VERKNAPPUNG

Wenn ich 14 Stunden Zeit habe, eine bestimmte Aufgabe zu erledigen, dann brauche ich auch 14 Stunden dafür. Habe ich nur eine, dann schaffe ich es (in den allermeisten Fällen) auch in einer Stunde. Die Lösung lautet also, die Arbeits- bzw. Lernzeit Ihres Kindes zu verknappen. Stehen der ganze Nachmittag und Abend zur Verfügung, wird das Kind höchstwahrscheinlich prokrastinieren.

Deshalb lege ich in Absprache mit den jeweiligen Eltern und Kindern oder Jugendlichen fest, dass z. B. nur zwischen 17 und 19 Uhr gelernt werden darf. Die restliche Zeit des Tages ist

Lernen nicht erlaubt. Je verbindlicher ich diese Regel aufstelle und forciere, desto eher wird diese Methode funktionieren. Das kann bedeuten, dass ich meinem Aufschieberkind um 10 Uhr abends das Französischbuch aus der Hand nehme und damit verhindere, dass es für den Vokabeltest am kommenden Tag lernt. Das muss man sich trauen. Es lohnt sich aber wirklich.

Das Kind wird das zwar als gemein empfinden, was es kurzfristig durchaus ist, lernt jedoch auf lange Sicht dabei, in der dafür vorgesehenen Zeit zu arbeiten. Vor allem wird die restliche Zeit des Tages viel entspannter werden für alle in der Familie, da diese Zeit nicht durch ein dauerschlechtes Gewissen und die ständige Aufforderung der Eltern «Lern doch endlich!» getrübt wird.

Ich empfehle generell und für jeden Tag, 1,5 Stunden täglich festzulegen, in denen Sie gemeinsam mit Ihrem Kind oder Jugendlichen hoch konzentriert am Tisch sitzen und lernen. Diese Zeitangabe ist abhängig von Klassenstufe und Schulform. In dieser Zeit bitte ich die Eltern darum, dass sie ebenfalls konzentriert, aber mit einer eigenen Tätigkeit beschäftigt am Tisch sitzen: Papierkram, Wochenplanung, Korrespondenz ... Was ich eher nicht empfehle, ist, neben dem Kind zu sitzen und am Handy zu sein, auch wenn man es zum Arbeiten nutzt. Handys lenken einfach zu sehr ab – das Kind.

In dieser gemeinsamen Zeit wird dann gelernt und in allen anderen Zeiten eben nicht. Schon nach wenigen Tagen dieser Praxis wird die Anfangsüberwindung für das Kind kleiner werden. Das Kind oder der/die Jugendliche wird dann in diesem relativ kurzen Zeitraum eine Menge schaffen. Vor allem bedeutend mehr, als hätte es oder er/sie die gesamte Arbeit ständig aufgeschoben.

Die Methode der Arbeitszeit-Verknappung funktioniert in

der Regel gut und liefert gute Ergebnisse. Das Kind lernt z. B. in einer Sitzung alle 10 Vokabeln und macht auch alle Hausaufgaben – und schon beginnen manche Eltern, die Ansprüche in die Höhe zu schrauben. Sie fragen sich: Wenn das so gut läuft, warum dann nicht auch gleich noch für mögliche unangekündigte Tests lernen? Oder schon mal für die Arbeit in zwei Wochen üben? Davon kann ich nur abraten.

Es ist ganz wichtig, sich immer wieder vor Augen zu führen, woher wir kommen – nämlich aus einem Zustand völliger Lethargie und Prokrastination. Deshalb sollten wir diese scheinbar kleinen Erfolge als die großen Erfolge feiern, die sie tatsächlich sind. Denn nur darüber, dass im Kind ein wirklicher Stolz und die Überzeugung erwachsen «Ich kann doch was!», wird es sich über die Zeit zu einer lernenden Person entwickeln, die auch wirklich vorausschauend und fleißig arbeitet.

Einer meiner Lieblingssätze hierzu, der groß an der Wand prangt, lautet: «Better done than perfect!» Besser erledigt als perfekt. In diesem Sinne: Erfolge feiern – und nicht direkt mehr einfordern, sobald etwas gut funktioniert hat.

DIE VIERTE METHODE: ANSPRECHEN

Auch diese Methode hat sich als erfolgreich erwiesen: das Thema Prokrastination immer wieder aktiv anzusprechen. Etwa beim Abendessen davon zu sprechen, wie Sie selbst lange etwas aufgeschoben haben, wie genervt Sie dann von sich selbst waren, in immer größeren Stress geraten sind, es am Ende fast nicht geschafft haben. Und vor allem: dass die Aufgabe letztlich nicht halb so schlimm war wie in Ihrer Vorstellung, und wie Sie sich selbst helfen, immer wieder aus der Prokrastinationsspirale herauszufinden.

Am besten eignen sich hierzu auch Sätze, die ich mir und den Kindern wie kleine Mantras immer wieder vorsage: «I can do hard things.» Oder auch: «Sei stärker als deine stärkste Ausrede!»

Die Schriftstellerin und Bürgerrechtlerin Maya Angelou hat dazu gesagt: «Dreams don't work unless you do.» Träume werden nur dann wahr, wenn du etwas dafür tust – und das könnte wahrer nicht sein.

FAZIT: ERFOLG IM LEBEN

Es ist möglich, mit dem eigenen Hang zur Prokrastination umgehen zu lernen; das nennt man Selbst-Management oder auch Selbstregulation. Leider wird dies in der Schule gar nicht oder viel zu selten thematisiert. Dabei ist ein ordentliches Selbst-Management die Basis, um später im Leben erfolgreich zu studieren oder einer herausfordernden Arbeit nachzugehen.

Für mich ist es bei einem Kind also nicht nur interessant, ob es den Mathestoff beherrscht, sondern ich stelle auch Fragen wie: Kann sich das Kind organisieren? Ist es in der Lage, sich Etappenziele zu setzen? Wie gut kann es mit Zeit umgehen? Sprich, wie gut kann es den zeitlichen Aufwand einer Aufgabe einschätzen und entsprechend früh damit anzufangen? Hat das Kind gelernt, sich selbst zu motivieren und rechtzeitig mit einer Aufgabe zu beginnen? Was macht es, wenn etwas nicht funktioniert? Wie reagiert es auf Fehler?

Wünschenswert wäre, dass Kinder und Jugendliche diese Selbstregulation in der Schule lernen. Dabei spreche ich explizit nicht davon, dass einmal im Schuljahr für zwei Tage das Fach «Lernen lernen» unterrichtet wird. Vielmehr müssen diese Regulationsskills Teil jedes einzelnen Fachunterrichts werden, damit Kinder und Jugendliche sie dann auch tatsächlich erlernen. Hierbei verweise ich gern auf die Arbeit und Forschung von Prof. Dr. Ferdinand Stebner, die allen Interessierten bei diesem wichtigen Thema nützliche Unterstützung bieten.

5. ZIELE SETZEN

ZIELVORGABEN SIND WICHTIG

Ziele setzen ist im Beruf etwas ganz Normales – im professionellen Umfeld zumindest. Kein Meeting ohne Ziele, keine Planung ohne Ziele. Es hat sich gezeigt: Das hilft.

Man weiß heutzutage aus vielen psychologischen Studien, wie wichtig Ziele sind, wie gut man damit arbeiten kann, wie hilfreich es ist, einen inneren Kompass zu haben, der einen ausrichtet. Ich gehe davon aus, dass die meisten Leserinnen und Leser sich schon einmal längerfristige berufliche und/oder private Ziele gesetzt haben und an manchem Jahresende dann ganz erfreut und erstaunt waren: Wow, das habe ich alles erreicht – und das schien noch vor einem Jahr ziemlich undenkbar.

Ich mache das selbst jedes Jahr. Ich setze mich zwischen den Jahren mit meinem Mann zusammen an den Tisch, wir betrachten die Ziele vom letzten Jahr, feiern, was wir geschafft haben, setzen neue Ziele fürs kommende Jahr und schreiben sie auf. Es ist wichtig, innezuhalten und sich zu überlegen: Worauf möchte ich in den nächsten Tagen, Wochen und Monaten den Fokus legen? Was ist mir wirklich wichtig? Was möchte ich erreichen in den unterschiedlichen Bereichen meines/unseres Lebens?

So selbstverständlich diese Zielorientierung ist: In den Schulen ist sie noch fast überhaupt nicht angekommen. Nur sehr selten treffe ich auf eine Lehrkraft, die am Anfang der Stunde ihren Schülerinnen und Schülern sagt, was das Ziel der aktuellen Stunde ist. In einigen Lehramtsseminaren ist das inzwischen angekommen, aber in der Breite findet man es äußerst spärlich.

Ich persönlich finde das fast schon respektlos den Lernenden gegenüber, zu erwarten, dass diese sich 45 bis 90 Minuten hinsetzen, zuhören und mitarbeiten – ohne das konkrete Ziel ihrer Mitarbeit zu kennen. Im Beruf würde das keiner machen. Umso wichtiger finde ich es im Unterricht. Ich arbeite immer damit.

Ich schreibe am Anfang der Stunde z.B. an die Tafel: «Ziel heute: Ich kenne den Satz des Pythagoras und kann die Formel umstellen.»

Wenn die Kinder das sehen, sagen sie vielleicht: «Oh Gott, das kann ich doch gar nicht!» Weil sie von Pythagoras noch nie gehört haben. Worauf ich erwidere: «Ja, jetzt noch nicht. Ich werde es euch erklären. Ich habe ganz viele verschiedene Übungen dabei, sodass ich mir sicher bin, dass ihr alle am Ende der Stunde, wenn ihr euch Mühe gegeben habt, das Ziel zumindest teilweise erreicht haben werdet. Und jetzt geben wir uns eine Chance und probieren das einfach aus.»

DIE ZIELABFRAGE

Nach 90 Minuten Unterricht mache ich immer eine Zielabfrage. Ich bitte die Schülerinnen und Schüler, nach vorne zu kommen ans Whiteboard, einen Stift zu nehmen und unter das Ziel eine kleine Zeichnung zu machen. Alle Schüler:innen machen das, gehen kurz nach vorn, bevor es in die Pause geht, und hinterlassen ihre kleine Zeichnung. Jedes Kind soll eines von vier

Symbolen zeichnen, die für die jeweiligen Lernfortschritte stehen; unter anderem:

- Ein kleiner Setzling mit einem kleinen Blatt steht für: «Ich habe einen Eindruck davon gewonnen.»
- Ein kleines Pflänzchen mit zwei Blättern bedeutet: «Ich habe schon einiges verstanden.»
- Eine Blume mit offener Blüte und Blättern bedeutet: «Ich fühle mich schon ziemlich sicher.»
- Ein kleiner Baum heißt: «Ich habe es komplett verstanden und beherrsche den Stoff.»

Als Lehrkraft habe ich damit die ideale Rückmeldung, weil ich sehe: Wie viele Kinder sind schon beim Baum? Wie viele noch beim Setzling? Wer und wie viele haben das Ziel der Unterrichtsstunde bereits erreicht? So weiß ich auch ganz genau, wie ich meine nächste Unterrichtsstunde gestalten muss. Außerdem übt die Klasse damit die so wichtige Selbsteinschätzung. Erfahrungsgemäß schätzt sich ein Teil der Schüler:innen generell zu gut und ein anderer generell zu schlecht ein. Oft werde ich gefragt, was man dagegen tun kann. Der einzige Weg ist das häufige Abgleichen von Selbst- und Fremdwahrnehmung.

Ich bin der festen Überzeugung: Indem man sich ein Ziel setzt, daran arbeitet und später ohne Druck reflektiert, wie nah oder weit man noch vom Ziel entfernt ist, arbeitet und lernt man letztlich wesentlich schneller und besser. Beweisen kann ich das nicht, denn natürlich weiß ich nicht, wie es wäre, wenn ich uns im Unterricht *kein* Ziel setzen würde. Ich arbeite allerdings niemals ohne Ziele und versuche daher nicht mal in ein Telefonat zu gehen, ohne dass es ein klares Ziel für dieses Gespräch gäbe.

Darüber hinaus habe ich natürlich gemerkt, dass die Kinder,

mit denen ich lerne, mir sehr dankbar für die Zielsetzung sind: Ein Ziel gibt Orientierung und Struktur. Und diese Orientierung und Struktur gehören zu den Grundbedürfnissen beim Lernen (später dazu mehr). Nur wenn diese Grundbedürfnisse erfüllt sind, kann gut gelernt werden.

Die einzige Möglichkeit, wie Sie herausfinden, ob sich meine Erfahrung mit Ihrer deckt, ist: selbst ausprobieren und reflektieren, ob die Methode funktioniert. Für die Formulierung einer Zielsetzung kann man sich verschiedene Methoden zunutze machen.

DIE PPP-ZIELSETZUNG

Die Abkürzung steht für: Persönlich – Präsens – Positiv. Ziele, die so formuliert werden, wirken attraktiver und daher besser. Wenn sich ein Kind z. B. vornimmt: «Einen Aufsatz schreiben können», dann ist das ein unpersönlich formuliertes Ziel. Die attraktivere persönliche Formulierung lautet: «Ich kann einen Aufsatz schreiben.» Man merkt den Unterschied in der Wirkung der beiden Formulierungen schon beim Lesen.

«Ich werde Englisch sprechen können» ist zwar rein grammatikalisch korrekt, übt als Ziel jedoch wenig Sogwirkung aus, da im fernen Futur formuliert. Besser wirkt das unmittelbare Präsens, das zweite P: Es wird so formuliert, als ob das Kind sein Ziel bereits erreicht hätte: «Ich spreche gut Englisch.»

Und schließlich P wie positiv: Unser Gehirn verarbeitet Negationen nicht gut. Daher wirken negative Zielformulierungen schwach, z. B.: «Ich will nicht mehr so viele Fehler bei der Bruchrechnung machen.» Stärker wirkt: «Ich erziele richtige Ergebnisse bei der Bruchrechnung.»

Was jetzt noch fehlt zu einer wirksamen Zielformulierung,

ist die Messbarkeit eines Ziels. Sie ist enorm wichtig. Denn sonst weiß man nie, ob man ein Ziel überhaupt erreicht hat. Auch dafür gibt es eine bekannte Abkürzung, die vorschlägt, sich generell *schlaue* Ziele zu setzen – und «schlau» heißt auf Englisch «smart».

SMARTE ZIELE SETZEN

Jeder Buchstabe von «smart» steht für eine wesentliche Zieleigenschaft: s für spezifisch, m für messbar, a für attraktiv, r für realistisch, t für terminiert.

Fangen wir mit *s wie spezifisch* an: Was konkret möchte ich erreichen? Ein unspezifisches und damit wenig wirksames Ziel lautet z. B.: «Ich muss einfach mehr für die Schule lernen!» Das ist so vage, dass es alles und nichts bedeuten kann. Sein spezifisches Pendant wäre: «Ich lerne jeden Tag X Minuten für Mathematik.»

Gehen wir weiter zu *m wie messbar*: Wie kann ich das Ziel bemessen? Ich setze mir also nicht zum Ziel: «Ich bin besser in Mathe», sondern lieber: «Ich habe eine 2 in Mathe.»

Und nun zu *a wie attraktiv*: Ist das Ziel erstrebenswert, weil es für mich sinnvoll erscheint? Anstatt «Ich lerne mehr Vokabeln» nehme ich mir vor: «Ich lerne jeden Tag fünf Vokabeln.» «Mehr Vokabeln» könnte leicht als überfordernd und daher wenig erstrebenswert empfunden werden. Doch «nur» fünf Vokabeln täglich sind als Ziel so attraktiv, dass sich das jeder und jede zutrauen kann. Wichtig ist, dass ein Lernziel für das Kind sinnvoll und relevant erscheint – warum sollte es einem unattraktiven Ziel folgen? Deshalb kann es hier wichtig sein, genauestens zu erklären, warum eine bestimmte Sache getan oder erreicht werden sollte. Wenn ein Kind sich nicht mit einem Ziel identifizieren kann, dann wissen wir, dass es das Ziel mit hoher Wahrscheinlichkeit nicht erreichen wird.

Kommen wir zu *r wie realistisch*: Was und wie viel kann ich realistischerweise in meinen Tagesablauf integrieren? Sich also nicht vornehmen: «30 Vokabeln am Tag», sondern eben fünf. Es ist wichtig, dass ein Ziel erreichbar ist. Wenn ein Kind z. B., aus welchen Gründen auch immer, seit Wochen keine Hausaufgaben mehr macht, ist es völlig unrealistisch, zu sagen: «Ich lerne ab sofort drei Stunden am Tag.» Das wäre aus dem Stand viel zu viel. Ebenso schafft man nicht jeden Tag 30 Vokabeln oder jeden Tag eine ganze Stunde Mathe.

Weiter zu *t wie terminiert*. Bis wann möchte ich mein Ziel erreicht haben? Dieses Kriterium ist vor allem bei Zielen wichtig, die einen bestimmten Lernstand beschreiben; z. B.: «Am 12. 8. habe ich meine Facharbeit fertig geschrieben.» Hier lohnt es sich wirklich, ein genaues Datum zu nennen. Oder eine Uhrzeit, wenn es ein Tagesziel ist. Termine führen zu einer natürlichen Dringlichkeit. Wir alle kennen das: Wenn ich unendlich viel Zeit habe, brauche ich auch unendlich lange. Wenn ich stattdessen «nur» Zeit bis nächste Woche habe, dann schaffe ich es auch eher bis nächste Woche (s. Kapitel 4, Aufschieberitis).

OBERZIELE UND ETAPPENZIELE

Momente, in denen ich mit Kindern Ziele setze, gibt es viele. Ein Kind fasst z. B. das Ziel: «Ich kann mit dem Satz des Pythagoras rechnen.» Dieses Oberziel unterteile ich dann in kleine Etappenziele, die auf das große Ziel hinführen, so ist es dafür u. a. wichtig, die Potenz- und Wurzelrechnung zu beherrschen und ein Dreieck richtig zu beschriften, also die Katheten und die Hypotenuse benennen zu können.

Dann zeige ich dem Kind: Das ist unser großes Ziel, das sind die kleinen Ziele, die schreiben wir auf Post-its und kleben sie an die Wand auf ein gelbes Blatt, auf dem ganz oben steht: «Noch nicht erreicht». In der Mitte hängt ein rosa Blatt mit der Überschrift «In Arbeit» und rechts davon ein blaues Blatt, auf dem ganz oben steht: «Erreicht».

Und jeden Tag machen wir einen Abgleich mit den gesetzten Zielen und sehen beispielsweise: Ah, ja, in der Wurzelrechnung bin ich jetzt sicher und ziehe deshalb das betreffende Post-it vom rosa auf das blaue Papier. Deshalb nehme ich mir jetzt ein neues Teilziel vor und ziehe das vom gelben auf das rosa Blatt. So machen wir das, bis wir alle kleinen Ziele geschafft haben – und damit ist das große Ziel dann auch erreicht.

Manchmal ist es nicht leicht zu erkennen, ob man ein Ziel erreicht hat oder nicht: weil man viele Dinge einfach immer noch ein wenig besser kann oder könnte. Deshalb verwende ich zwischendurch immer wieder die Pflanzen-Analogie (s. o.). Unten auf dem Post-it zeichnen wir dann vom kleinen Setzling mit nur einem Blatt bis zum ausgewachsenen Baum das passende Symbol für den aktuellen Lernstand. Auch das schafft einen Überblick über den Stand der momentanen Zielerreichung.

FAZIT: EIN ZIEL HILFT BEI VIELEN DINGEN

Generell kann ich sagen: Ein Ziel hilft bei vielen Dingen. Wir fokussieren uns besser auf die Arbeit, wenn wir zielorientiert arbeiten. Denn dank einem Ziel verstehen wir, wofür die einzelnen Schritte, Tätigkeiten und Zwischenziele gut sind, was sie im Endeffekt ergeben.

Wir geben uns an schwierigen Stellen mehr Mühe, wenn wir auf ein lohnendes Ziel hinarbeiten. Dank eines gut formulierten

Ziels versteht ein Kind außerdem, was genau von ihm erwartet wird. Es macht daher besser mit, selbst wenn es zwischendurch nicht immer genau versteht, worum es *im Augenblick* geht: Das übergeordnete Ziel hat es stets im Kopf.

Insbesondere schwierige und steinige Pfade schafft man einfach besser, wenn man ein schönes Ziel in Sichtweite hat. Besser jedenfalls, als wenn man nur vor sich hin trampelt, sich vielleicht dabei auch noch den Fuß verknackst und sich insgeheim ständig fragt, warum man sich diesen schwierigen Weg überhaupt antut.

6. STÄRKEN STÄRKEN

WORAUF DU ACHTEST, WÄCHST

Wie ich bereits betont habe, ist das Stärken von Stärken für mich ein zentraler Aspekt des gelingenden Lernens. Auf Englisch gibt es dazu ein schönes Zitat:

«What you water, grows.» Was du gießt, wächst.

Ich weiß, dass sich dieser Satz ein wenig nach Kalenderspruch anhört, aber ganz so einfach ist es natürlich nicht. Doch, und das werden Sie schnell merken: Es steckt viel Wahrheit darin. Und dieser Wahrheit wird meines Erachtens in der Schule zu wenig Rechnung getragen. Das Schulsystem, wie ich es erlebe, hat stattdessen drei Fokuspunkte:

1. Wissensvermittlung
2. Vergleich
3. Konzentration auf Fehler und Schwächen (die behoben werden sollen)

Für mich fehlt hier ein wichtiger Fokus, nämlich dass ich mir ein Kind genau anschaue und versuche herauszufinden, wo dieses individuelle Kind seine ganz individuellen Stärken mitbringt. Dass ich diesem Kind helfe, diese Stärken kennenzulernen, zu verstehen und sie vor allem gezielt zu nutzen und kontinuierlich auszubauen. Das wäre für mich ein zentraler Punkt, den wir in die Schulen bringen müssen. Allein dadurch, davon bin ich überzeugt, könnten wir viele Schwächen unseres Schulsystems ausgleichen.

Man kann und soll in der Schule durchaus Fehler korrigieren – sofern dem Kind darüber hinaus gesagt wird, was es gut kann und worin es besonders stark ist. Dann, und erst dann, kann ich auch Fehler selbstwerterhaltend ansprechen.

Mache ich das nicht, erlebt ein Kind immer nur: Ich mache Hausaufgaben, ich fülle Tests aus und gebe schriftliche Arbeiten ab, und das Einzige, was dabei zurückkommt, sind angestrichene Fehler. Klar, da steht auch mal ein Häkchen für «richtig» oder «gut gemacht» – aber mehr als ein Häkchen ist es in der Regel nicht. Der größere Fokus liegt auf den 3 bis 15 Fehlern in der jeweiligen Arbeit. Wenn Kinder eine solche Arbeit zurückbekommen, denken viele: «Eigentlich kann ich gar nichts – jedenfalls nichts besonders gut.»

Ich betrachte es als Problem, dass in der Schule ein ganz bestimmtes Set an Wissen und Fähigkeiten immer und immer wieder abgeprüft wird: Lesen, Schreibfähigkeit, Verständnis von Aufgabenstellungen, schnelle Auffassungsgabe oder die Fähigkeit, jene Antworten zu geben, die sich die Lehrkraft wünscht. All das sind gute und wichtige Stärken. Das will ich nicht verhehlen.

Wenn ein Kind diese Stärken besitzt, dann werden diese in der Schule ständig gefördert, z. B. durch gute Noten. Diese Stärken werden belohnt, verstärkt «gegossen», um das Zitat von oben wieder aufzugreifen. Doch leider sind es nicht unbedingt diese Fähigkeiten, die ein Kind in seinem späteren Leben/Beruf voranbringen.

WAS IM WIRKLICHEN LEBEN ZÄHLT

Im späteren Leben und Beruf kommen Prüfungssituationen, in denen man innerhalb einer bestimmten Zeit eine bestimmte Antwort auf eine bestimmte Fragestellung abliefern muss, nur selten vor. Hier werden ganz andere Stärken sehr viel wichtiger. Stärken, die in der Schule eben nicht unbedingt gefördert, «gegossen», wurden: Kreativität, Problemlösefähigkeit, Teamskills, Selbstorganisation – um nur einige zu nennen.

Stellen wir uns ein Kind vor, das enorme soziale Fähigkeiten mitbringt. Ein Kind, das ein gutes Gefühl für die Klasse hat; das sieht, welchem Kind es gerade nicht gut geht; das sich für andere einsetzt, ein starkes Gerechtigkeitsgefühl hat, ordentlich ist, aber vielleicht eher langsam, ein ganz besonderes Lächeln hat, und in dessen Gegenwart man sich deshalb einfach wohlfühlt.

Für dieses Kind kann ich mir jede Menge Berufe vorstellen, die in unserer Gesellschaft dringend benötigt werden und sogar von der Digitalisierung niemals verdrängt werden können. Kein Roboter der Welt kann jemals das schaffen, was Menschen mit den eben beschriebenen Stärken erreichen.

Dieses Kind kann später in seinem Erwachsenenleben den Empfang in einem 5-Sterne-Hotel leiten und perfekt im Griff haben, sodass es Tausenden von Gästen gut geht und sie sich willkommen fühlen. Es kann einen großen Kindergarten mit zig Gruppen leiten, im Krankenhaus arbeiten oder Pflegedienstleiter:in werden. All das dank seiner großen Stärken, die bis auf eine gute Sozialverhaltensnote (falls es die überhaupt gibt) von der Schule nicht honoriert werden. Das ist das Problem. Verschärfen wir es. Das heißt, schauen wir uns an, was passiert, wenn die Schule es verschärft.

Stellen wir uns also vor, dass dasselbe Kind mit einer Lese-Rechtschreib-Schwäche oder Dyskalkulie zu kämpfen hat oder einfach generell mit dem Schulstoff nicht viel anfangen kann.

Das Traurige ist, dass dieses Kind dann über viele Jahre erlebt, dass es eigentlich nur Fehler macht, nichts kann, nichts auf die Reihe bringt. Aus dieser traurigen schulischen Erkenntnis leitet es dann seinen Selbstwert ab. Es kann überhaupt nicht mehr erkennen, was für großartige und wichtige Qualitäten es sonst noch mitbringt. Ich bin der festen Überzeugung, dass wir damit einen riesigen persönlichen und gesellschaftlichen Verlust erschaffen: Wir versäumen, Kindern zu zeigen, wie großartig sie sind und wie wertvoll ihre Stärken sind – ganz unabhängig von ihrer Physik-Note.

Mein Wunsch ist, dass jedes Kind die Schule mit einem festen Glauben an sich selbst verlässt. Leider ist das nach heutigem Stand lediglich jenen Kindern vergönnt, die die anfangs beschriebenen schulischen Stärken mitbringen und damit gute Noten erzielen.

MIT STÄRKEN SCHWÄCHEN AUSGLEICHEN

Ein weiterer wichtiger Grund für das Stärken von Stärken ist die Möglichkeit, mithilfe einer Stärke eine oder mehrere Schwächen auszugleichen. Dazu ein Beispiel aus dem Alltag der Lerntherapeutin Dr. Helga Breuninger: Helga Breuninger hat immer wieder mit den sehr schwierigen Fällen zu tun, also z. B. mit Schulverweigerern, die im Unterricht nur noch stören und zum Teil gewalttätig werden oder überhaupt nicht mehr zum Unterricht erscheinen. Jene Kinder und Jugendliche also, die von den Lehrkräften aufgegeben wurden. Zu ihnen gehört Tim (Name geändert). Tim war schon in der 4. Klasse, konnte aber nicht lesen. Seine Mutter war verzweifelt. Helga Breuninger fragte sie, was der Junge denn gerne macht. Sie meinte: «Er spielt gerne Tischtennis.» Das war eine seiner Stärken. Also hat Helga mit ihm die ersten beiden Stunden nur Tischtennis gespielt. Tim wollte partout nicht mit ihr reden. Doch Tischtennis hat er gerne mit ihr gespielt. Und sogar ziemlich gut!

Weil er so gut spielen konnte, stellte er schnell fest, dass Helga eine eher schwache Rückhand hatte. Was tat er also? Pfiffig, wie Tim war, spielte er bevorzugt die Rückhand seiner Gegnerin an – und punktete damit natürlich prompt und immer wieder.

Nach einiger Zeit unterbrach Helga das Spiel und erklärte ihm, dass er treffend erkannt habe, wo ihre Schwäche liegt, und dass er daraufhin seine Spielweise entsprechend angepasst hatte. Sie sagte Tim, wie schlau es sei, was er da mache. Das sagte sie einem Jungen, der seit Jahren nur gehört hatte, was er alles nicht kann und falsch macht. Sie zeigte und erklärte Tim in aller Deutlichkeit nun zum ersten Mal, was er *gut* macht, und ergänzte: «Diese Fähigkeit, die du hast, können wir nutzen, damit du Lesen und Rechnen lernst.» Das ist Helgas übliche Vorgehensweise, sie kitzelt in einem Kind wach, was es kann, um ihm dann vor Augen zu führen, wie es dieses Talent in einem anderen Kontext anwenden kann.

Zugegeben: Manchmal muss man sehr tief graben, bis man auf eine Stärke stößt. Aber fündig wird man eigentlich immer. Wer diesen Weg beschreitet, wird merken, wie erstaunlich schnell er von Erfolg gekrönt ist – wenn und weil man auf Stärken setzt, anstatt zu versuchen, Schwächen zu beheben. Deshalb ist es so wichtig, die Stärken eines Kindes zu kennen und entsprechend mit ihnen zu arbeiten. Nur aus dem Bewusstsein der Stärke heraus kann ein Kind die Kraft aufbringen, Herausforderungen anzugehen.

WELCHE STÄRKEN HAST DU?

Wenn ich mit einem Kind oder Jugendlichen oder einer Klasse neu anfange zu arbeiten, dann ist eine meiner ersten Fragen stets: Welche Stärken hast du?

Bis heute ist es mir noch nie passiert, dass mir ein Kind auf Anhieb seine Stärken nennen konnte – ganz egal, welchen Alters oder welcher Klassenstufe. Manchmal höre ich nach einer Weile ein zögerliches: «Ich bin eigentlich ganz gut in …»

Die Unfähigkeit von Kindern, ihre Stärken zu benennen, halte ich für einen eklatanten Mangel unserer Schulausbildung (und in Teilen auch der elterlichen Erziehung). Dass ein Kind jahrelang zur Schule geht und unendliche Trivia auswendig lernen muss, aber nicht in der Lage ist, aus dem Stand zehn seiner Stärken aufzuzählen – das ist schwach. Auch deshalb teile ich in der ersten Stunde meine Stärkenliste von A bis Z aus.

STÄRKENLISTE

A Ausgeglichen, achtsam, aufgeschlossen, ausdauernd, aufrichtig, abenteuerlustig, aufmerksam, aufgeweckt, anpassungsfähig

B Bodenständig, bezaubernd, bewusst, bestimmt, beständig, bescheiden, belastbar, behutsam, beherrscht, beharrlich, begeisterungsfähig

D Diszipliniert, Durchhaltevermögen, durchsetzungsstark

C Charismatisch, charmant, clever, cool

Ehrlich, empfindsam, effizient, energiegeladen, einfallsreich, elegant, einfühlsam, engagiert, eigenständig, erfinderisch, entspannt, ernsthaft, ermutigend, experimentierfreudig

Feinfühlig, freidenkend, freimütig fürsorglich, flexibel, feinsinnig, fair, fröhlich, furchtlos

Gastfreundlich, gebildet, geduldig, gefühlvoll, geheimnisvoll, geistreich, gelassen, geradlinig, gerecht, geschickt, gesellig, gütig, großzügig, gründlich

Heiter, herzlich, hilfsbereit, hingebungsvoll, humorvoll

Intuitiv, innovativ, ideenreich, intensiv, inspirierend, intellektuell, initiativ

Kontaktfreudig, kraftvoll, kreativ, kommunikativ, klar, klug, kämpferisch, kritisch, konsequent

Lebhaft, leidenschaftlich, liebevoll, locker, leichtfüßig, lebensfroh, loyal, lernbereit

Musikalisch, mutig, motivierend, mitfühlend

Natürlich, nachsichtig, nachdenklich, naturverbunden

Offenherzig, optimistisch, ordentlich, offen, Organisationsgeschick

Präzise, pragmatisch, pfiffig, pflichtbewusst, phantasievoll

Quirlig

Risikofreudig, realistisch, reaktionsschnell, raffiniert, reflektiert, reif, ruhig, rücksichtsvoll

S

Sanftmütig, sachlich, selbstständig, selbstlos, schnell, schlagfertig, souverän, sportlich, spontan, sorgsam, sozialkompetent, sprachbegabt, stilsicher, stark

T

Tolerant, tiefgründig, tatkräftig, taktvoll, temperamentvoll, teamfähig

U

Unbeschwert, umgänglich, umsichtig, unkonventionell, uneigennützig, unterhaltsam, unerschrocken, unkompliziert, unparteiisch

V

Verantwortungsbewusst, verlässlich, verbindlich, verständnisvoll, vertrauenswürdig, vorausschauend

W

Wissbegierig, witzig, wohlwollend, weise, wagemutig, willensstark, warmherzig, weitsichtig, widerstandsfähig, weltoffen

Z

Zielstrebig, zupackend, zuvorkommend, zuverlässig, zärtlich, zäh, zuversichtlich

Ich bitte die Kinder, zunächst die Liste durchzulesen und mit dem Bleistift jene Stärken zu unterstreichen, von denen sie meinen, dass sie sie besitzen. Dann tauschen sie ihre Liste mit dem Sitznachbarn oder gegebenenfalls Freund oder Freundin und bitten diese(n), ebenfalls anzustreichen, welche Stärken seiner Meinung nach auf sie zutreffen könnten.

Die doppelt bearbeitete Liste geben die Kinder dann ihren Eltern, die ebenfalls jene Stärken unterstreichen, die sie in ihrem Kind sehen. Toll ist auch, wenn man diese Liste dem Trainer im Sportverein oder der Lieblingslehrkraft gibt. So entsteht nach kurzer Zeit eine Liste von mindestens zehn bis zwanzig aussagekräftigen Stärken.

Haben wir erst einmal diese Stärkenliste, mache ich verschiedene Übungen. Die Kinder und Jugendlichen schreiben z. B. auf Basis ihrer Stärken auf: «Ich bin mutig und diszipliniert. Ich bin gelassen, ich bin …»

Eine weitere schöne Übung ist auch, eine Sonne zu zeichnen, ein Foto des Kindes in die Mitte der Sonne zu kleben und auf die Sonnenstrahlen die einzelnen Stärken zu schreiben. Das ergibt eine Stärkensonne, von der man sich unendlich viele auf meinem Instagram-Account anschauen kann. Ich kenne Lehrkräfte, die mittlerweile beim Elternabend die Eltern bitten, anhand der Stärkenliste eine solche Sonne für ihre Kinder zu erstellen.

Die gesammelten Sonnen werden dann im Klassenraum an die Wand gehängt. Am nächsten Morgen betreten die Kinder das Klassenzimmer, und ihre Augen beginnen zu leuchten, wenn ihre Blicke auf eine Wand voller Sonnen fallen, die ihre Stärken verkünden. Bei aller Fehlerkorrektur und schlechten Noten, die in diesem Klassenzimmer dann immer noch stattfinden, wird an der Wand trotzdem für alle sichtbar und klar: Jedes Kind hier hat auch eine Menge Stärken.

WHAT YOU WATER GROWS

Meine Erwartung ist, dass jedes Kind dank solcher Übungen eher früher als später in der Lage ist, seine individuellen Stärken aufzuzählen. Das bringt uns zum eingangs erwähnten Zitat: Was du gießt, wächst.

Erst wenn ich mir meiner Stärken *bewusst* bin, habe ich die Möglichkeit, diese Stärken weiter auszubauen und damit Schwächen auszugleichen. Und es ist schlichtweg sinnvoller, die eigenen Stärken von Anfang an zu kennen und zu befördern, anstatt dreizehn Jahre Schule damit zu verbringen, in fünfzehn verschiedenen Fächern auf eine ebenmäßige Mittelmäßigkeit zu kommen.

Hier lässt sich auch wieder mein Rat an Eltern anbringen: Wenn ein Kind schlecht in Latein und gut in Mathe ist, braucht es Nachhilfe in Mathe! Denn was könnte aus einem Kind alles Großartiges werden, dessen Mathe-Stärke von Anfang an besonders gefördert wird?

Wenn wir eine solche Stärke über Jahre anregen, anstatt die guten Mathe-Noten jedes Mal freudig, aber selbstverständlich anzunehmen – «Ja, schön, dass du gut in Mathe bist, aber leider hast du ja eine Fünf in Latein!» –, wenn wir uns das verkneifen und das Mathe-Talent von Anfang an fördern, was könnte alles aus dem Kind werden? Ein Mathe-Professor? Eine Raketenwissenschaftlerin?

In Bayern z.B. bleibt ein Kind sitzen, wenn es zwei Fünfen hat, unabhängig von der Fächer-Kombination. Das heißt, ein Kind mit einer 1 in Mathe, einer 1 in Physik, einer 1 in Chemie und einer 1 in Biologie, aber mit einer 5 in Latein und Musik muss die Klassenstufe wiederholen – auch wenn es später vielleicht Nobelpreisträger in Physik, Bio, Chemie oder Mathe wird. Das ist Irrsinn, vor allem, weil bei diesem begabten Kind das Selbstbild generiert wird: «Ich bin ein Sitzenbleiber!»

Für mich besteht das tiefere Problem darin, was beim Kind durch diese Praxis ankommt: eine jahrelang wiederholte Negativbotschaft mit Fokus auf die eigenen Schwächen unter Vernachlässigung der eigenen Stärken. Man mag sich an die eigene Kindheit zurückerinnern: Wir alle haben Ähnliches erlebt.

Vielleicht hatten wir das Glück, durch eine spätere Ausbildung und unseren Beruf irgendwann wirklich unsere Stärken kennenzulernen und auszubauen. Doch viele Menschen berichten eben auch, wie steinig dieser Weg hin zu den eigenen Stärken und dem damit verbundenen Selbstbewusstsein war.

Ein weiterer Beleg für meine These ist die ständig wiederholte Erkenntnis bei Klassentreffen, dass zig Jahre bis Jahrzehnte nach Ende der Schulzeit keineswegs immer jene, die damals die besten Noten hatten, später die erfolgreichsten Menschen in Leben und Beruf sind. Was ich also vor allem sagen möchte: Arbeiten Sie mit den Stärken Ihres Kindes! Machen Sie sich und Ihrem Kind immer wieder seine Stärken bewusst. Gehen Sie gemeinsam auf Stärkensuche und verwenden Sie mindestens ebenso viel Zeit, Energie und Aufmerksamkeit auf die Ausbildung dieser Stärken, wie Sie auf Fehlerbehebung und Schwächen verwenden.

DER NIKOLAUS-BRIEF

Der Nikolaus-Brief ist eine weitere schöne Methode, die individuellen Stärken eines Kindes herauszufinden und zu fördern. Vielleicht kennen Sie ja den alten Brauch des Nikolaus-Briefs; ich glaube, er stammt aus Süddeutschland.

Eigentlich wird in diesem Brief traditionell aufgelistet, was das Kind im letzten Jahr gut und was es schlecht gemacht hat. Ich halte den Nikolaus-Brief allerdings für eine hervorragende Gelegenheit, einmal etwas anderes in den Fokus zu rücken.

Denn was das Kind falsch gemacht hat, weiß es selbst, das kann ich Ihnen versprechen. Das hört es von allen Seiten oft und lange genug – und nun auch noch vom Nikolaus, häufig in einem öffentlichen Setting. Das kann sehr verletzend und demütigend sein. Doch was es alles richtig gemacht hat, das weiß es oft nicht, weil es ihm viel zu selten gesagt wird und seine Stärken viel zu selten «gegossen» werden.

Bei der Formulierung des Nikolaus-Briefes ist es ganz entscheidend, die abstrakten Stärken eines Kindes mit einem konkreten Beispiel zu verbinden. Denn was heißt schon z. B. «Mut»? Das ist zu abstrakt. Das benötigt Konkretisierung. Dank dieser Konkretisierung können auch schon ganz junge Kinder lernen, sich etwas unter Worten wie «geschickt» oder «inspirierend» vorzustellen. Deshalb formuliere ich in diesem Brief folgendermaßen: «Dass du ... (eine Stärke einfügen) bist, habe ich gemerkt, als du ... (Situation oder Tätigkeit einfügen).»

Dazu zwei Beispiele: «Mir fällt beim Basteln immer wieder auf, wie ideenreich du bist. Du hältst dich nie an die Vorlage, sondern entwickelst diese immer weiter, sodass stets eine einzigartige Kreation entsteht.» Oder: «Als dein Bruder krank war, wir so viel im Krankenhaus sein mussten und du oft auf dich allein gestellt warst, ist mir aufgefallen, wie pflichtbewusst du bist. Du hast dich um all deine Dinge gekümmert, und ich konnte mich so gut auf dich verlassen.»

Mein Tipp an Eltern: Immer erst zehn Stärken aufschreiben und sich dann zu jeder Stärke eine Situation überlegen, in der Ihr Kind diese Stärke gezeigt hat, und dann anhand der Musterformulierungen den Nikolaus-Brief verfassen. Für diesen Brief finden sich viele schöne Beispiele in meinem Instagram-Profil.

Ein solcher Brief ist natürlich auch ein besonderes Geschenk zum Geburtstag. Vielleicht wird es ja sogar zu einer Tradition, dass jeder Geburtstagsgast einen Stärken-Brief zum Fest mitbringt?

UND NOCH EINE METHODE: DIE WARME DUSCHE

Die warme Dusche funktioniert besonders gut in der Gruppe: Eine Person aus der Gruppe wird ausgewählt, und die anderen «duschen» sie nun mit positiven Sätzen zu den Stärken dieser Person, z. B.: «Du bist hilfsbereit», «Du bist sportlich», «Du bist gerecht, einfühlsam, cool ...»

Eine befreundete Lehrerin hat dazu einen echten Duschkopf in ihr Klassenzimmer mitgebracht. Wenn ein Kind Geburtstag hat, setzt es sich in die Mitte, ein anderes hält den Duschkopf über den Kopf des Geburtstagskindes, und dann wird es von allen anderen Kindern verbal warm «geduscht». Was für ein schönes Ritual!

FAZIT: JEDES KIND HAT STÄRKEN

Es ist extrem wichtig, ganz egal, wo das Kind gerade schulisch steht, dass es seine Stärken kennt. *Jedes* Kind hat Stärken! Da bin ich mir ganz sicher.

Eltern sollten sich diese Stärken bewusst anschauen und sehen, dass man mit einem solchen Stärkenset ganz unabhängig von den Schulnoten ein erfolgreiches (Berufs-)Leben bestreiten kann – sofern das Kind an sich und seine Stärken glaubt. Andernfalls – und das passiert leider oft genug – verlässt das Kind die Schule und denkt, es kann nichts. Das ist viel schädlicher, als in manchen Fächern schlechte Noten zu haben.

7. THEORIE DER HAUSAUFGABEN

HAUSAUFGABEN SIND HAUSFRIEDENSBRUCH

Diese Überschrift mag krass klingen, für viele Familien entspricht sie aber leider der Realität: Hausaufgaben sorgen für Streitigkeiten, Stress und Ärger, für Trotzanfälle, Wutausbrüche und Tränen: Sie sorgen dafür, dass der häusliche Frieden ins Wanken gerät.

Hausaufgaben bringen grundsätzlich verschiedene Probleme mit sich. Das erste: Sie verlagern die Übungszeit für Gelerntes aus der Schule nach Hause.

Schauen wir uns das genauer an: Erst werden in der Schule Lernstoff und Wissen vermittelt. Dann wird dieses neu erworbene Wissen in der Schule einmal kurz angewendet – aber eben nicht ausführlich eingeübt, sodass es jederzeit sicher wieder aktiviert werden kann. Diese zentrale Aufgabe wird nach Hause verlagert. Dabei bin ich der festen Überzeugung, dass diese Übungszeiten für das eigentliche Lernziel des Beherrschens und sicheren Anwendens eines Stoffes viel wichtiger sind als die eigentliche Wissensvermittlung. Deshalb bin ich dagegen, dass wir diesen extrem wichtigen Teil des Lernens nach Hause verschieben.

Übungszeit oder betreutes Üben ist wichtiger, als Tests zu schreiben oder Wissen abzufragen. Jedoch wird in der Schule die meiste Zeit genau darauf verwendet und viel zu wenig Zeit auf das entscheidende Einüben. Dabei ist der Zusammenhang einfach zu verstehen: Wenn ich etwas höre, z. B. in einem Vortrag, dann verstehe ich es, es leuchtet mir ein, und vielleicht kann ich beim Abendessen noch davon erzählen. Ich merke dabei aber sicher: So richtig bekomme ich den Inhalt nicht mehr zusammen. Ein paar Tage später ist dann fast gar nichts mehr davon übrig.

Das heißt: Allein durch die Wissensvermittlung lernen wir nicht. Wir lernen vielmehr durch die Anwendung und das eigene Reproduzieren, also das Wiedergeben des Lernstoffs. Und erst wenn wir das im Zeitraum von mehreren Tagen und Wochen schaffen, kann man wirklich davon sprechen, dass wir etwas gelernt haben. Alles andere ist Kurzzeitgedächtnis.

Deshalb ist das Üben viel wichtiger als die reine Wissensvermittlung. Auch deshalb, weil erst in der praktischen Anwendung Fragen auftauchen, auf die man ohne Üben nie gekommen wäre, weil sich Wissen bei der reinen Vermittlung meist absolut sinnvoll und logisch anhört. Erst wenn man dann vor einer konkreten Aufgabe sitzt, tauchen die Fragen auf. Außerdem macht man beim Üben von neuem Stoff unweigerlich Fehler. Auch aus diesen kann und soll man viel mehr lernen als durch einen bloßen Vortrag. Aber dafür muss jemand da sein, der erstens aufkommende Rückfragen kompetent beantwortet und zweitens Fehler erkennt und konstruktiv darauf eingeht. Wenn beides gegeben ist, dann funktioniert Lernen richtig gut.

Besonders deutlich wird das am Beispiel Mathematik. Gerade mit diesem Fach haben viele Kinder und Jugendliche Probleme. Und auch wenn es die besondere Herausforderung der Dyskalkulie, der angeborenen Rechenschwäche, gibt: Den allermeisten, die Probleme mit Mathe haben, fehlt schlicht und einfach die Übung.

Denn was passiert, wenn die Übungen nicht an der Schule stattfinden, sondern zu Hause praktiziert werden müssen? Zuallererst ist das ziemlich ungerecht. Denn die Voraussetzungen dafür sind bei den Kindern sehr unterschiedlich: Habe ich in meinem Zuhause überhaupt einen ruhigen Arbeitsplatz, um in aller Ruhe üben zu können? Habe ich die nötige Zeit? Habe ich jemanden, der mich fürs Üben motiviert, mich dabei beaufsichtigt, meine auftretenden Fragen beantwortet? Oder habe ich das nicht?

Einige Kinder haben das alles – viele andere eben nicht. Unzählige Kinder und Jugendliche hatten während der Pandemie zu Hause weder einen ruhigen Ort zum Arbeiten noch einen mehrstündigen Internetzugang, geschweige denn jemanden, der ihnen bei den Hausaufgaben helfen konnte. Mit dem Ergebnis, dass sie während des Homeschoolings fast nichts gelernt haben. Viele haben sogar enorme Rückschritte gemacht. Die Schlussfolgerung liegt auf der Hand: Hausaufgaben zementieren Bildungsungerechtigkeit.

Zu Hause Aufgaben erledigen zu müssen ist allerdings nicht nur ein Problem für Kinder aus bildungsfernen Schichten. Hausaufgaben passen schlichtweg nicht mehr zu einer Arbeitswelt, in der es für viele völlig normal ist, dass beide Elternteile voll erwerbstätig sind und keine Zeit haben, nachmittags die Hausaufgaben zu betreuen. Sie sind eine Herausforderung für alle Kinder, deren Eltern bis 17 Uhr oder länger arbeiten, danach noch einkaufen müssen, das Abendessen vorbereiten und deshalb spätabends verständlicherweise nur noch wenig Kraft, Lust und Energie haben, sich mit dem Erdkunde-Referat ihres Kindes oder dem langwierigen Erlernen eines Gedichtes zu befassen. Von Eltern, die im Schichtdienst arbeiten, mal ganz zu schweigen.

Das führt dazu, dass Hausaufgaben und Lernen für die Schule oft aufs Wochenende verlagert werden. Dort stehlen sie dann die so wichtige Familien- und Erholungszeit. Wen wundert es, dass da bei den Kindern Groll und Abneigung gegenüber Hausaufgaben immer stärker werden? (Und seien wir ehrlich, den Eltern geht es nicht anders.) Was bleibt also übrig? Die Hausaufgabenbetreuung.

DAS PROBLEM MIT DER HAUSAUFGABEN-BETREUUNG

Viele Kinder, deren Eltern beide voll erwerbstätig sind, gehen zur Hausaufgabenbetreuung, um dort ihre Hausaufgaben zu erledigen. Leider sind viele Hausaufgabenbetreuungen von unterirdischer Qualität.

Auf meinem Instagram-Profil mit über 150 000 Followern habe ich eine Umfrage gemacht, die zwar nicht repräsentativ ist, aber dennoch auf einer relativ großen Stichprobe basiert. Ich fragte: Wie zufrieden sind Sie mit der Hausaufgabenbetreuung Ihres Kindes? 80 Prozent gaben an, damit unzufrieden zu sein. Der Grund: Viel zu oft bedeutet Hausaufgabenbetreuung nichts anderes als reine Kinderaufbewahrung.

Wohlmeinende, aber ungeschulte Personen beaufsichtigen 20 Kinder in einem Raum und sind oft nicht in der Lage, für Ruhe zu sorgen oder aufkommende Fragen zu beantworten. Nicht selten sitzen die Kinder die Hausaufgabenbetreuung einfach ab, machen mit ihren Klassenkameraden Quatsch, rotzen ihre Hausaufgaben einfach hin oder schreiben schlicht beim Nachbarn ab und vernachlässigen damit die wichtige Übung.

Ich kann das Verhalten der Kinder gut verstehen, da ich die Realität vieler Hausaufgabenbetreuungen kenne und dort leider nur in wenigen Fällen eine Lernatmosphäre vorgefunden habe, die diesen Namen verdient.

Andere Länder haben verstanden, was ein echtes Ganztagesprogramm für ein Schulkind bieten muss. Angefangen mit einem hochwertigen Essen, weil die Schule von Anfang an als Ganztagsschule gedacht war und deshalb eine Küche und eine Kantine mitgebaut wurden. An deutschen Schulen ist das nur selten der Fall, da sie meist zu einer Zeit errichtet worden sind, wo klar war, dass Schulkinder mittags zum Essen nach Hause gehen.

In echten Ganztagsschulen gibt es neben gut ausgestatteten Kantinen auch Ruheräume, Sport- und Musikangebote. Und vor allem Lehrkräfte, die die Kinder während der so wichtigen Übungszeit kompetent betreuen.

In Deutschland dagegen sieht es oft eher so aus, dass Kindern in umfunktionierten, nicht wirklich dafür geeigneten Räumen ein geliefertes, aufgewärmtes Essen vorgesetzt wird, sie anschließend auf dem Hof spielen und danach eineinhalb Stunden in einem Raum sitzen und ihre Hausaufgaben machen sollen. Oft genug gilt dabei die Regel: Wer fertig ist, darf rausgehen. Mit dem Ergebnis, dass in diesem Raum ein ständiges Kommen und Gehen herrscht. Kein Kind kann hier wirklich konzentriert arbeiten, zumal es verständlicherweise lieber schnell mit den anderen Kindern spielen gehen möchte.

Und so kommt es, dass sich in meinem Postfach die verzweifelten Nachrichten von Eltern häufen, die mich fragen: «Was soll ich tun? Mein Kind kommt um fünf von der Nachmittagsbetreuung nach Hause und die Hausaufgaben sind nicht gemacht! Aber es ist dann schon viel zu müde und kann sich nicht mehr konzentrieren, weshalb wir hier eine Menge Kämpfe ausfechten und sich die Hausaufgaben oft bis in die späten Abendstunden ziehen.» Spätestens hier stimmt dann der Satz einfach: Hausaufgaben sind Hausfriedensbruch, der tatsächlich die ganze Familie belasten kann.

LERNSTÄNDE WERDEN NICHT BEACHTET

Ebenso oft gibt es jedoch auch Kinder, die nachmittags nicht in der Hausaufgabenbetreuung, sondern zu Hause sind, weil ein Elternteil im Haus arbeitet – und trotzdem kommt es jeden Tag zu Streit und Dramen.

Ein Grund dafür ist, dass Hausaufgaben leider oft nicht dem individuellen Lernstand des Kindes entsprechen. Denn beim Lernen ist es entscheidend, dass wir genau an jener Stelle weiterüben, an der das Kind gerade steht. Nur dann entsteht der Flow-Zustand (siehe Kapitel 3), bei dem die jeweilige Herausforderung exakt meinen Fähigkeiten entspricht.

Wenn Hausaufgaben also keinen Spaß machen, liegt es meist daran, dass sie zu schwer oder zu leicht sind, also nicht dem jeweils aktuellen Lernstand des Kindes entsprechen. Dass Hausaufgaben als zu schwer empfunden werden, kann schon durch etwas Banales wie ein paar Krankheitstage ausgelöst werden, während denen das Kind den Schulstoff verpasst hat. Doch selbst wenn man in der Schule nicht gefehlt hat, sind die individuellen Lernstände höchst unterschiedlich. Das liegt einfach daran, dass Kinder Informationen unterschiedlich schnell aufnehmen und verarbeiten. Trotzdem sieht das System vor, dass alle im Gleichschritt weiterlernen, und so sitzt dann ein Kind vor Hausaufgaben, die ihm zu schwer sind und vor denen es innerlich kapituliert.

Wenn man den Gedanken ernst nimmt, dass die Übung dem individuellen Lernstand entsprechen muss, dann müsste eine Lehrkraft eigentlich – krass formuliert – 25 unterschiedliche Hausaufgaben aufgeben. Ein unmögliches Unterfangen. Dennoch gibt es Lehrkräfte, die sich hier große Mühe geben und zumindest zwei oder drei verschiedene Hausaufgaben aufgeben. Man nennt das «differenzieren». Aber sehr oft reicht auch das nicht. Machen wir uns das an einem Beispiel klar:

Ein ganz normal begabtes Kind in der 3. Klasse, nennen wir es Nadia, bekommt Scharlach und darf eine Woche lang nicht zur Schule gehen. In dieser Woche werden Komposita im Deutschunterricht durchgenommen. Also wird die Fähigkeit eingeübt, aus *zwei* Worten *ein* Wort zu bilden. Aus «schreiben» und «Schrift» wird z. B. «Schreibschrift»; aus «Schule» und «Haus» wird das «Schulhaus». Kein besonders schwieriges Thema – eigentlich. Aber dennoch muss es einem neunjährigen Kind erst einmal gut und gründlich erklärt werden. Die Klasse verbringt deshalb eine Woche damit, diese Komposita herzustellen und unter anderem zu verstehen: Wonach richtet sich der Artikel des neuen Wortes? Die Klasse übt auch, dass man diese Worte immer und unbedingt zusammenschreibt.

Nach einer Woche ist Nadia wieder genesen. Sie hat während ihrer Krankheit vielleicht sogar gehört, was in der Schule durchgenommen wurde, konnte jedoch, da sie krank im Bett lag, nicht üben wie die anderen Kinder. Und nun bekommt Nadia in dieser Woche, wo sie wieder zurück ist, als Hausaufgabe auf, zehn Sätze mit diesen Komposita aufzuschreiben. Wie soll Nadia das bewältigen? Diese Aufgabe erfordert von ihr zu viele noch nicht eingeübte Denkschritte. Die Aufgabe stellt daher völlig unabhängig vom Intellekt oder Sprachwissen des Kindes eine faktische Überforderung dar. Was passiert jetzt?

Nadia sitzt über der Aufgabe, müht sich redlich damit ab, kommt jedoch nicht damit voran. Der danebensitzende Elternteil ist genervt, weil Nadia die Aufgabe nicht zügig erledigt, sondern «so langsam macht», und sagt daher Sätze wie: «Jetzt konzentrier dich doch mal!», «Das ist doch nicht schwer!» Oder: «Du musst hier einfach nur …!»

Bei Nadia kommt an: Die Aufgabe ist scheinbar gar nicht schwer, aber ich verstehe sie nicht – also muss es wohl an mir liegen. Wenn ein Kind in einer solchen Situation nicht mit Growth-Mindset-Sprache (s. Kapitel 1 und 2) begleitet wird, kommt es hier ganz schnell zu dem Schluss: Diese Komposita sind schwierig, ich kann das nicht, davon halte ich mich in Zukunft fern.

Genau damit ist jetzt eine von Resignation und Abneigung geprägte Situation entstanden, die man leicht hätte vermeiden können, wenn wir der Tatsache Rechnung tragen würden, dass ein Mensch immer nur dort weiterlernen kann und sollte, wo er gerade steht.

Wir müssen uns das Lernen wie eine lange Kette vorstellen. Tatsächlich wird Wissen in unserem Gehirn in einer langen Abfolge, quasi einer Kette von Reaktionen zwischen Synapsen, gespeichert. Und so, wie es nicht möglich ist, eine Kette zu knüpfen, wenn man dabei einzelne Glieder auslässt, so kann man auch nicht lernen, wenn einzelne Glieder der Lernkette fehlen.

Gleichzeitig können es unsere Lehrkräfte schlichtweg nicht leisten, all das mitzudenken, während sie ihren Unterricht halten und vorbereiten. Dafür fehlen Zeit und Ressourcen. Vor allem, da Lehrkräfte durch eine Vielzahl an meist administrativen Nebenarbeiten davon abgehalten werden, ihrer eigentlichen Kernkompetenz, Unterrichten und Wissensvermittlung, nachzugehen.

Was wir hier diskutieren, soll also nicht als Kritik an Lehrkräften verstanden werden, sondern schlichtweg als Feststellung, dass gut gemeinte und sogar gut gestellte Hausaufgaben oft nicht nur unnütz, sondern sogar schädlich sein können.

EXKURS:
Wie Menschen lernen: Kochen und Mathematik

Es gibt Menschen, die gehen an den Kühlschrank, nehmen sich zehn Zutaten heraus, fangen damit an zu kochen, und eine Stunde später stellen sie ein köstliches Essen auf den Tisch. Ganz ohne Anleitung oder Rezept kochen sie intuitiv.
Andere Menschen öffnen denselben Kühlschrank und denken: Puh, hier ist ja gar nichts Kochbares drin! Doch sind diese Menschen natürlich problemlos in der Lage, ein Kochbuch zu öffnen, die Zutaten durchzulesen, eine entsprechende Einkaufsliste zu schreiben, die passenden Zutaten einzukaufen und dann Schritt für Schritt den Anweisungen des Rezepts zu folgen mit dem Ergebnis, dass am Ende ein ebenso köstliches Gericht auf dem Tisch steht. Genau so verhält es sich mit der Mathematik.
Es gibt Menschen, für die Mathe intuitiv Sinn ergibt. Man muss ihnen nur einmal etwas zeigen, und sie wissen von da an immer, was zu tun ist, wie sie rechnen müssen. Sie sehen eine Aufgabe vor sich, und ihnen ist sofort klar, mit welchen Rechenoperationen die Aufgabe gelöst werden kann. Das sind die intuitiven «Köchinnen und Köche». Und wer wird Mathe-Lehrer:in? Was glauben Sie? Genau diese intuitiven Köch:innen. Denn um in Deutschland Mathe-Lehrer:in zu werden, muss ich an der Universität

Vorlesungen besuchen, die auch für ein reguläres Mathematikstudium vorgesehen sind. Das trauen sich in aller Regel nur jene, denen Mathe von Anfang an leichtgefallen ist.

Ich z. B. bin eine hervorragende Mathe-Lehrerin, in dem Sinn, dass ich Mathematik so erklären kann, dass viele Kinder sie verstehen. Ich würde mir aber nicht im Traum ein Mathe-Studium zutrauen. Warum gelingt mir die Wissensvermittlung trotzdem? Weil ich selbst zu den Rezept-Köch:innen gehöre und nur über langwieriges Arbeiten mit Rezepten mir langsam das intuitive Kochen in bestimmten mathematischen Bereichen antrainiert habe. Viele Kinder bräuchten einen Mathe-Unterricht, der so funktioniert wie das Rezept-Nachkochen – und nicht wie das In-den-Kühlschrank-Schauen und Loslegen.

Normalerweise läuft es im Mathematikunterricht allerdings so, dass am Anfang eine (oft an den Haaren herbeigezogene) Fragestellung steht wie z. B.: «Max und Ida möchten die Höhe eines parabelförmigen Springbrunnens berechnen.»

Dann wird eine Formel eingeführt, meist sogar hergeleitet – und exakt zu diesem Zeitpunkt haben wir die Rezept-Köch:innen schon verloren. Es wurden schon so viele Fragen aufgeworfen, dass sie einfach aussteigen. Bei diesen Kindern macht es viel mehr Sinn, ihnen nur zu sagen: «Wir wollen berechnen, wo der höchste Punkt der Parabel ist. Dazu brauchst du folgende ‹Zutaten›: diese Werte und diese Formeln. Dann setzt du folgende Werte dort ein, löst nach x auf (auch dieser Vorgang wird Schritt für Schritt quasi wie bei einem Kochrezept veranschaulicht), und dann hast du die Lösung.»

Ich verspreche, dass jedes Kind froh und dankbar sein wird, diesen Fahrplan zu haben und losrechnen zu können, auch wenn ihm das tiefe Verständnis für diese Vorgehensweise oder gar die Herleitung der Formel fehlt. Diese Rezept-Köch:innen müssen manchmal ein Gericht 20-mal nach Vorgabe kochen, bis sie irgendwann mit leuchtenden Augen nach oben schauen und sagen: «*Jetzt* hab ich's verstanden!»
Ganz grundsätzlich bin ich also der Meinung, dass wir dringend eine Reform der Mathe-Didaktik benötigen (an einzelnen Lehrstühlen wird das Gott sei Dank schon gelebt).

DER ENTSCHEIDENDE PUNKT

Eigentlich sind wir ja hier beim Thema Hausaufgaben, doch dieser kleine Exkurs war wichtig, um zu verstehen, warum Hausaufgaben besonders im Fach Mathematik bisweilen so schädlich sind: weil das Nachkochen des «Rezepts» nach Hause verlagert und in die Hände von Amateurköch:innen gegeben wird, die in den meisten Fällen keine kleinschrittige Anleitung dafür haben und keine Schritt-für-Schritt-Fehlerkontrolle. Vielleicht hatten diese Kinder am Vormittag im Klassenzimmer sogar das Gefühl, den Erklärungen der intuitiven Mathe-Lehrkraft folgen zu können. Doch wenn sie wenige Stunden später an ihrem Schreibtisch sitzen, das Buch auf Seite 67 aufschlagen und sich die Aufgabe Nummer 2 durchlesen, bleiben nur noch Fragezeichen übrig. Und daran ist nicht das Kind schuld.

Das wäre jetzt nämlich der entscheidende Punkt, wo es ans eigentliche Lernen und das in der Mathematik unerlässliche Einüben geht. Gerade im Fach Mathematik muss das aber unter allen Umständen begleitet werden. Das ist genauso wie in einer Sterne-Küche, wo immer ein Chefkoch zur Stelle ist, der den Lehrlingen über die Schulter schaut und sie bei den kritischen Schritten anleitet. Deshalb bin ich großer Fan von digitalen Lernprogrammen, bei denen Hausaufgaben aufgegeben werden können. Mittlerweile sind diese Programme in der Lage, kleinschrittig zu arbeiten und vor allem auch inhaltlich die Fehler zu erkennen. Sie sagen nicht nur «falsches Ergebnis», sondern geben die inhaltliche Rückmeldung: «Du hast die Klammer vergessen» oder «Potenzregel wurde falsch angewendet». Durch diese direkten Rückmeldungen können die Kinder Mathe alleine und zu Hause wirklich gut üben. Eines meiner Lieblingsprogramme ist «bettermarks» (leider kann man sich seit Juli 2023 nur noch als Lehrkraft oder über die Schule registrieren).

Andernfalls braucht es einen Menschen neben diesen Kindern, der Schritt für Schritt anleitet und zeigt, was an dieser Stelle einer Rechenaufgabe genau zu tun ist, damit das Kind überhaupt zu üben anfangen kann und dann nach acht bis zehn Aufgaben tatsächlich das Gefühl eines Erfolgserlebnisses hat. Doch ob da wirklich ein Mensch neben dem Kind sitzt, hängt von der verfügbaren Zeit, dem Wissen und den finanziellen Ressourcen des Elternhauses ab, und damit sind wir wieder beim Anfang des Kapitels: Hausaufgaben zementieren Bildungsungerechtigkeit.

Es ist also längst überfällig, dass wir Schule neu denken und an die Realität des modernen Lebens anpassen. Es kann nicht sein, dass ein Elternteil (meist die Mutter) sich verpflichtet fühlt, Jahre zu Hause zu bleiben oder zumindest nur in Teilzeit zu arbeiten, weil sie merkt, wie wichtig sie am Nachmittag u. a. bei der Hausaufgabenbetreuung für ihre Kinder ist. Zumal das ja sowieso nur infrage kommt, wenn *ein* Gehalt zur Ernährung der Familie reicht.

Wenn Familien sich für dieses Modell entscheiden können und wollen, höre ich manchmal von anderen Menschen abfällige Bemerkungen über diese Eltern, nach dem Motto «Helikopter-Eltern» oder «Früher konnten die Kinder das doch auch alleine!». Aber ist dem wirklich so?

«FRÜHER KONNTEN DIE KINDER DAS DOCH AUCH ALLEINE!»

Ich bin der Überzeugung, dass diese Aussage schlichtweg falsch ist. Auch damals resultierte die fehlende oder mangelnde Hausaufgabenbetreuung in massiven Lernlücken und starken Abneigungen gegen bestimmte Fächer, die im Grunde nur intensiver hätten geübt werden müssen. Der einzige Unterschied zu heute: Damals interessierte dieser Missstand nur wenige.

Ich applaudiere daher Eltern, die sich für ihre Kinder stark machen und es eben nicht hinnehmen, dass das Kind in der Schule Misserfolg hat. Eltern, die sich dafür einsetzen, dass ihr Kind gut in der Schule mitkommt und einen stetigen Lernfortschritt erzielt. Ich weiß, dass das vielen Eltern aufgrund ihrer beruflichen Situation nicht möglich ist, und das tut mir leid. Aber es ist leider ein Fakt, dass nur noch sehr wenige Kinder ohne die elterliche Begleitung bei den Hausaufgaben auskommen, und es ist falsch, das mit einem Schulterzucken abzutun und zu sagen: «Dann gehören diese Kinder eben nicht auf das Gymnasium!»

Denn oft liegt es überhaupt nicht am Kind, sondern einfach nur am (intuitiven) Unterrichtsstil der Lehrkraft, einer nicht oder unzureichend aufgearbeiteten Lernlücke oder ein paar

Krankheitstagen, die dazu führen, dass das Kind dringend auf Hilfe angewiesen ist.

Wenn Sie dieses Buch in den Händen halten, gehe ich davon aus, dass Sie wissen möchten, wie Sie das Lernen Ihres Kindes gut begleiten können. Ich habe über die Jahre mehrere Methoden und Ansätze entwickelt, wie man die Hausaufgabenzeit so gestalten kann, dass die Aufgaben in möglichst kurzer Zeit mit möglichst großem Lernerfolg erledigt werden können. Davon handelt das nächste Kapitel.

8. PRAXIS DER HAUSAUFGABEN

WENN HAUSAUFGABEN DEN GANZEN NACHMITTAG STEHLEN

Hausaufgaben sind wohl das leidigste Thema, wenn wir uns mit Schule beschäftigen: Die Kinder stöhnen, die Eltern verzweifeln, Tränen fließen, Türen werden geknallt. Ich habe es bereits im vorangegangenen Kapitel erwähnt: Ich bin gegen Hausaufgaben und würde mir ein anderes Lernkonzept für unsere Kinder wünschen. Einfach weil es gerechter und der Lernerfolg besser gesichert wäre.

Natürlich ist es prinzipiell gut, wenn Kinder lernen, zu Hause selbstständig zu arbeiten. Aber dafür eignen sich meines Erachtens Projekte, Referate oder selbst gewählte «große Aufgaben» besser als die täglichen kleinen Hausaufgaben in vielen Fächern – Hausaufgaben, bei denen man häufig das Gefühl bekommt, dass sie nur um ihrer selbst willen aufgegeben werden und nicht, weil sich die Lehrkraft einen entscheidenden Lernerfolg davon verspräche.

Aber da sie nun mal zum Schulalltag dazugehören und großes Frust- und Konfliktpotenzial besitzen, will ich mich ihnen im Folgenden ausführlich widmen.

Dabei ist es von Schule zu Klasse zu Bundesland zu Lehrkraft zu Alter des Kindes höchst unterschiedlich, wie viele Hausaufgaben aufgegeben werden und wie lange das Kind dafür braucht (beides steht nicht unbedingt in einem Zusammenhang).

Kinder sind ganz unterschiedlich. Es gibt Kinder, die eine relativ große Aufgabenmenge in kurzer Zeit bewältigen können. Die meisten Kinder brauchen für relativ viele Hausaufgaben entsprechend lange. Und dann gibt es eben Kinder, die für wenige Hausaufgaben stundenlang an ihrem Schreibtisch sitzen müssen.

Wenige Hausaufgaben, die schnell gemacht werden, stellen kein Problem dar.

Große Mengen an Hausaufgaben kann man versuchen, mit der Lehrkraft direkt oder im Rahmen eines Elternabends zu thematisieren.

Spezialisiert habe ich mich auf den dritten Fall: Wenn die Aufgabenmenge eigentlich gut zu bewältigen wäre und dem Alter angemessen ist und das Kind trotzdem lange daran sitzt und die Hausaufgaben den ganzen Nachmittag in Anspruch nehmen.

Es lohnt sich auf jeden Fall, einmal nachzusehen, wie die Vorgaben Ihres Bundeslandes bezüglich Hausaufgaben sind. Denn einige Bundesländer haben hier ganz klare Regeln, so dürfen z.B. Erst- und Zweitklässler in Nordrhein-Westfalen und Niedersachsen nicht länger als 30 Minuten täglich Hausaufgaben machen.

Wenn Sie also der Meinung sind, dass Ihr Kind seit einiger Zeit wesentlich mehr Hausaufgaben bekommt, als ein Erstklässler realistischerweise in einer halben Stunde bewältigen kann, dann würde ich mich unbedingt mit anderen Eltern zusammentun und die Klassenleitung darauf ansprechen. Oft verlieren Lehrkräfte nämlich aus dem Blick, was ihre Kolleginnen und Kollegen alles aufgeben (sie haben schlicht zu wenig Zeit, sich abzusprechen): Dann sind die Aufgaben in den einzelnen Fächern zwar nicht umfangreich, summieren sich aber am Ende zu einem großen Berg. Oft sind Lehrkräfte sehr dankbar für diese Rückmeldung: Sie können schließlich nicht wissen, was am heimischen Küchentisch des Kindes vor sich geht.

Wenn Kinder mehrfach erleben, dass ihnen die Hausaufgaben den ganzen Nachmittag stehlen, entwickeln sie schon nach wenigen Wochen verständlicherweise einen Groll darauf. Dieser Groll überträgt sich schnell auf das Fach an sich und die Schule im Allgemeinen. Das ist dann ziemlich dramatisch, wenn z. B. schlecht aufgegebene Englisch-Hausaufgaben dafür sorgen, dass ein Kind die Freude an der Sprache an sich verliert.

Selbst Mathe-Aufgaben zu lösen macht Kindern eigentlich großen Spaß, weil es mit einer immensen Genugtuung verbunden ist (wenn das Niveau dem Lernstand angemessen ist). Muss ich sie allerdings zu einem Zeitpunkt bearbeiten, an dem meine Freunde bereits draußen auf der Straße Fußball spielen, werden mir diese Aufgaben keinen Spaß machen. Hier wünsche ich mir mehr Verständnis für Kinderseelen.

Kinder sind nur einmal jung, und jeder, der sich an seine Kindheit erinnern kann, weiß nur zu gut, wie wichtig z. B. Verabredungen im Wald oder auf dem Spielplatz mit anderen Kindern sind – und wie unbedeutend im Vergleich dazu die blöden Aufgaben aus dem Mathe-Buch.

Es ist einfach schwer, am Nachmittag oder Abend den richtigen Zeitpunkt für Hausaufgaben zu finden, an dem das Kind überhaupt die innere Möglichkeit, sprich: die Ruhe, Energie und Konzentration, besitzt, sich ihnen ernsthaft zu widmen. Das führt uns zu meinem ersten praktischen Rat für die Hausaufgaben:

DER ERSTE WICHTIGE SCHRITT: LASSEN SIE IHR KIND ENTSCHEIDEN, WANN ES SEINE HAUSAUFGABEN MACHEN MÖCHTE

Sicherlich kennen Sie aus Ihrer Kindheit den Spruch: «Erst die Arbeit, dann das Vergnügen.» Vielleicht haben Ihre Eltern Ihnen auch schlichtweg verboten, sich mit Ihren Freund:innen zu treffen, bevor die Hausaufgaben fertig waren. Solche Verbote sind für Kinder, denen Hausaufgaben leichtfallen und die sie binnen zehn Minuten abhaken, kein Problem.

Doch meiner Erfahrung nach trifft das lediglich auf 30 bis 40 Prozent der Schüler:innen zu. Allen anderen Kindern täte es sehr viel besser, nach der Schule erst einmal in Ruhe zu essen, sich zu entspannen, einem Hobby nachzugehen, Freund:innen zu treffen, zu Abend zu essen und sich danach noch eine halbe Stunde oder Stunde hinzusetzen, um die Hausaufgaben zu machen.

Ich kenne Kinder, die regelmäßig mehr als drei Stunden für ihre Hausaufgaben brauchen, wenn sie gezwungen werden, sie direkt nach dem Mittagessen zu machen. Erlaubt man ihnen jedoch, die Aufgaben beim Frühstück zu erledigen, direkt vor der Schule, schaffen sie sie plötzlich innerhalb von 20 Minuten.

Zugegeben, es hat einen gewissen Charme, die Aufgaben vor der Freizeit am Nachmittag zu erledigen: Entspannt und frei kann man spielen gehen, ohne daran denken zu müssen, dass noch Hausaufgaben anstehen. Ich will nur sagen: Für jedes Kind gibt es die richtige Zeit und den richtigen Ort für Hausaufgaben.

Mein Ziel ist es auch hier, Eltern dafür zu sensibilisieren, dass es keine Regel gibt, die für alle Kinder gleichermaßen gilt.

Und keinen Tipp, der bei allen Kindern gleich gut funktioniert.

DIE RICHTIGE ZEIT FÜR HAUSAUFGABEN HERAUSFINDEN

Wenn Sie also unsicher sind, ob die Zeit am frühen Nachmittag wirklich die richtige für Ihr Kind ist, probieren Sie doch einmal Folgendes: Lassen Sie Ihr Kind eine Woche lang die Hausaufgaben kurz *vor* dem Abendessen machen; die Woche darauf *nach* dem Abendessen, respektive vor dem Zubettgehen, und die Woche darauf darf Ihr Kind völlig frei entscheiden, wann es seine Hausaufgaben machen möchte.

Manche Eltern sind erstaunt, wie viele Kämpfe sich in Luft auflösen, einzig und allein dadurch, dass sie ihrem Kind in dieser wichtigen Frage Wahlfreiheit einräumen. Staunend beobachten sie, welche pflichtbewusste Zweitklässlerin ihre Tochter ist, die sich wunderbar ihren Nachmittag und Abend so einteilen kann, dass sie die Hausaufgaben schafft.

Überlegen Sie also gemeinsam mit Ihrem Kind, welcher Zeitpunkt der richtige ist. Dabei sollten Sie gemeinsam Fragen stellen und beantworten wie:

- Konnte ich mich heute gut konzentrieren?
- Hatten wir heute wegen der Hausaufgaben weniger oder mehr Streit?
- Wie passt dieser Zeitpunkt für die Hausaufgaben in den Tagesablauf für uns als Familie?
- Waren die Hausaufgaben relativ richtig und ordentlich?

Nach einigen Wochen werden Sie dank dieser Vorgehensweise ein genaueres Bild von der Angelegenheit haben. Selbst wenn dabei herauskommt, dass die Zeit nach dem Mittagessen doch die beste für das Kind ist, ist das für Ihr Kind jetzt viel besser nachvollziehbar, und es kooperiert mehr. Denn erstens durfte es autonom entscheiden, und zweitens hat es gemerkt, dass es sich abends vielleicht nicht mehr konzentrieren kann. Manche Kinder erkennen auch, dass sie sich am Nachmittag nicht richtig entspannen und ihre Freizeit genießen können, wenn am Horizont immer noch die Hausaufgaben warten.

Zusammenfassend lässt sich also sagen: Öffnen Sie sich ruhig anderen, unkonventionellen Zeitpunkten für Hausaufgaben. Geben Sie verschiedenen Uhrzeiten eine Woche lang eine Chance, und reflektieren Sie mit Ihrem Kind darüber, bis Sie die richtige für sich und Ihr Kind gefunden haben.

Das Ergebnis kann auch durchaus so aussehen, dass der Zeitpunkt von Tag zu Tag variiert. Allerdings bin ich davon ehrlicherweise kein großer Fan, da ich an die Macht von Ritualen und eingeschliffenen Handlungsfolgen glaube. Ohne sie kosten Hausaufgaben sehr viel mehr Kraft, weil man sich jedes Mal neu überwinden muss und gerne aufschiebt («Och, ich mach das später». Siehe hierzu das Kapitel über Aufschieberitis). Deshalb empfehle ich generell, gemeinsam mit und für jedes Kind einen festen Zeitpunkt für die Hausaufgaben zu bestimmen.

DER ZWEITE WICHTIGE SCHRITT: EIN AKUSTISCHES ANFANGSSIGNAL FESTLEGEN

Nehmen wir an, Sie haben sich nach mehrwöchigen Tests und Gesprächen mit Ihrem Kind auf 14.30 Uhr als Beginn der Hausaufgaben geeinigt. Wird Ihr Kind also pünktlich um 14.30 Uhr mit vollständigem Material und hochmotiviert am Tisch sitzen? Wahrscheinlich nicht.

Das führt dann schnell dazu, dass Eltern genervt an der Zimmertür des Kindes auftauchen und mühsam beherrscht kommandieren: «Kommst du jetzt endlich? Du musst Hausaufgaben machen!»

Versetzen wir uns in die Lage des Kindes und überlegen, wie gerne *wir* kommen würden, wenn z. B. unser Beziehungspartner mit leicht genervtem Gesichtsausdruck in der Tür steht und uns auffordert, eine für uns mühsame Aufgabe zu erledigen. Wir wären wenig begeistert – warum sollte das Kind anders reagieren? In einem solch harschen Anfang steckt viel Gefahrenpotenzial für die folgende Hausaufgabenzeit: Oft ist allein deshalb ein Streit vorprogrammiert. Deshalb ist mir ein guter Anfang besonders wichtig. Wie gestaltet man einen guten Anfang? Zum Beispiel mit einem Lied.

DAS STARTLIED

Ich empfehle, einen Startsong oder ein Lied auszuwählen, das zwischen zwei und vier Minuten lang ist und mit guter Laune und dynamischer Musik den Beginn der Hausaufgaben einläutet. Bei mir läuft z. B. der Titelsong aus dem Film «Der Fluch der Karibik» (da-da-damm-damm – da-da-damm-damm …). Wenn das losgeht, kann man förmlich nicht mehr still sitzen.

Man spürt die Kraft der Musik im Raum. Nun geht es darum, mit dem Kind einzuüben, was innerhalb der Zeit, während das Lied läuft, geschehen soll. Bei mir ist es das: noch ein Glas Wasser trinken, eventuell aufs Klo gehen, aber auf jeden Fall, ohne weiter zu überlegen, aufstehen, seine Sachen zusammensuchen

(Bücher, Hefte, Mäppchen, Geo-Dreieck …) und an einem festen Platz am Esstisch Platz nehmen (zu anderen Plätzen siehe weiter unten). Es geht darum, dieses akustische Signal mit einer ritualisierten Handlung tief im Kopf zu verankern.

Wahrscheinlich wird das nicht gleich beim ersten Mal funktionieren. Kein Problem. Es ist wichtig, jetzt nicht ins Diskutieren zu verfallen (davon wollen wir ja gerade weg), sondern einfach wieder aufzustehen, zu lächeln und zu sagen: «So, das probieren wir direkt noch mal.» Entscheidend ist, das Ganze als lustige Challenge zu betrachten und dem Kind oder den Kindern beizubringen, wie man es schaffen kann, beim letzten Ton des Liedes fertig und bereit für die Hausaufgaben am Tisch zu sitzen.

Selbst wenn Sie das Lied fünfmal anstellen müssen, bis es funktioniert, würde ich Ihnen von Herzen empfehlen, es zu versuchen. Denn dieses Startlied hat – und das sage ich aus Überzeugung nach Hunderten Erfahrungsberichten von Eltern – die Kraft, Ihr Familienleben zu verändern. Beispielhaft dafür eine der vielen Nachrichten aus meinem Postfach: «Caroline! Ich weiß nicht, wie ich dir danken soll. Das Startlied hat den Knoten zum Platzen gebracht. Seitdem beginnen wir hier pünktlich und ohne Murren mit den Hausaufgaben und sind auch viel schneller fertig. Danke, danke, danke dafür!»

DIE STARTSONG-PLAYLIST

Weil der Titelsong aus «Der Fluch der Karibik» natürlich nicht für jedes Kind und jede Familie das Passende ist, habe ich gemeinsam mit meiner Instagram-Community eine Startsong-Playlist erstellt. Auf der Basis von Tausenden Einsendungen ist eine Playlist mit über sechzig energetisierenden und Mut

LERNEN UND HAUSAUFGABEN MAL GANZ ANDERS

PHANTASIEVOLL BEI DER AUSWAHL DES LERNORTS

Wenn ein Kind blockiert ist und am Tisch nicht mehr weitermachen möchte, erlauben Sie unbedingt, dass es sich einen für das Kind passenden Lernort sucht. Wie Sie hier sehen, kommen Kinder auf die vielfältigsten Ideen.

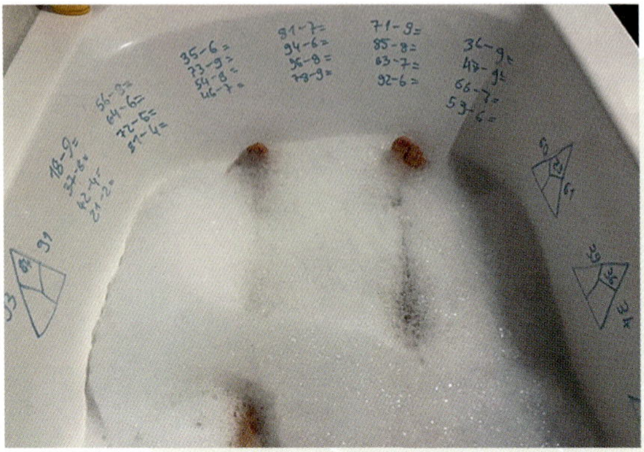

Noch mehr ungewöhnliche Lernorte: Selbst Badewanne und Dusche können sich eignen, Hauptsache, die Schrift verläuft nicht!

Auf dem Tisch statt am Tisch – der Phantasie sind keine Grenzen gesetzt.

Versteckt, mit Ausblick oder auch mal ganz akrobatisch über Kopf: Alles, was hilft, ist richtig.

GEDULDIGE LERNPARTNER
Die Nähe von Haustieren wirkt beruhigend und schafft eine schöne Atmosphäre beim Lernen.

Hüpfkästchen: In den Kästchen stehen die Zahlen 1 bis 10. Nun kann das Kind die Einmaleins-Reihen hoch und runter hüpfen und dabei mit den Füßen ein Gefühl für die geraden und ungeraden Faktoren bekommen. Bei den ungeraden Zahlen gehen die Füße zusammen, bei den geraden auseinander.

JE VIELFÄLTIGER DAS EINMALEINS EINGEÜBT WIRD, DESTO BESSER SITZT ES

Es gibt nur wenige Lerninhalte, die sich so sehr für das spielerische Üben eignen wie das Einmaleins. Gleichzeitig gibt es fast kein wichtigeres Thema, um in Mathe auf sicheren Füßen zu stehen.

MIT STOPPLIED RECHNEN

Das Kind hat eine bestimmte Anzahl Murmeln oder Steine in der Hand und dreht sich mit ausgestrecktem Finger im Kreis aus Zahlen, während ein Lied läuft. Wenn das Lied stoppt, stoppt auch das Kind und rechnet dann die Aufgabe, die sich aus der Anzahl seiner Murmeln und der Zahl ergibt, auf die es gerade zeigt.

LESEN WIE DIE DETEKTIVE

Wenn ein Abschreibtext keine Motivation weckt, kann man ihn durch die eine gläserne Schale, gefüllt mit Wasser und wenigen Tropfen Lebensmittelfarbe sowie einem Trinkglas spannend machen. Man stellt die Schale mit dem gefärbten Wasser auf den Text, stellt das Trinkglas in die Schale und kann so den Text durch das Glas wie durch eine Detektivlupe erkennen.

Auch ein Muggelstein ist ein wunderbarer kleiner Helfer beim Abschreiben und dient sowohl als Mini-Lupe als auch Lesezeichen.

AM FENSTER LERNEN ODER: VOKABELN IN DIE WOLKEN SCHREIBEN

Ob Vokabeln, Rechenaufgaben, Gedichte oder Wissen für den Bio-Test: Alles lässt sich mit sogenannten Kreidemarkern ans Fenster schreiben und dabei lernen.

Es eignen sich natürlich auch andere glatte Oberflächen wie Duschwände oder Spiegel. Mit der ungewohnten Haltung lassen sich Aufgaben viel besser und motivierter rechnen.

Die Bewegung und der Blick nach draußen können sogar eine verschlafene 8. Klasse in der 6. Stunde aufwecken.

LERNWÖRTER KREATIV ÜBEN

Es gibt in der Grundschule eine ganze Reihe von Wörtern, die erstens häufig falsch geschrieben werden und für die es zweitens keine guten Rechtschreibstrategien gibt. Ich bitte Eltern, die häufigsten Fehlerwörter in einer Kartei zu sammeln und dann im Zeitraum von einer Woche mehrmals mit kreativen Methoden zu üben.

Die Wörter mit dem Finger in den Sand oder mit einem Stock in glatte Erde schreiben; die Wörter aus Knöpfen oder Muggelsteinen legen, mit einem langen Band formen oder aus Knete oder mit Pinsel und Wasser schreiben.

Mit Kreide eine Computertastatur auf den Boden zeichnen inklusive Leertaste und Shift. Und dann schwierige Lernwörter oder Vokabeln hüpfen.

AUFGABEN VERBRENNEN
Gerade kleine Zündler haben viel Freude daran, wenn der große Aufgabenberg auf viele kleine Aufgabenhügel verteilt auf kleinen Zetteln steht und sie nach jeder gemachten Aufgabe einen dieser kleinen Zettel (natürlich unter Aufsicht) verbrennen dürfen.

DER TIMER …
… hilft dem Kind, einen zeitlichen Rahmen für die Aufgabe am selbst gewählten Lernort zu schaffen. Hier einmal auf dem Autoteppich am Boden oder im Pappkarton.

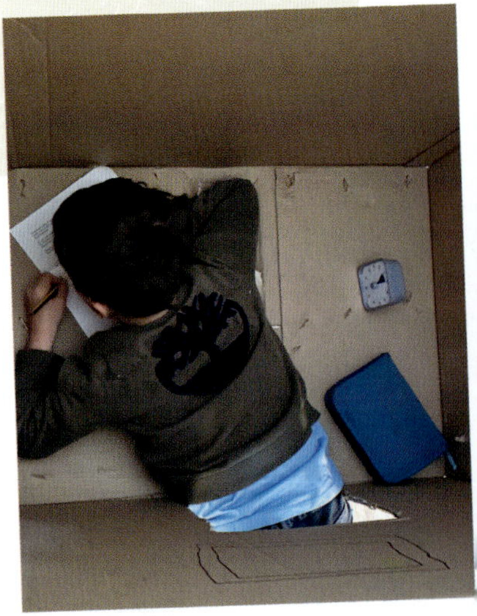

KREATIVE LERNPLÄNE: DER BESTE EINSTIEG INS SELBSTSTÄNDIGE LERNEN

Gerade wenn das Kind vor einem riesigen Aufgabenberg steht und davor zu kapitulieren droht, hat es sich als extrem erfolgreich erwiesen, als Elternteil zehn Minuten zu investieren, um dem Kind die vielen Aufgaben und deren Ablauf auf spielerische Weise zu präsentieren.

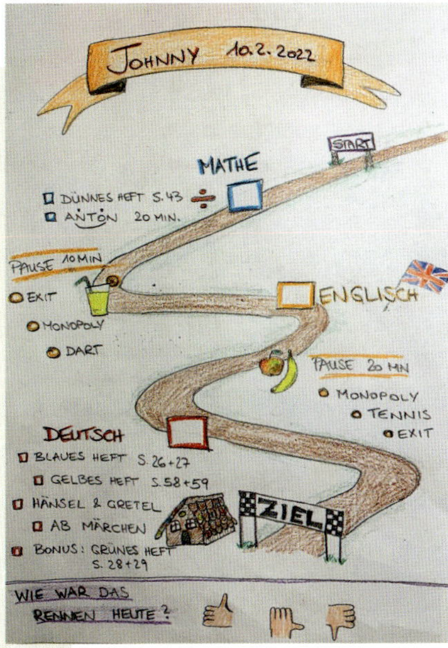

Mit Tape sechs Felder am Boden aufkleben und mit den sechs verschiedenen Würfelaugen versehen. Ein Feld ist das Pausenfeld mit drei bis vier verschiedenen Arten der Pause im Angebot. Auf den anderen Feldern sind die Aufgaben verteilt. Nun darf das Kind sich durch den Lernplan durchwürfeln.

Die individuellen Interessen des Kindes können wunderbar eingebunden werden. Hier führt ein Lernplan durch den Zoo, ein anderer stellt ein Springturnier dar, bei dem jedes Pferd eine Aufgabe trägt. Ist diese erledigt reitet das Pferd durch den Parcours.

Auf einem Autoteppich die Aufgaben ablegen oder entlang der Holzeisenbahn verteilen. Jetzt fährt das Kind mit einem Fahrzeug von Station zu Station, und sobald es eine Aufgabe beendet hat, darf es den dort liegenden Gegenstand einsammeln. Wichtig ist auch hier, Pausen einzuplanen.

ES MUSS NICHT IMMER PAPIER SEIN

Beim Auswendiglernen von Vokabeln oder Formeln hilft es dem Gedächtnis ungemein, wenn diese auf vielfältige und aktivierende Art und Weise eingeübt werden.

Zum Beispiel wie hier: Duplosteine entweder mit abwischbarem Marker oder beschriftetem Tape bekleben und dann die passenden Paare zusammensuchen lassen. Das funktioniert auch gut mit Kapla- oder Jenga-Steinen.

Langweiliges Auswendiglernen wird plötzlich interessant, wenn man mit Stiften auf Teller und Schüsseln schreiben darf. Das klappt prima mit Weinglasmarkern, diese sind nämlich ungiftig und leicht abwaschbar.

Post-its: ein absoluter Allrounder beim Lernen! Man kann zum Beispiel Vokabeln auf Post-its in der Wohnung verteilen und dann die Paare am Fenster sammeln. Oder mit der Fliegenklatsche die Ergebnisse des Einmaleins finden.

Der Herbst bietet mit Kastanien viele kreative Möglichkeiten zu rechnen, zu lesen, zu schreiben und zu sortieren.

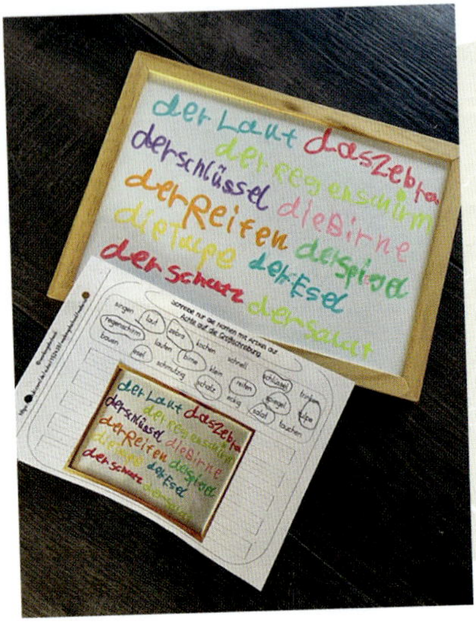

HAUSAUFGABEN VORZEIGEN

Wenn die Hausaufgaben am Fenster, mit Kreide draußen oder wie hier auf einer Schreibtafel gemacht wurden, kann man einfach ein ausgedrucktes Foto der Hausaufgaben ins Heft kleben.

EIN DANKESCHÖN AN DIE COMMUNITY

Diese wundervollen Bilder stammen von meinen Instagram-Follower:innen, aufgenommen in echten Lern- und Hausaufgabensituationen. Es sind diese Bilder, die die vielen Tipps, Tricks und Methoden lebendig und greifbar werden lassen. Ganz herzlichen Dank an Clara Nothhelfer, Kathrin Schwinger, Alessandra Otterbach, Elfi mit Cami & Cosma, Anne Ritter, Anna-Theresa Dominiak, Mag. Elisabeth Szorger, Katja Frixe, Tamara Kränzlein, Esther M. Bochinski, Andrea und Davin Wolf, Evi-Maria Kloos, Renate Bertl, Julia Komander-Schmidt, Kristoffer und Marten Wiesehoff, Sandra Wetter, Katharina Wroblewski, Familie Gastorf, Silke Bulatovic, Melanie Jell, Yvonne Cetintas, Antje Daemgen, Jari von Stein, Yvonne Roth, Patricia Griesenauer, Carolin Sittkus, Emilius Schlüfter, Steffi Deepen, Katrin Heuser, Claudia Urban, Jana Paschke sowie an alle, die ihre Bilder anonym zur Verfügung gestellt haben.

machenden Startliedern entstanden. Da ist für jeden Geschmack und jedes Alter etwas dabei. Sie finden sie (wie auch die Konzentrations-Playlist, dazu später mehr) unter meinem Namen bei Spotify. Hören Sie die Playlist einmal mit Ihrem Kind durch, und einigen Sie sich dann auf ein bestimmtes Lied.

Sitzt das Kind also dank muntermachendem Startlied an seinem Platz, geht es an die eigentliche Arbeit. Die Frage ist: Wie geht es nun weiter?

DER DRITTE WICHTIGE SCHRITT: HAUSAUFGABENZEIT STRUKTURIEREN

Die ersten beiden wichtigen Schritte haben wir also schon gemacht: Als erstes wurde ein guter Zeitpunkt für die Hausaufgaben gefunden und zweitens die Hausaufgabenzeit mit einem festen akustischen Signal gestartet, das Spaß und Lust auf die Hausaufgaben macht. Nun also der dritte wichtige Schritt: die Hausaufgabenzeit strukturieren.

Dazu gehört zum einen, einen Überblick über die anstehenden Aufgaben zu bekommen. Zum anderen, eine sinnvolle Reihenfolge festzulegen, und als Letztes einen zeitlichen Rahmen für die einzelnen Aufgaben sowie für die ganze Hausaufgabenzeit zu setzen. Beispielhaft könnte das so aussehen:

Das Kind schlägt sein Hausaufgabenheft auf und liest darin, dass es in Deutsch das Arbeitsblatt machen muss, in Sachkunde eine Heftseite erneuern, in Mathe auf Buchseite 79 die Aufgaben mit den Nummern 2, 3 und 4 rechnen und ins Heft schreiben sowie in Religion noch ein Bild fertig anmalen soll. Dazu hat es noch eine Lernaufgabe, die unabhängig von den aktuellen Hausaufgaben ist, z. B. die Lernwörter für das anstehende Diktat oder einen Vokabeltest zu wiederholen.

Wir zählen nach: Das macht zusammen fünf Aufgaben. Wir haben damit also den gewünschten Überblick über die anstehenden Aufgaben. Und nun?

Für sich genommen, ist wahrscheinlich keine dieser fünf Aufgaben zu anspruchsvoll. Doch für ein Kind kann die Gesamtheit der gestellten Aufgaben durchaus wie ein unbezwingbarer Berg aussehen.

Ihr Job als Eltern ist es nun nicht, das Kind diesen Berg hochzutragen, sondern seine Bergwanderung in sinnvolle Etappen und Pausen einzuteilen, damit es den Weg zum Gipfel alleine schafft. Das ist nicht selbstverständlich. Viele Eltern fragen mich, ob sie ihrem Kind bei den Hausaufgaben helfen sollen oder nicht oder bis zu welchem Alter oder welcher Klasse.

Meine Antwort auf die erste Frage: Das hängt ganz von der Art der Hilfe ab. Und auf die zweite: Die Dauer Ihrer Hilfe sollte sich danach richten, wie lange Ihr Kind diese Hilfe braucht. Das steht natürlich in krassem Widerspruch zu landläufigen Ratschlägen wie: «Ab der 4. Klasse muss ein Kind die Hausaufgaben allein machen können! Eltern müssen spätestens dann aufhören, ihrem Kind dabei zu helfen.» Wenn ich so etwas höre, kann ich nur müde lächeln.

Das ist so, als würden Eltern den Kinderwagen verkaufen, bloß weil «Kinder in diesem Alter nun mal laufen können müssen». Es gibt Kinder, die bewältigen ihre Hausaufgaben vom ersten Tag an alleine. Und wenn dem so ist, dann erteile ich den Eltern gerne ein allerhöchstes Verbot, sich einzumischen.

BITTE NICHT EINMISCHEN!

Viele Eltern freuen sich insgeheim sehr auf die Schule, weil sie große Lust haben, mal wieder etwas auszumalen, besonders ordentlich zu schreiben oder herrlich leichte Mathe-Aufgaben zu rechnen. Insbesondere diejenigen unter uns, die ihre Schulzeit in guter Erinnerung haben, empfinden die Schulzeit ihres Kindes als Renaissance und haben große Freude daran, dieses Mal z.B. für den Kunstunterricht alles gerade auszuschneiden und richtig ordentlich aufzukleben.

Wenn ein Kind jedoch die Selbstständigkeit und das Pflichtgefühl besitzt, seine Hausaufgaben alleine zu erledigen, wenn auch nicht ganz so schön, wie Sie sich das vorstellen, würde ich unbedingt empfehlen, sich unter allen Umständen jegliche Einmischung zu verkneifen.

Eine Einmischung aus Sicht des Kindes ist es bereits, sich über seine Schulter zu beugen und auf einen Fehler im Heft hinzuweisen. Oder dem Kind den Stift aus der Hand zu nehmen, um kurz mal vorzumachen, wie das alles viel besser geht. Oder wiederholt nachzufragen, ob das Kind XY auch wirklich richtig und gut gemacht hat.

Manchmal reichen schon wenige Einmischungen dieser Art, damit das Kind das Gefühl bekommt: Ach, das ist anscheinend gar nicht meine Aufgabe, sondern Mama und/oder Papa übernehmen die Verantwortung dafür. Also muss ich gar nichts mehr machen und kann mich bequem zurücklehnen.

Vermeiden Sie es deshalb tunlichst, sich einzumischen, denn Sie halten mit der Selbstständigkeit Ihres Kindes einen Schatz in der Hand, den Sie mit vorschnellen Interventionen leicht gefährden und verlieren können. Generell gilt: Alles, was ein Kind von sich aus und aus eigener Kraft bewältigen kann, liegt in seinem Hoheitsgebiet und gehört ihm allein.

Wenn Sie dieses Buch lesen, ist die Wahrscheinlichkeit allerdings hoch, dass Ihr Kind gerade nicht zu diesen «Selbstläufern» gehört. Und das ist überhaupt nicht schlimm, denn es sagt nichts darüber aus, was später einmal aus Ihrem Kind werden wird.

Als Eltern springen wir gerne, wenn wir unser Kind und sein aktuelles Problem oder, besser gesagt, seinen aktuellen Entwicklungsstand beobachten, gleich zehn Schritte in die Zukunft und denken besorgt darüber nach, wie das Kind auf diese Weise jemals sein Abitur – oder andere Schulabschlüsse – schaffen soll.

Ich arbeite mittlerweile seit achtzehn Jahren mit Kindern, habe also schon Zehnjährige unterrichtet, die heute achtundzwanzig sind. Demnach kann ich abschätzen, was aus jenen Kindern werden kann, die in der 5. Klasse «noch nicht einmal in der Lage sind, ihre Hausaufgaben zu machen, keinerlei Rechtschreibung beherrschen, nicht still sitzen können und im Übrigen alles verschlampen».

Ich kann Sie beruhigen: Aus allen ist etwas geworden. Sogar aus einem Schüler, bei dem selbst ich etwas skeptisch war, weil er in der 6. Klasse acht Fünfen und zwei Sechsen im Zeugnis hatte und so mit dem Stoff hinterherhinkte, dass es nicht einmal etwas gebracht hätte, eine Klasse zu wiederholen. Und doch hat er schließlich sein Abitur geschafft (kein besonders gutes, aber immerhin) und ein Design-Studium abgeschlossen. Heute ist er als Produkt-Designer höchst erfolgreich.

Deshalb ein liebevoller Rat, wenn Ihr Kind gerade Schwierigkeiten mit dem Schulstoff und der Selbstorganisation hat: Das muss nichts für die Zukunft bedeuten. Allerdings würde ich mich auch nicht zurücklehnen. Denn ganz offensichtlich braucht Ihr Kind Unterstützung. Und alle die von mir gerade erwähnten Kinder, die heute als Erwachsene erfolgreich sind, haben genau diese Unterstützung auch bekommen. Deshalb haben sich schon nach wenigen Jahren ihre Probleme, die zunächst unüberwindbar erschienen, in Luft aufgelöst: Sie konnten bald selbstständig lernen und die Schule gut beenden.

Deshalb meine Bitte an alle Eltern: Wenn Ihr Kind etwas nicht kann, erstens nicht verzweifeln, sondern sich immer wieder selbst im Growth-Mindset-Stil (s. Kapitel 1 und 2) sagen: «Mein Kind kann das *noch* nicht – aber es kann und wird es lernen.» Zweitens: das Kind nicht gegen die Wand laufen lassen. Und drittens: dem Kind keine Arbeit abnehmen, sondern es so unterstützen, dass es die Arbeit alleine bewältigen kann, z. B., indem Sie die Aufgaben strukturieren. Wie sieht so eine Struktur aus?

GUT STRUKTURIERT IST HALB GELERNT: DER LERNPLAN

Ein erstes zentrales Element ist ein Lernplan. Ein Lernplan ist ein genauer Ablaufplan einer Lerneinheit. Ein solcher Plan gibt dem Kind Orientierung und Struktur und beantwortet die drei elementaren Fragen:

- Was mache ich heute alles?
- Wo stehe ich gerade?
- Wie viel liegt noch vor mir?

Idealerweise werden die Lernaufgaben in so kleine Schritte aufgeteilt, dass jeder dieser Schritte leicht zu schaffen ist. Das ist natürlich von Kind zu Kind unterschiedlich.

Nehmen wir unser Beispiel von oben: das Deutsch-Arbeitsblatt. Beim einen Kind würde der betreffende Punkt auf dem Lernplan einfach nur lauten: «Deutsch-Arbeitsblatt bearbeiten». Für ein anderes Kind wäre das hingegen ein viel zu großer Schritt. Also wird kleinteiliger unterteilt, beispielsweise in: «Die Nr. 1 auf dem Deutsch-Arbeitsblatt bearbeiten».

Wenn Sie mit dem Lernplan neu beginnen, würde ich empfehlen, Ihr Kind eher zu unter- als zu überfordern. So macht es von Anfang an positive Lernerfahrungen und öffnet sich dieser neuen Methode. Sie werden sehen: Ganz schnell wird es ihm immer leichter fallen, wobei die nachfolgenden Lernpläne dann immer herausfordernder werden können.

DER LERNPLAN AM KONKRETEN BEISPIEL

Nehmen wir für einen genaueren Blick wieder unsere beispielhaften Hausaufgaben zur Hand. Wir erinnern uns: Unser Kind soll in Deutsch ein Arbeitsblatt bearbeiten, in Sachkunde eine Heftseite neu abschreiben, in Mathe auf Seite 79 die Aufgaben mit den Nummern 2, 3 und 4 rechnen und ins Heft schreiben sowie in Religion noch ein Bild fertig anmalen. Hinzu kommt die Lernaufgabe, die Lernwörter für das anstehende Diktat oder einen Vokabeltest zu wiederholen.

Nun kann es sein, dass ich diese fünf Aufgaben in zehn Teilschritte unterteilen muss. Oder sogar in noch mehr Schritte – je nach Kind. Habe ich ein Kind vor mir, das eine starke Abwehrhaltung gegen Lernen und Aufgaben egal welcher Art einnimmt (vielleicht ist in der Vergangenheit viel vorgefallen – und das hat ebenfalls nichts mit der Intelligenz oder der Zukunft des Kindes zu tun), dann gestalte ich diesen Lernplan nicht nur in vielen kleinen Schritten, sondern auch kreativ. So entsteht eine spielerische und liebevolle Einladung, auf die sich das Kind leicht einlassen kann.

Dafür schreibe ich beispielsweise die aufgeteilten «Lernportionen» auf kleine Zettel, die ich auf einem großen Autoteppich (auch Straßenteppich genannt, s. Foto im Tafelteil) verteile. Eine der Mathe-Aufgaben liegt dann vielleicht auf der Polizeistation, die Lernwörter fürs Diktat oder den Vokabeltest auf dem Flugplatz, das Reli-Heft nehmen wir auf dem Weg über die Bahnschienen mit.

Das Kind betritt dann also, wenn das Startlied (s. o.) endet, den Raum und hat vor sich seinen heißgeliebten Autoteppich, auf dem nun kleine Aufgaben verteilt liegen. Dann klebe ich mit etwas Tape schnell noch die Fahrtrichtung auf die Straßen des Teppichs und wähle ein Spielzeugauto mit Anhänger.

Zu jeder der kleinen Aufgaben auf dem Lernplan/Autoteppich stellen wir jeweils eine kleine Figur; etwa eine Playmobil-Figur oder eine von Lego oder ein Schleich-Tier. Sinn des Lernplans ist dann, dass das Kind mit dem Auto und seinem Anhänger auf den Straßen des Teppichs zur ersten Aufgabe fährt, diese bearbeitet, und wenn es damit fertig ist, darf es die Figur in seinen Anhänger laden und zur nächsten Aufgabe weiterfahren.

So verschwindet der Fokus auf die vielleicht als unangenehm empfundenen Aufgaben, und stattdessen erlebt das Kind die Freude, seine Figuren bei den einzelnen Stationen einsammeln zu können.

Wer mag, kann auch eine letzte Station einbauen, auf der steht, was der Plan für den Nachmittag oder den Abend ist; z. B. «mit den Freunden Fußball spielen» oder «gemeinsam Pizza backen». Wichtig ist nur, dass diese abschließende Station nicht als Belohnung empfunden wird (s. Kapitel 3), sondern einfach als nächster Punkt der Nachmittagsgestaltung oder als Tagesabschluss.

KREATIVE LERNPLÄNE LOHNEN SICH

Kreative Lernpläne dieser Art habe ich schon viele entwickelt, wobei ich hier unbedingt meine Instagram-Community erwähnen muss, die besonders während des pandemiebedingten Homeschoolings erstaunlich kreativ geworden ist (im Tafelteil finden Sie eine Auswahl ihrer Ideen für kreative Lernpläne).

Natürlich macht es etwas Arbeit, einen solchen Lernplan zu gestalten. Aber ich verspreche Ihnen, dass es sich lohnt. Sie investieren vielleicht 10 bis 20 Minuten, und dafür benötigt Ihr Kind lediglich einen Bruchteil der sonst üblichen Zeit für die Aufgaben. Und, was noch viel wichtiger ist: Es macht dabei eine positive Lernerfahrung. Und die ist, wir erinnern uns, ganz entscheidend, wenn ein Kind Probleme beim Lernen hat.

Oft hat das Kind nämlich schon viel Negatives rund ums Lernen erlebt. Diese negativen Erfahrungen können wir zwar nicht löschen, doch wir können sie mit positiven Erfahrungen überlagern. Mein oberstes Ziel ist also, dass ein Kind von nun an recht häufig die positive Erfahrung macht: Ich konnte die Aufgaben bewältigen, es hat nicht lange gedauert, ich habe etwas gelernt dabei, und am Ende war ich froh und stolz darauf, dass ich mit fertigen Aufgaben in die Schule gehen kann.

Ich würde mit einem solchen kreativen Lernplan so lange arbeiten, bis ich merke: Das Kind braucht ihn nicht mehr, oder sein Interesse daran lässt nach, und es fängt einfach direkt mit der ersten Aufgabe an. Wenn wir an diesem Punkt angekommen sind, wechsle ich auf einen «normalen» Lernplan (s. Grafik).

Ein normaler Lernplan besteht aus fünf To-dos. Fünf Punkte sind meiner Erfahrung nach optimal: Gibt es nur drei Auf-

.... LERNPLAN

To-dos

Datum

1. ____________________ abhaken

2. ____________________

3. ____________________

4. ____________________

5. ____________________

ausmalen

So fühle ich mich heute:

Schon 1 Liter Wasser getrunken?

Schon draußen gewesen?

ja nein

Schon bewegt?

ja nein

DAS MERKE ICH MIR!

gaben, sind diese tendenziell zu groß. Mehr als fünf sehen nach so viel aus, dass das Kind schon beim ersten Blick darauf ganz schnell die Lust verlieren könnte.

Nun füllen wir zu Beginn der Lernzeit erst einmal gemeinsam diesen Lernplan aus. Wir besprechen, was bei welchem Schritt zu tun ist, ob wirklich alles nötige Material vorhanden ist – und dann beginnen wir.

Zeitgleich stelle ich immer einen Timer ein, der die Zeit als Kreisausschnitt darstellt und automatisch zurückläuft (s. Abb.). Wenn Sie keinen solchen Timer haben, gibt es ihn auch kostenlos als App.

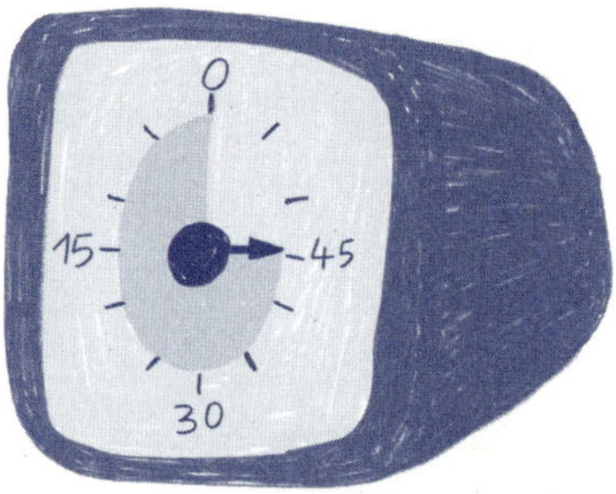

EXKURS:
Arbeiten mit dem Timer

Der Timer ist ein unschätzbar wichtiges Werkzeug, da er uns und dem Kind hilft, mit einem vorgegebenen Zeitraum eine gefühlte Dauer zu verbinden. Ganz kleine Kinder z. B. kennen nicht einmal den Unterschied zwischen fünf Minuten und fünf Jahren.
Doch auch Schulkinder können sich lange nichts unter «15 Minuten für die Aufgaben 3 bis 5 im Mathe-Buch»

vorstellen. Ein Gefühl für Zeit wird erst im Laufe der Jahre entwickelt. Mit dem Timer können wir helfen, dass es schneller geht.

Wir beginnen, indem wir eine kleine, überschaubare Aufgabe angehen und ich währenddessen dezent die Zeit stoppe. Am Ende der Aufgabe sage ich dann beispielsweise: «Das hat jetzt sieben Minuten gedauert.» Wenn wir das einige Male wiederholt haben, frage ich das Kind vor der nächsten anstehenden Aufgabe, wie lange es wohl brauchen wird. Das Kind gibt seine Schätzung ab, beginnt mit der Aufgabe, ich stoppe im Hintergrund die Zeit, und dann vergleichen wir am Ende die Schätzung des Kindes mit der tatsächlichen Dauer. Auf die Art wird es nach kurzer Zeit verstehen, dass es die Dauer von Aufgaben regelmäßig unter- oder überschätzt. Sobald ein Kind treffsicherer wird, fange ich an, ganz offen, also vor den Augen des Kindes, mit dem Timer zu arbeiten. Ich frage: «Okay, wie lange möchtest du für diese Aufgabe brauchen?» Das Kind antwortet dann z. B.: «Acht Minuten.» Also stelle ich den Timer auf acht Minuten – und los geht's. Oder ich stelle ihn auf 15 Minuten und frage das Kind, wie viele seiner Aufgaben es in dieser Zeit schaffen kann und möchte.

Gerade Kindern, denen es schwerfällt, länger sitzen zu bleiben und sich zu konzentrieren, hilft der Timer, da sie sehen: «Ach, nur noch so wenige Minuten auf der Uhr – das schaffe ich jetzt auch noch!»

Was wir unbedingt verhindern müssen, sind ausufernde Zeiträume, in denen sich eine Aufgabe immer länger hinzieht. Deshalb gilt: Der Timer läutet die Pause ein und nicht unbedingt das Ende einer Aufgabe.

WIE LANGE KANN EIN KIND SICH KONZENTRIEREN?

Die maximale Dauer, die sich ein Kind konzentriert einer Aufgabe widmen kann, ist, Sie ahnen es, höchst individuell. Eine Faustregel besagt, dass ein Kind sich die Anzahl seiner Lebensjahre in Minuten bis höchstens die doppelte Anzahl der Lebensjahre in Minuten konzentrieren kann.

Das würde bedeuten, dass sich ein siebenjähriges Kind zwischen sieben und 14 Minuten konzentrieren kann. Demnach ist der Timer nie länger als 14 Minuten eingestellt.

Vielleicht kann sich Ihr siebenjähriges Kind im Moment «noch nicht mal» sieben Minuten, sondern vielleicht nur vier konzentrieren. Kein Problem. Dann beginnen Sie eben mit kürzeren Zeitabschnitten. Ihr Kind wird sich schnell hocharbeiten.

Wichtig ist nur, dass die Zeit, während der Timer läuft, auch tatsächlich Konzentrations- und Arbeitszeit ist – ich nenne sie «magische Zeit». Sobald der Timer angeht, gibt es nichts mehr außer dem Blatt, dem Stift und der Aufgabe. Keine Ablenkung, kein Hochschauen, kein Dazwischenreden, kein Aufstehen. Es gibt nur noch volle Fahrt voraus, um die aktuelle Aufgabe so schnell und so sauber wie möglich zu bearbeiten.

Das schafft ein Kind, wenn es weiß, dass dieser Zustand der Anspannung nicht lange anhält, sondern schon bald von einer kurzen Phase der Entspannung abgelöst wird. Hier ist es wieder besonders wichtig, klein anzufangen, also nicht mit einer Überforderung, und sich langsam zu steigern, damit das Kind mit dieser magischen Zeit der Anspannung etwas Positives verbindet. Läuft das immer glatt ab? Natürlich nicht.

Manchmal passiert es, dass Sie den Timer anstellen, und das Kind hält sich nicht an die Regeln, obwohl es sie kennt. Was dann? Dann stoppe ich den Timer und frage: «Was ist los? Hast du Hunger? Durst? Musst du aufs Klo? Dich bewegen? Verstehst du die Aufgabe nicht? Tut dir etwas weh?» Und so weiter.

Erst wenn alle Störfaktoren beiseitegeräumt sind, beginnen wir von Neuem. Wichtig ist mir, dass die magische Zeit nicht verwässert wird, sondern tatsächlich eine Zeit der tiefen Konzentration wird und bleibt. Gerade am Anfang bedeutet das manchmal, durchaus streng und konsequent sein zu müssen. Es lohnt sich aber und ist ein großes Geschenk für Ihr Kind, das sein Leben lang in der Lage sein wird, sich hinzusetzen, einen Timer einzustellen und konzentriert an einer Aufgabe zu arbeiten.

DIE KUNST DER PAUSE

Wie lange sich ein Kind konzentrieren kann, ist einerseits, wie gesagt, individuell höchst unterschiedlich. Andererseits ist Konzentration etwas, das man über die Zeit üben und damit verbessern kann. Ganz grundsätzlich kann man sich Konzentration grob so vorstellen (s. Abb.):

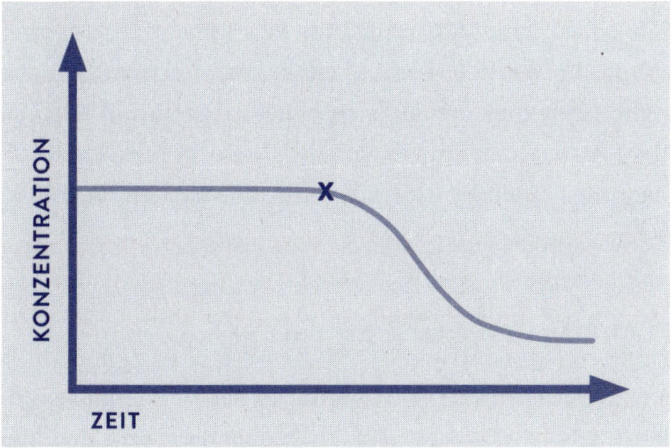

Wir kennen das alle aus eigenem Erleben: Wir können uns relativ konstant konzentrieren – bis die Konzentration einen Knick nach unten macht und wir ziemlich schnell ziemlich unkonzentriert werden. Den Fehler, den viele machen: Sie machen die Pause erst jetzt.

Damit die Konzentrationszeit allerdings eine magische und ausschließlich positiv besetzte Zeit bleibt, ist es Aufgabe des betreuenden Erwachsenen, nicht erst dann eine Pause einzulegen, wenn die Konzentration aufgebraucht und damit das negative Lernerlebnis bereits eingetreten ist. Wir müssen vielmehr so genau wie möglich jenen Augenblick abpassen, an dem die Konzentration den Knick nach unten macht – und schnell reagieren. Anders gesagt: Wir machen eine Konzentrationspause, *bevor* die Konzentration weg ist; also präventiv.

Dahinter steckt eine ungemein wertvolle Fähigkeit fürs ganze Leben. Menschen, die in einem Burnout landen, haben genau das z. B. nicht gelernt: Pausen zu machen, *bevor* sie völlig am Ende sind. Insofern finde ich es grundsätzlich wichtig, wenn Kinder lernen: Ich darf Pausen machen, ich soll sogar welche machen, und ich habe sie auch verdient, lange bevor ich am Ende meiner Konzentration bin. Präventiv zu pausieren macht das Lernen schöner und effektiver, weil man sich durchweg gut fühlt und die Tiefs in der Konzentration vermieden werden. Also pausieren wir, sobald die Konzentration des Kindes beginnt, einen Knick nach unten zu machen. Wie merken wir das?

ZWEI ARTEN, EINE PAUSE EINZULEGEN

Wenn ich ohnehin als Lernbegleiter:in neben meinem Kind sitze, kann ich es natürlich einfach beobachten und den kleinsten Anflug von Konzentrationsschwäche sofort bemerken. Plötzlich schreibt das Kind deutlich langsamer, es guckt in die Luft oder macht auf einmal viele Fehler. Dann kann ich sagen: «Stopp! Ich glaube, wir machen mal kurz eine kleine Pause.» Doch diese Vorgehensweise würde unseren Prinzipien beim Arbeiten mit dem Timer (s. o.) widersprechen. Deshalb ist eine Art des Pausemachens besser, bei der wir nach und nach Erfahrungswerte gewinnen, wie lange sich unser Kind in der Regel konzentrieren kann – und stellen dann einfach ein bis zwei Minuten weniger auf dem Timer ein. Wenn wir z. B. festgestellt haben, dass «der Knick» bei unserem Kind normalerweise nach etwa elf Minuten kommt, stellen wir den Timer auf neun Minuten ein.

Zeigt das Kind dann Anzeichen von Unkonzentriertheit, obwohl noch vier Minuten auf dem Timer sind, können wir als Lernbegleiter:in sagen: «Ich merke, deine Konzentration nimmt gerade ein wenig ab. Aber schau mal auf den Timer: Nur noch vier Minuten. Komm, wir zünden jetzt den Turbo-Gang, gleich hast du es geschafft!»

Ganz oft ist es tatsächlich so, dass das Kind noch ein wenig Energie und Konzentration übrig hat, die es auf Zuruf aktivieren kann, wenn es sieht, dass die restliche Zeit auf dem Timer absehbar kurz ist.

Und wenn es nicht klappt? Es kommt immer auch auf die Tagesform an, ob die Pausenmethode funktioniert: Vielleicht hat das Kind letzte Nacht schlecht geschlafen, kränkelt ein wenig, oder die gestellte Aufgabe ist schlichtweg zu anspruchsvoll.

Dann muss man eingreifen: «Stopp! Wir machen jetzt schon Pause.» Zögern Sie eine offensichtlich nötige Pause nie hinaus, weil sonst die Konzentration des Kindes sehr schnell immer schlechter und das negative Lernerlebnis immer intensiver wird.

Also entweder, das Kind «zündet den Konzentrationsturbo», weil es das Ende der Konzentrationsphase am Timer bereits absehen kann, oder es schafft das nicht, dann erzwingen wir nichts, sondern machen einfach schon jetzt Pause.

DREI MERKMALE EINER GUTEN PAUSE

Eine gute Konzentrationspause erfüllt drei Merkmale: Sie bringt, erstens, Bewegung in den Körper und in den Kopf. Sie bringt uns, zweitens, zum Lachen – wir brauchen schließlich Lockerheit und Entspannung, und Lachen lockert ganz vorzüglich. Und sie verschafft uns, drittens, frische Luft; mindestens bei geöffnetem Fenster, noch besser draußen im Freien.

Wenn alle drei Komponenten zusammenkommen, dann füllt sich der Konzentrationstank schnell wieder auf, und wir können uns wieder hinsetzen und weiterarbeiten. Betrachten wir das am konkreten Beispiel: Nehmen wir an, wir arbeiten konzentriert mit unserem Kind in 15-Minuten-Abschnitten und haben die 15 Minuten auf unserem Timer eingestellt. Dann empfehle ich jeweils danach eine Pause von zwei bis vier Minuten; maximal jedoch fünf Minuten. Dadurch verhindern wir, dass wir danach nicht wieder zurück in die Arbeit finden, weil die Pause so groß und schön war. Gedanklich sollten wir während einer Konzentrationspause dabei bleiben, dass gerade Lernzeit ist, auch wenn wir gerade eine kurze, aber sehr wichtige und lohnende Pause einlegen. Dabei ist entscheidend, dass nicht nur wir das wissen, sondern dass wir diesen wesentlichen Zusammenhang mit den Kindern ausführlich und wiederholt thematisieren.

Deshalb erkläre ich ihnen oft und gerne, warum eine Pause so wichtig ist, was während einer Pause in ihrem Gehirn passiert, wie viel mehr Sauerstoff in den Kopf und den Kreislauf kommt, wenn sie tief atmen, wie gut das für den Kreislauf ist, dass ihr Gehirn jetzt besser mit Blut versorgt wird, sie danach besser denken und still sitzen können.

Das Allerbeste ist jedoch, wenn Kinder selbst erfahren, wie gut eine Pause wirkt, wie viel besser sie sich danach fühlen und wie gut sie danach weiterlernen können und wollen. Diese Erfahrung sollten wir nicht dem Zufall überlassen, sondern sie systematisch herbeiführen und unterstützen.

Deshalb sage ich zu den Kindern, bevor wir eine Pause machen: «Schließ einmal ganz kurz die Augen und spür mal, wie du dich gerade fühlst. Wie fühlen sich dein Kopf, deine Hände und deine Schultern an?» Dann machen wir eine kurze Pause, und bevor wir weiterlernen, bitte ich das Kind: «Schließ wieder deine Augen und spür, wie du dich jetzt fühlst. Merkst du einen Unterschied?»

Wenn man das ein paarmal gemacht hat, entwickelt das Kind ein Gespür dafür: «Ah, so geht es mir, wenn ich mich nicht mehr konzentrieren kann – und so geht es mir, wenn mein Kreislauf in Schwung gekommen und mein Kopf wieder frei ist.»

Dieses Gespür ist für das gesamte Leben eine unschätzbar wichtige Fähigkeit. Viele Menschen bilden sie erst im späten Erwachsenenalter aus: «Ah, so geht es mir also, wenn ich gut geschlafen, Sport gemacht, etwas Gesundes gegessen und ausreichend getrunken habe.» Aus diesem Gefühl und dieser Erkenntnis erwächst dann die Motivation, wiederholt das zu tun, was einem guttut; z.B. regelmäßig sinnvolle Erholungs- und Konzentrationspausen einzulegen.

DIE KONKRETE GESTALTUNG EINER KONZENTRATIONSPAUSE

Am einfachsten ist es, ein Pausenlied anzuschalten, das genauso viele Minuten läuft, wie die Pause dauern soll. Wenn Sie es schön laut drehen, dann ist das ein probates akustisches Signal, jetzt aufzustehen und Pause zu machen. Gleichzeitig signalisiert das Ende vom Lied auch das Ende der Pause – wenn man das Abspielgerät so einstellt, dass nach dem Lied Schluss ist. Die Stille läutet dann die nächste Lernrunde ein. Deshalb finde ich ein (aktivierendes) Lied als «Pausenzeichen» ideal. Schauen Sie auch hierfür einmal auf meiner Startsong-Liste nach. Achtung: Nutzen Sie jedoch nicht das Startlied, denn das ist ja mit einer anderen Bedeutung belegt.

Sobald das Pausenlied einsetzt, kann das Kind aufstehen und einfach so durch den Raum toben, tanzen, aufs Sofa oder den Stuhl springen und unterm Tisch durchkrabbeln. Wie wäre es gar mit einem festgelegten Pausen-Parcours durch die ganze Wohnung?

Ganz automatisch passiert dabei, was in unserer Absicht liegt: Bewegung, Lachen, eine vertiefte Atmung, und wenn das Lied stoppt, sitzt man wieder an seinem Platz. Manche Kinder warten nur darauf, endlich herumtoben zu können. Andere Kinder haben dazu keine Lust. Dann können Sie z. B. vorschlagen: «Komm, wir machen jetzt zehn Hampelmänner!» Oder drei Purzelbäume und einen Hand- oder Kopfstand. Einmal kurz den Kopf nach unten zu bringen und die Beine nach oben ist sehr hilfreich. Nicht ohne Grund ist das eine der wichtigsten Übungen im Yoga. Es klärt den Kopf sehr wirkungsvoll, wenn man sich danach wieder aufrichtet. Und Sie? Sie sollten unbedingt mitmachen: nicht nur für das eigene körperliche Wohlbefinden, sondern vor allem für den Spaßfaktor, wenn Mama oder Papa unterm Stuhl stecken bleibt.

Wohnen Sie in einem Haus, können Sie auch einfach die Tür aufreißen und sagen: «Renn so oft ums Haus, bis das Lied aus ist!» Manche Familien haben ein Trampolin im Garten oder ein Mini-Trampolin in der Wohnung. Drei Minuten Trampolinspringen bringen den Kreislauf in Schwung, befriedigen den Bewegungsdrang und bringen verbrauchte Energie zurück. Weitere Möglichkeiten: auf allen vieren krabbeln, im Entenwatschelgang durch die Wohnung marschieren, auf einem Bein hüpfen oder rückwärts um Möbelhindernisse herumlaufen.

Wem das zu viel Aufwand ist, der kann einfach wild zur Musik tanzen. Wer lieber nicht tanzen mag: Arme und Beine und den ganzen Körper ausschütteln! Gehen Sie mit gutem Beispiel voran: Ich stelle mich aufrecht hin und schleudere meine Hände vom Körper weg. Nicht nur die Hände, sondern mit den Händen auch alles, was mich belastet. Ich schleudere z. B. mit der rechten Hand «diese blöden Hausaufgaben» raus und mit der linken «den doofen Test nächste Woche». Alles, was man blöd findet, kann und sollte man so richtig rausschütteln. Ich versuche, dass das Schütteln den ganzen Körper erfasst und wie Wellen von unten nach oben durch den Körper fließt. Danach geht es einem viel besser, wenn man den ganzen Mist, beispielsweise den Streit mit der besten Freundin oder den Ärger mit diesem einen Lehrer, rausgeschüttelt hat. Wir schütteln alles raus, was stört.

Ich empfehle, sich zwei bis drei dieser Optionen auszusuchen und sie dann über einen gewissen Zeitraum hinweg regelmäßig zu wiederholen – als verlässliches und erholsames Pausenritual. Sobald Kinder merken: «Wow, das tut mir ja wirklich gut!», schleift sich das recht schnell ein. Dann kommen sie oft selber auf gute neue Ideen, wie sie ihre Pause gestalten könnten.

SCHÖNE KONZENTRATIONSSPIELE

Eine ganze andere, aber nicht weniger effektive Art der Pausengestaltung sind Konzentrationsspiele. Konzentrationsspiele? Das klingt sehr anstrengend – für eine Pause. Sollte man sich in einer Denkpause denn nicht einfach nur entspannen?

Das glauben viele und praktizieren es auch – mit zweifelhaften und unbefriedigenden Ergebnissen. Denn entgegen landläufiger Meinung wird die Konzentration nicht dadurch frischer und stärker, dass wir uns komplett entspannen. Sie wird eher schneller und stärker dadurch, dass wir den Kopf auf eine andere Art und Weise als vorher benutzen und dadurch wieder «aufwecken». Demnach ist die schlimmste aller möglichen Pausen: sitzen zu bleiben und aufs Handy zu starren.

Denn dabei passiert genau das, was wir nicht wollen: Erstens, wir bewegen uns nicht; zweitens, wir verharren in einer ungesunden Körperhaltung; drittens, wir lassen uns stumpf berieseln. Danach ist der Kopf noch viel weniger bereit, neue Informationen beim Lernen aufzunehmen, die darüber hinaus viel langweiliger dargeboten werden als auf dem Handy. Also wollen wir doch lieber unsere Pausen mit einem Konzentrationsspiel gestalten.

Bei Konzentrationsspielen ist der Erwachsene für eine sachgerechte Anleitung gefragt. Hat die Familie mehrere Kinder, können diese die Konzentrationsspiele miteinander spielen. Exemplarisch möchte ich hier zwei Spiele vorstellen – wer noch mehr Input möchte: Auf meinem Instagram-Profil finden Sie viele praxiserprobte Vorschläge.

DAS 1-2-3-SPIEL

Mein liebstes Konzentrationsspiel ist die 1–2–3-Methode: Zwei Spieler:innen stehen sich gegenüber, schauen sich in die Augen und zählen im Wechsel auf «Drei»; also Person A sagt «Eins», Person B darauf «Zwei», worauf wieder Person A «Drei» sagt, wonach Person B diesmal wieder mit «Eins» anfängt – und so weiter. Bei gerader Anzahl der Personen und ungerader Anzahl der Zahlen sagt jede Person also bei jedem neuen Durchgang eine andere Zahl – was ganz schön viel Konzentration verlangt.

Die Rollen werden so die ganze Zeit getauscht, wobei beide Spieler:innen versuchen, flüssig und schnell ganz oft bis «Drei» zu zählen. Das ist ganz schön anspruchsvoll, wenn es zügig gehen soll, macht aber irre viel Spaß; auch und gerade dann, wenn man sich dabei «verzählt».

Das funktioniert schon gut? Dann steigern wir das jetzt und ersetzen die Zahl 2 durch eine Bewegung; z. B. klopft man sich mit der rechten Handfläche zweimal leicht auf den Kopf. Alles andere bleibt wie gehabt.

Also: Person A sagt «Eins», Person B klopft sich zweimal auf den Kopf, Person A sagt «Drei», Person B beginnt bei der zweiten Runde mit «Eins», danach klopft sich jetzt A auf den Kopf – und so weiter. Wenn das flüssig und schnell gelingt, führen wir die nächste Variante ein.

Wir ersetzen dann z. B. die «Drei» durch eine Bewegung, bei der wir uns mit der linken Hand am Ohrläppchen ziehen, mit dem Fuß aufstampfen oder mit dem Po wackeln. Oft kommen Kinder auch selbst auf neue kreative Bewegungen. Nun wird wieder auf drei gezählt, aber mit zweimal auf den Kopf klopfen und einmal am Ohrläppchen ziehen. Wenn auch diese Variante gut gelingt, ersetzen wir – Sie erraten es – noch die Eins durch ein Zeichen: Wir hüpfen z. B. oder strecken die Zunge raus. Und das alles in den ca. drei Pausen-Minuten.

Dafür können Sie nebenher den Timer stellen oder ein entsprechend langes Lied laufen lassen; aber dann im Hintergrund mit gedämpfter Lautstärke. Klingelt der Timer oder endet das Lied, und man hat die aktuelle Variante des Spiels nicht hinbekommen, freut man sich schon auf die nächste Pause, in der man es sicher noch besser macht.

Das 1–2–3-Spiel liebe ich, weil es viele wesentliche Vorzüge miteinander verbindet: Erstens muss man als Team arbeiten, zweitens intensiv mitdenken und drittens auf den anderen achten.

DAS GEGENTEIL-SPIEL

Dieses Spiel gehört ebenfalls zu meinen Lieblingen. Am besten stehen wir dazu auf – um in Bewegung zu kommen. Das Fenster zu öffnen, ist auch nicht schlecht. Dann legen wir los.

Ich sage z. B. «hoch», das Kind sagt das Gegenteil, also «tief». Ich sage «schnell», das Kind sagt «langsam». Auf diese Weise gehen wir ein paar Gegenteile durch, nicht nur mit Worten, sondern auch mit Bewegungen. Ich strecke z. B. die Arme hoch über den Kopf, und das Kind bringt daraufhin die Hände zum Boden. Oder ich stehe einbeinig auf dem rechten und daraufhin das Kind auf dem linken Bein. Das klappt alles ganz gut?

Dann machen wir es jetzt ein wenig anspruchsvoller. Ich sage: «hoch – langsam» und das Kind antwortet mit «tief – schnell». Ich könnte auch «hell» sagen und danach die Arme zum Boden führen, woraufhin das Kind «dunkel» sagt und die Arme zur Decke streckt. Immer dann, wenn das Kind das neue Spiellevel meistert, steigern wir den Schwierigkeitsgrad.

Manche Kinder lieben es, wenn es richtig kompliziert wird. Wenn ich z. B. «schnell – dunkel – tief» sage und gleichzeitig noch auf einem Bein stehe, ist das eine ziemliche Herausforderung – und umso größer der Spaß, die Freude und der Effekt auf die geistige Frische, wenn das Kind auch diese Herausforderung meistert.

Eine ganz andere Variante ergibt sich, wenn wir die Rollen wechseln: Das Kind macht vor, der Erwachsene macht das Gegenteil nach. Das ist oft doppelt lustig, weil es für Kinder herrlich ist, Erwachsenen beim «Scheitern» zuzusehen.

EIN GROSSES GLAS WASSER UND EIN PAUSENSNACK

Unabhängig davon, ob Ihr Kind lieber Konzentrations- oder Bewegungsspiele macht, achten Sie darauf, dass es in jedem Fall in der Pause ein großes Glas Wasser trinkt! Einige Kinder trinken ausreichend, viele andere leider nicht. Sie vergessen es schlichtweg und sind deshalb dehydriert, die Folge: Ihr Gehirn kann nicht mehr richtig arbeiten. Ich habe schon oft erlebt, dass ein unausgeglichener Flüssigkeitshaushalt die Ursache war, warum ein Kind sich nicht mehr richtig konzentrieren konnte. Wenn ich es fragte, wann es zum letzten Mal etwas getrunken hatte, und dann die Antwort kam: «Morgens beim Frühstück!», war mir alles klar, und die Frage «Wann hast du zuletzt ein großes Glas Wasser getrunken?» steht seitdem an erster Stelle, wenn es mit dem Lernen nicht vorangeht.

Gleich danach frage ich: «Wann hast du zuletzt etwas gegessen?» Denn auch unterzuckert kann man nicht lernen. Deshalb habe ich immer Nüsse und Äpfel zur Hand, weil diese Kombination ungefähr eine Stunde lang gut sättigt: Der Apfel sorgt in Kombination mit dem Protein und Fett aus den Nüssen dafür, dass der Blutzuckerspiegel nicht wie bei anderen, vornehmlich industriell hergestellten Pausensnacks schnell steigt und danach schnell wieder absinkt. Aus diesem Grund halte ich auch nichts von Traubenzucker beim Lernen oder als Konzentrationshilfe. Ausnahme: Wenn man nur noch fünf Minuten Zeit bei einer Klassenarbeit hat und merkt, wie man leicht zittrig wird, dann ist Traubenzucker das Mittel der Wahl. In allen anderen Fällen würde ich davon abraten. Nüsse und Äpfel haben sich hingegen als idealer Lern-Snack herausgestellt; natürlich auch jedes andere Obst. Hauptsache das Kind isst es in Kombination mit etwas Fett oder Protein.

BARFUSS IM SCHNEE

Es ist weiter oben schon angeklungen: Frische Luft ist für die Konzentration das A und O, nicht nur beim Hausaufgabenmachen zu Hause, sondern natürlich auch in der Schule. Normalerweise verlassen Kinder morgens das Haus und legen eine gewisse Strecke, wenn nicht zur Schule, so doch zumindest bis zur Bushaltestelle an der frischen Luft zurück. Nichts macht morgens wacher. Deshalb bin ich ein großer Fan von Schulwegen, die zu Fuß oder mit dem Rad zurückgelegt werden. Was passiert, wenn dieser Weg plötzlich wegfällt, haben wir in den Lockdowns erlebt: Ich erinnere mich noch gut an den langen Corona-Lockdown im Winter 20/21. Viele Kinder saßen unbeweglich im Schlafanzug am Tisch und starrten auf 25 kleine Zoom-Kacheln. Deshalb bin ich in meinen Instagram-Storys morgens im Schlafanzug raus in den Garten und barfuß im Schnee herumgestapft, um zu zeigen, wie wichtig Bewegung an der frischen Luft ist, wie gut sie tut und wie wach man davon wird. Die Idee kam gut an: Jeden Morgen erhielt ich viele

Bilder und Videos von Kindern, die im Schlafanzug Schnee-Engel machten oder barfuß durch den Garten rannten. Die Eltern berichteten mir begeistert, wie viel besser das anschließende Homeschooling klappte.

Wenn wir also an Lernsituationen oder Hausaufgaben zu Hause denken, sollten wir im Hinterkopf behalten: Wann war das Kind in den letzten Stunden draußen und hat sich bewegt? Und wenn das schon zu lange her ist, legen wir einfach eine Bewegungspause an der frischen Luft ein. Es lohnt sich, vor dem Lernstart z. B. einen strammen Spaziergang zu machen oder etwas anderes draußen zu unternehmen.

Wie wichtig diese Bewegung vor dem Lernen ist, haben andere Schulsysteme längst verstanden. So beginnt in Neuseeland die Schule zwar auch um acht, jedoch immer und für alle mit einer Stunde Sport. Erst um neun geht es dann mit dem normalen Unterricht los.

KÖRPERLICHE GRUNDBEDÜRFNISSE

Kein Kind und auch kein Erwachsener können Bedürfnisse wie Hunger oder Durst einfach ignorieren, bloß, «weil jetzt gelernt werden muss». Erwachsenen mag das für eine Weile gelingen, Kindern jedoch nicht. Bei ihnen steht die Biologie im Vordergrund. Wenn ein Kind Hunger hat, hat es Hunger – und lernt nicht oder nur sehr schlecht. Kinder haben schlicht nicht die Fähigkeit, zu sagen oder zu denken: «Obwohl mein Magen knurrt, reiße ich mich jetzt zusammen und lerne weiter.»

Doch viele Erwachsene gehen von sich aus und sagen zu ihrem Kind: «Ach komm, diese eine Aufgabe können wir doch noch machen – danach gibt es dann gleich Essen.» Bei Kindern funktioniert das nicht. Ihre Biologie schaltet die Konzentration einfach aus. Knurrt ihr Magen, funktioniert das Hirn nicht mehr. Das sollten wir als Erwachsene wissen – aber vor allem auch unseren Kindern erklären.

Mir ist es wichtig, mit Kindern oft darüber zu sprechen und sie regelmäßig nach ihren Grundbedürfnissen zu fragen: Durst? Hunger? Bewegung? Frische Luft? Auch die Frage nach dem Wärmeempfinden gehört dazu, denn dass man z. B. in eiskalten Klassenzimmern nicht lernen kann, hat auch die Pandemiezeit gezeigt, als es noch keine Luftfilter gab und ständig, auch im Winter, die Fenster offen waren.

Bei diesem Frage-Antwort-Spiel lernen Kinder viel über sich selbst. Sie lernen vor allem, in sich hineinzuspüren und zu erkennen: Wie geht es mir? An welcher Stelle geht es mir nicht gut? Was fehlt mir? Habe ich z. B. leichte Kopfschmerzen? Dann trinke ich doch gleich mal ein großes Glas Wasser, denn wahrscheinlich fehlt mir einfach Flüssigkeit. Fühle ich mich etwas zittrig? Dann habe ich vielleicht schon lange nichts mehr gegessen. Müde? Dann habe ich mich zu lange nicht mehr richtig bewegt.

Die Kinder lernen dadurch: Ich muss zunächst auf meinen Körper achten, bevor ich etwas leisten kann.

Meine große Hoffnung ist, dass wir eine Generation heranziehen, die gut für sich selbst sorgt und dadurch ein Leben lang Gesundheitsvorsorge betreibt. Leider steuern wir gerade in eine andere Richtung. Immer mehr Kinder zeigen Stress-Symptome.

Eine Studie der DAK im Jahre 2017 hat ergeben, dass fast jedes zweite Schulkind (43 Prozent) unter Stress leidet. Ein Drittel der betroffenen Jungen und Mädchen hat Beschwerden wie Kopfschmerzen, Rückenschmerzen oder Schlafprobleme.

Es ist mir deshalb ungemein wichtig, dass nicht nur die Eltern zu Hause, sondern auch die Lehrkräfte in der Schule darauf achten, dass die Grundbedürfnisse ihrer Schüler:innen gestillt sind und wir Erwachsenen sie darin unterstützen, auf sich zu achten: So können die Schüler:innen aus dem Vollen schöpfen und schon in der Schule ganz natürlich diese wichtige Prävention lernen.

Damit haben wir die körperlichen Grundbedürfnisse auf dem Schirm. Was ist mit den nicht körperlichen?

LIEGT DIR ETWAS AUF DEM HERZEN?

Emotionales Wohlbefinden ist ebenfalls ein wichtiges Grundbedürfnis, das gestillt sein will: Kinder, aber auch Erwachsene, können es nicht einfach wegschieben, nur weil jetzt gelernt werden muss.

Gefühle wie Wut, Trauer oder Angst sind so viel größer und auch viel wichtiger, als sich neuen Lernstoff einzuprägen. Gibt man ihnen keinen Raum, werden negative Gefühle immer im Vordergrund stehen und es dem Verstand überhaupt nicht erlauben, sich auf die Hausaufgaben zu konzentrieren. Sie kennen das sicherlich von sich selbst: Erinnern Sie sich an Ihren letzten Streit – konnten Sie danach fokussiert und effizient Ihrer Arbeit nachgehen?

Ich erinnere mich an so viele Nachhilfestunden, in denen ich mit den Kindern 50 Minuten über den Zoff mit den Eltern oder der besten Freundin gesprochen und «nur» 10 Minuten für die Matheaufgaben übrig gehabt habe. Am Ende hat es sich aber immer gelohnt, denn in diesen 10 Minuten schafften wir mehr, als wenn ich versucht hätte, 60 Minuten lang einem unglücklichen Kind etwas beizubringen. Aber vor allem in den Folgestunden lief es dann deutlich besser.

Wenn Sie also bei Ihrem Kind z. B. ein Gefühl von Niedergeschlagenheit bemerken oder feststellen, dass es ruhiger ist als sonst, würde ich erst einmal nachfragen, was es denn bedrückt, und dafür zunächst aufs Sofa umziehen. Dort können Sie eine Runde kuscheln, einfach darüber reden und vielleicht auch weinen. Alles, was in einem solchen Gespräch gesagt wird, ist dann erst mal raus – aus dem Herzen und der Lernzeit. Das erleichtert sehr. Vielleicht ist die zugrunde liegende Situation noch nicht ganz behoben, aber die davon ausgelösten Gefühle haben sich für den Moment abgemildert und erlauben es dem Kind wieder, sich der Aufgabe konzentrierter zu widmen.

Die Nachfragen zur physischen und psychischen Verfassung mit den entsprechenden Maßnahmen, das Start- und das Pausenlied gepaart mit aktiven Pausen sind also das Grundgerüst, mit dem Kinder konzentriert arbeiten können. Die Rahmenbedingungen stimmen. Kommen wir nun noch einmal zu den Aufgaben selbst zurück.

DIE AUFGABE IST ZU SCHWER

Ein großer Stolperstein bei den Hausaufgaben: ob die gestellte Aufgabe zu den aktuellen Fähigkeiten und dem Lernstand des Kindes passt. Wenn ein Kind mit einer Aufgabe nicht klarkommt, weil sie schlicht zu schwer ist, kann es sich sehr schnell nicht mehr konzentrieren – das habe ich bereits an anderer Stelle angesprochen. Aber wie merke ich das?

Zugegeben, man braucht ein wenig Erfahrung, um das erkennen zu können. Meist gehe ich so vor, dass wir die ersten zwei Teile einer größeren Aufgabe gemeinsam bearbeiten. Dabei frage ich das Kind, was gemacht werden muss. Wenn ich merke, dass die Antwort nicht sofort kommt, erkläre ich die Aufgabe erst mal in Ruhe und frage dann: «Was hast du jetzt verstanden?» Oder auch: «Bis wohin hast du's verstanden?»

Beides sind simple Fragen, doch viele Eltern stellen sie in der folgenden Variante: «Hast du das jetzt verstanden?» Diese Frage bringt nicht viel, weil es Kinder gibt, die darauf immer mit «Ja» antworten, obwohl sie die Aufgabe nicht (richtig) verstanden haben. Andere wiederum antworten generell mit «Nein», obwohl sie schon ganz viel verstanden haben. Deshalb habe ich mir diese Frage komplett abgewöhnt und frage seither immer: «Was hast du jetzt verstanden?»

Eine weitere, sehr hilfreiche Variante ist es, die Rollen umzudrehen und das Kind aufzufordern: «Okay – erklär mir mal bitte die Aufgabe! Was soll gemacht werden?» An der Erklärung des Kindes merken Sie dann recht schnell, ob es die Aufgabe verstanden hat und an welcher Stelle noch nicht. Nützlich ist dabei ein Schleichtier.

Von diesen Schleichtieren habe ich stets mehrere in der Nähe und sage: «Erklär die Aufgabe doch mal dem unkonzentrierten Affen (oder der gelangweilten Kuh)!» Das hilft vor allem jüngeren Kindern, sich darauf einzulassen.

Dazu können Sie z. B. die Kuh in die Hand nehmen, sie immer wieder nicken oder gähnen lassen. Der Affe ist überdreht, hüpft auf und ab: So erfährt das Kind, wie es ist, jemandem etwas zu erklären, der nicht richtig zuhört.

Diesen Dialog zwischen Kind und Tier führen wir so lange, bis das Kind wirklich verstanden hat, was zu tun ist. Ansonsten machen wir die Aufgabe gemeinsam oder wandeln sie so ab, dass das Kind sie schaffen kann. Der englische Fachbegriff dazu heißt «Scaffolding», zu Deutsch: Gerüstbauen. Ich baue also ein Hilfsgerüst, an dem sich das Kind bildlich gesprochen festhalten und entlanghangeln kann, wenn es die schwere Aufgabe löst.

In Englisch kann das z. B. bedeuten, dass ich die fünfzehn noch unbekannten Wörter mit ihrer Übersetzung neben den Text lege, den es zu bearbeiten gilt. Dieses Gerüst reicht manchmal schon aus, damit das Kind die Aufgabe selbstständig lösen kann.

DIE AUFGABE IST ZU LEICHT

Vorwegschicken möchte ich, dass «zu leichte» Hausaufgaben viel seltener vorkommen, als ein Kind es denkt. Häufig hat es einfach keine Lust, die Aufgabe zu erledigen, oder hat noch nicht gelernt, die eigenen Fähigkeiten realistisch einzuschätzen.

Trotzdem kann es vorkommen, dass wir ein Kind vor uns haben, das tatsächlich unterfordert ist in der Schule. Vor allem, wenn die zu leichte Aufgabe dann mit einem großen Schreibaufwand verbunden ist, denkt ein solches Kind: «Das kann ich doch schon!», und der Widerstand wächst. Niemand von uns tut gerne etwas, das mit viel Aufwand verbunden ist, worin er oder sie aber keinen Nutzen sieht: Das ist stupide Fleißarbeit. Eine Möglichkeit ist dann, dem Kind zu erlauben, sich ein Hörbuch anzuhören, während es die Hausaufgaben macht. Einfach, um die als langweilig empfundene Aufgabe intellektuell ansprechender und anspruchsvoller zu gestalten. Sie könnten in dem Fall sagen: «Schau, diesen Teil der Hausaufgaben machen wir richtig konzentriert, ohne Ablenkung. Aber der andere Teil hier ist so einfach, da muss man wenig dabei mitdenken, das ist reine Schreibarbeit für dich – den machst du deshalb mit Hörbuch-Untermalung.»

Als Erwachsene können wir ansonsten nur argumentieren,

dass es wichtig sei, diesen Stoff schriftlich zu üben, selbst wenn man meint, man könne das schon. Es gibt zwar relativ pflichtbewusste Kinder, die sich darauf einlassen. Sie sagen sich: «Na ja, dann mach ich das eben!» Doch andere lassen sich – gerade von ihren eigenen Eltern – kaum überzeugen. In diesem Fall kann es helfen, wenn ich die Aufgabe auf andere Art und Weise schwieriger oder ansprechender gestalte. Wie das geht? Schauen wir uns ein Beispiel an.

EIN BEISPIEL: EINE ZU LEICHTE AUFGABE ATTRAKTIVER MACHEN

Nehmen wir an, Ihr Kind soll ein ganzes Mathe-Aufgabenblatt rechnen, dessen Aufgaben es nach eigener Meinung schon gut beherrscht und es daher mit recht wenig Enthusiasmus und Konzentration angeht. Was also tun?

In solchen Fällen nehme ich eine Schere und zerschneide das Arbeitsblatt in Schnipsel; ein A4-Blatt z. B. in zehn Teile. Diese Schnipsel verstecke ich dann in einer großen Schale Linsen oder Sand oder auch im Raum. Dann lasse ich das Kind erst einmal suchen und jeden gefundenen Schnipsel so gut bearbeiten, wie es eben geht. Oft fehlt ja dann ein Teil der Aufgabe – was es für das tendenziell unterforderte Kind wieder spannender macht: der Zweck der Schnipselei.

Dann nehmen wir ein Blankoblatt Papier und kleben die Schnipsel auf, bis wieder das Ursprungsblatt entstanden ist.

Das Ganze hat zwei Vorteile: Erstens wird das große und daher als umso langweiliger empfundene Arbeitsblatt durch das Zerschneiden kleiner – und damit der auf ihn projizierte Frust. Zweitens lenke ich damit den Fokus des Kindes weg von «Oh Gott – dieses langweilige Blatt!» auf «Toll, wir zerschnippeln hier gerade ein Aufgabenblatt. Was wohl die Lehrerin dazu sagen würde?» oder auch auf «Puzzeln macht doch gleich viel mehr Spaß!» – und dieser Spaß ist sogar steigerungsfähig.

SPASS MIT GOLDRAND

Wenn in Japan z. B. eine schöne alte Vase zu Bruch geht, vielleicht ein Erbstück, dann klebt man die Teile wieder zusammen und streut Goldpulver in den Kleber: Die Bruchkanten werden also betont, statt versteckt. Dieser Brauch nennt sich Kintsugi, und er gefällt mir so gut, dass ich ihn auf unser zerschnippeltes Aufgabenblatt übertrage: Es muss ja nicht gleich Goldstaub sein, aber es gibt schönen Glitzerkleber, der aus einem drögen Arbeitsblatt ein kleines Kunstwerk macht.

Eine noch viel einfachere Möglichkeit, ein «langweiliges» Arbeitsblatt spannender zu machen: Falten Sie das Blatt in horizontale Streifen, sodass man jeweils nur einen schmalen Streifen davon sieht.

Und wenn das nichts hilft? Schlagen Sie doch mal Folgendes vor:

HAUSAUFGABEN AN EXOTISCHEN ORTEN

In der Mitte des Buches finden Sie Bilder von Kindern, die zeigen, wie sie eine «doofe» Aufgabe unter dem Tisch machen: Dafür haben sie das Arbeitsblatt an die Unterseite der Tischplatte geheftet – und plötzlich macht ihnen die vormals langweilige Aufgabe richtig Spaß. Letztens bekam ich ein süßes Bild zugeschickt, auf dem ein Kind sich auf den Küchenboden gelegt hatte und mit Blick auf den aufgehenden Kuchenteig im Ofen seine Hausaufgaben erledigte.

Viele Eltern kleben die Aufgaben für ihre Kinder auch ans Fenster und machen sie dann am Fenster stehend, mit Blick nach draußen. Dieses Aus-dem-Fenster-Arbeiten ist mittlerweile so ikonisch für meine Arbeit, dass dieses Buch ursprünglich «Vokabeln in die Wolken schreiben» heißen sollte.

Die meisten Eltern haben ein Idealbild, wie Kinder ihre Hausaufgaben machen sollen, verbieten deshalb kategorisch «Expeditionen an exotische Orte» und provozieren damit Streit. Dabei wäre die Lösung naheliegend: «Ja, gut, dann setz dich eben auf den Boden und mach sie da!»

Die Sorge, Ihr Kind würde dann nie lernen, ordentlich am Tisch seine Arbeit zu erledigen, möchte ich Ihnen nehmen: Allein in der Schule wird so viel gesessen, dass man beruhigt davon ausgehen kann, dass das Kind diese Fähigkeit mit der Zeit besitzen wird.

Seien Sie sicher: Man kann an vielen Orten gut lernen. Oft sogar besser, als wenn man sich zwingt, am Tisch zu sitzen. Es hilft, wenn wir dabei an uns selbst denken. Wie oft setzen wir uns mit dem Laptop auch mal aufs Sofa? Oder raus auf die Terrasse oder den Balkon? In die Küche, in ein Café? Wir Erwachsene wissen selbst aus eigener Erfahrung, wie gut ein solcher Ortswechsel tun kann. Vielleicht erinnern Sie sich auch an Ihre Jugend, als Sie die Hausaufgaben am allerliebsten auf dem Zimmerboden liegend gemacht haben, und erlauben es jetzt auch Ihrem Kind.

FERNSEHEN WÄHREND DER HAUSAUFGABEN?

Was ich dagegen niemals erlaube: während der Hausaufgaben den Fernseher laufen zu lassen oder aufs Handy zu schauen. Denn bewegte Bilder sind visuell einfach so extrem ablenkend, dass sie das zügige Abarbeiten einer Aufgabe verhindern. Viele Menschen tun das trotzdem und schauen während der Arbeit «nebenher» Videos im Internet. Würden sie sich selber dabei filmen, würden sie feststellen, dass sie währenddessen immer wieder über lange Sekunden- oder gar Minutenabschnitte auf den Bildschirm schauen und natürlich auch Zeit brauchen, sich nach der Unterbrechung wieder einzuarbeiten. Dadurch verlängern sie eine als unangenehm empfundene Aufgabe – und das ist ja genau das, was wir vermeiden wollen.

Wir verfolgen vielmehr das entgegengesetzte Ziel, das wir möglichst oft erreichen möchten, nämlich die Erkenntnis: «Ich kann eine Aufgabe richtig machen und sie schnell hinter mich bringen.» Deshalb würde ich, auch wenn die Aufgabe «zu leicht», «blöd» oder wirklich unterfordernd ist, weiter dranbleiben und sagen: «Aber trotzdem wollen wir diese Aufgabe schnell hinter uns bringen! Das ist unser Ziel. Wenn du meinst, dass du sie schnell machen kannst, indem du dich auf den Boden legst oder auf die Küchenarbeitsplatte setzt, dann ist das okay für mich.»

In solchen Fällen lohnt sich die Anschaffung eines Klemmbretts, weil es das Arbeiten an vielen Orten im Haus oder in der Wohnung erlaubt, die normalerweise nicht geeignet für Hausaufgaben sind, weil eine Schreibunterlage fehlt. Manche Kinder ziehen sich dann mit dem Klemmbrett ins Gartenhäuschen oder Baumhaus zurück. Oder sie gehen auf den Dachboden oder in den Keller. Mit einem Klemmbrett ist das möglich und macht Spaß – und die Aufgaben werden zügig und ordentlich erledigt.

Wichtig ist mir, einen Raum der Möglichkeiten zu eröffnen, in dem Kinder an ungewöhnlichen Orten und in ungewöhnlichen Körperhaltungen lernen können. Es gibt mittlerweile viele moderne Schulen, die genau das den Kindern ermöglichen. Auch an «normalen» Schulen erlauben fortschrittliche Lehrkräfte es immer häufiger, dass jedes Kind sich, nachdem die jeweilige Aufgabenstellung geklärt ist, einen Ort und eine Position sucht, in denen es die Aufgabe bearbeiten möchte.

Manche Kinder gehen nach draußen und setzen sich z.B. auf eine Bank, manche arbeiten allein, andere mit einem Lernpartner, wieder andere sitzen mit dem Klemmbrett auf dem Boden, einige liegen auf dem Bauch und arbeiten direkt am Boden. Auch hier lohnt es sich, den Kindern diese Freiheit einzuräumen, weil der Erfolg davon immens groß ist: Denn wenn ein Kind den Ort und die Position wählen darf, in der es seine Hausaufgaben macht, dann lernt es dabei etwas sehr Wichtiges: Es lernt, sich und seine Bedürfnisse korrekt einzuschätzen und zu lesen. Natürlich geht das nicht von heute auf morgen. Diese Freiheit klug und bestimmungsgemäß zu nutzen ist eine Fähigkeit, die ein Kind erst lernen muss. Machen Sie sich klar: Kein Kind kann von klein auf mit einer solchen Freiheit umgehen. Das ist so, als ob man zu einem Fahranfänger, der noch nie am Steuer eines Autos gesessen hat, sagen würde: «Hier sind die Schlüssel, dort das Auto – steig ein und fahr los!» Auf die Idee käme niemand, ebenso wenig darauf, dann zu sagen: «Autofahren – das kannst du einfach nicht!» Nein, wir würden Fahrstunden nehmen und auf einem Verkehrsübungsplatz Fahren üben, bevor wir uns in den Straßenverkehr wagen.

Solche «Fahrstunden» braucht auch ein Kind, das gegebene Freiräume sinnvoll nutzen lernen soll. Als «Fahrlehrer:in» weiß ich natürlich, dass das nicht auf Anhieb gelingen wird. Ich weiß, dass ich gelegentlich eingreifen muss, so, wie der Fahrlehrer in der Fahrschule bisweilen ins Steuerrad greift oder auf die Lehrerbremse auf der Beifahrerseite tritt. Und dazu gehört auch: Fernsehgucken neben der Hausaufgaben verbieten.

FREIHEIT LERNEN MIT DEM/DER ZEITWÄCHTER:IN

Eine wichtige Hilfestellung bei diesem Lernprozess ist es, den Grad der Freiheit auszutarieren und an den Grad der Fähigkeiten des Kindes anzupassen: Mit wie viel Freiheit kann mein Kind schon umgehen?

Das werden wir immer wieder ausprobieren. Und nur, weil das die ersten drei-, vier-, fünf-, zehnmal nicht geklappt hat, heißt das nicht, dass man diese Freiheit aufgeben und sagen soll: «Das funktioniert bei uns nicht. Das lassen wir lieber mal weg.» Nein, ganz im Gegenteil sollten wir sagen: «Nun gut, das hat heute nicht so toll geklappt. Lass uns mal besprechen, warum nicht? Was war denn los? Warum bist du plötzlich wer weiß, wohin verschwunden und hast die Aufgaben nicht gemacht? Wie könnte es das nächste Mal besser funktionieren? Vielleicht, wenn ich den Zeitwächter mache?»

Ein:e Zeitwächter:in einzuführen ist ein probates Mittel, um die sinnvolle Nutzung von Freiheit zu erlernen. Das könnte so klingen: «Du kannst mit deinem Mathe-Arbeitsblatt losmarschieren und das irgendwo anders machen. In 15 oder 20 Minuten solltest du es mir dann hier in der Küche abgeben. Ich werde darauf achten, dass du diese Zeit einhältst.»

Dieser zeitliche Rahmen kann die entscheidende Hilfe sein, damit ein Kind es schafft, die ihm eingeräumte Freiheit sinnvoll und effektiv zu nutzen. Zeiträume von 10 bis 20 Minuten sind für die meisten Kinder angemessen.

Für viele Kinder ist es leichter, Freiheit zu lernen, wenn man ihnen zwischendurch sagt: «Du hast jetzt noch 10 Minuten.» Sie können dem Kind auch den Timer mitgeben, die 20 Minuten einstellen und sagen: «Ganz gleich, an welchen Ort du gehst, wo es dir gutgeht – nimm den Timer mit, behalte ihn im Blick. Ich schau immer wieder auf die Uhr, dann passen wir beide auf die Zeit auf.»

Eine weitere Möglichkeit ist, dem Kind zu sagen: «Du kannst es halten, wie du möchtest. Ich bleibe im selben Raum mit dir und staube ein wenig ab. Mach, wie du es willst – ich bleibe aber hier bei dir.»

ELTERN UND LEHRKRÄFTE ALS COACHES

Wie gesagt, es ist wichtig auszutarieren, mit wie viel Freiheit die Kinder umgehen können. Sonst schnappen sie sich das Aufgabenblatt, gehen damit auf ihr Zimmer, holen ein schönes Buch hervor oder fangen an zu spielen, und 30 Minuten später kommt ein Elternteil in ihr Zimmer und «meckert»: «Du hast das ja immer noch nicht gemacht!»

Dann entsteht daraus ein Streit oder zumindest eine belastende Lernsituation, und bei den Eltern bleibt unglücklicherweise hängen: «Mein Kind kann mit dieser Freiheit nicht umgehen.» Und das Kind erfährt: «Jetzt muss ich die blöde Aufgabe immer noch machen, und meine Lust darauf ist noch kleiner geworden.» Dabei hätte es lediglich ein wenig mehr Führung seitens der Eltern gebraucht.

Diese Führung ist etwas, das wir hierzulande oft unterschätzen und bei dem wir uns nicht bewusst machen, wie nötig sie viele Kinder haben und wie gut sie ihnen tut.

Es gibt mittlerweile viele Schulen mit sehr modernen Konzepten, an denen Kinder individualisiert und selbstreguliert lernen können. Sie wissen z. B.: «In Mathe haben wir gerade dieses Thema, in Deutsch jenes und in Englisch dieses.» Mit diesem Wissen geht das Kind dann morgens in die Schule und widmet sich dem Thema seiner Wahl.

Wenn man diese selbstbestimmte Vorgehensweise Eltern vorschlägt, sind viele erst mal skeptisch: «Mein Kind würde da doch nur noch sein Lieblingsfach X machen. Fach Z dagegen mag es nicht, wird es also garantiert nicht machen, und dann lernt es das nie!»

Was die Eltern dabei übersehen: Natürlich gibt es an der Schule Lehrkräfte, die das Kind coachen, im Blick haben und entsprechend führen. Das kann so einfach sein: Lehrkraft und Kind setzen sich z. B. alle zwei Tage zusammen und fragen: «Wo stehe ich in welchem Fach? Wo muss ich den Fokus draufsetzen, damit ich auch und gerade in diesem ungeliebten Fach mein Ziel erreiche?» Diese Gespräche laufen nicht über Druck, sondern über die positive Beziehung zwischen Lehrkraft und Kind. Es werden stets klare Zielabsprachen getroffen und konkrete Handlungsschritte formuliert. Dadurch ist das Kind sehr verständig und widmet sich selbst einem ungeliebten Fach und Thema mit der nötigen Sorgfalt.

Auf diese Weise können nicht nur Lehrkräfte, sondern auch Eltern ihre Kinder coachen. Das setzt eine bestimmte positive Grundhaltung voraus: «Mein Kind will im Grunde ja dieses ungeliebte Fach lernen und beherrschen. Ich bin hier der Coach und helfe ihm dabei.»

Eltern müssen wie der Coach im Jugendfußball agieren, der sagt: «Nein, heute machen wir zuerst eine Stunde Zirkel-Training, bevor ihr kicken dürft.» Der Trainer hat das nötige Wissen und den Überblick, was nötig ist, um gut Fußball spielen zu können.

Im Spiel selbst hält sich der Coach dann zurück, steht am Spielfeldrand und schaut zu. Aber in der Halbzeitpause gibt er Feedback, reguliert. In diesem Geist versuche auch ich, mit Kindern zu arbeiten. Ich räume ihnen immer wieder an bestimmten Stellen Freiheiten ein. Und weil ich das mache, sind sie an anderen Stellen einsichtig, wenn ich sage: «Diese Sache muss jetzt richtig gut geübt werden. Da führt nichts dran vorbei. Und das machen wir auch nicht morgen, das machen wir hier und jetzt.» Ein gutes Anwendungsbeispiel für eine solche klare Ansage sind die unregelmäßigen Verben in Englisch: Die muss man so lernen, dass man sie, wenn man um Mitternacht aus dem Schlaf geweckt wird, auswendig herunterrattern kann. Dasselbe gilt in Deutsch für bestimmte grammatikalische Regeln wie den Unterschied zwischen «das» und «dass». Oder in Mathe für das kleine Einmaleins oder die Mitternachtsformel, die genau deshalb so heißt. Das und vieles andere sind einfach Dinge, die «sitzen» müssen. Wenn sie automatisiert sind, dann hat man in diesen Fächern mehr Spaß.

EINE STUNDE – UND DANN IST SCHLUSS!

Was ich nun sagen werde, erschreckt viele Eltern. Also halten Sie sich fest, und winken Sie nicht gleich ab, denn der folgende Tipp beruht tatsächlich auf langjähriger Erfahrung und ist meines Wissens der einzige Ausweg bei überbordenden Hausaufgabenzeiten.

Also: Wenn ein Kind nach einer Stunde nicht mit seinen Aufgaben fertig ist, hört man trotzdem auf und schreibt eine Notiz ins Hausaufgabenheft oder an die Lehrkraft, dass das Kind eine Stunde konzentriert gearbeitet hat und eben so weit gekommen ist, wie es gekommen ist. Wichtig ist natürlich, dass man das vorher mit der Lehrkraft telefonisch oder bei einem kurzen persönlichen Treffen bespricht. Sie könnten z. B. sagen: «Wir haben zu Hause ein Problem: Die Hausaufgaben dauern zum Teil drei Stunden, stehlen den ganzen Nachmittag und sind wahnsinnig aufreibend für uns alle. Deshalb arbeiten wir jetzt mit einer Lerncoach-Methode. Dazu gehört, dass die Hausaufgaben auf eine Stunde beschränkt sind. Wir geben uns die nächsten Wochen die größte Mühe, dass das Kind den Aufgabenberg in nur einer Stunde bewältigen kann.»

Ich habe nur sehr selten erlebt, dass sich eine Lehrkraft daraufhin quergestellt hätte. Ganz im Gegenteil: Meistens ist sie hocherfreut, dass sich eine Familie dem Thema «Wie können die Hausaufgaben effizient und schnell erledigt werden?» so proaktiv widmet.

Und auch für das Kind lohnt sich diese Vorgehensweise, denn es macht dabei die Erfahrung: «Wenn ich konzentriert und schnell arbeite, habe ich noch ganz viel vom Nachmittag, kann mich mit Freunden treffen, meinen Hobbys nachgehen oder einfach tun, worauf ich Lust habe.»

Darauf zu warten, dass sich diese Erfahrung festsetzt, ist für Eltern manchmal schwer auszuhalten, denn schließlich sagen wir unseren Kindern doch ständig: «Komm, jetzt setz dich zügig dran! Je schneller du fertig bist, desto früher kannst du raus.»

Doch das gehört zu den Dingen, die man *erfahren* muss. Es reicht schlicht nicht, dass man es dem Kind *erklärt.*

Das bringt genauso wenig, wie einem Bewegungsmuffel zu erklären, dass er sich nach regelmäßigem Sport besser, frischer, gut gelaunt fühlen wird. Das wird ihn nicht motivieren. Erst wenn er diese positiven Effekte über einen bestimmten Zeitraum hinweg selbst erfahren hat, reift in ihm die Überzeugung, dass regelmäßiger Sport wirklich guttut. Und das wiederum gibt die Motivation und Kraft, den Sport oder in unserem Fall die Hausaufgaben auch weiterhin konzentriert und zügig zu absolvieren – selbst wenn man heute keine besondere Lust darauf hat, eigentlich schon ein bisschen müde ist und die gestellte Aufgabe etwas doof findet.

Es wird immer wieder Schultage geben, an denen das Kind schlicht so viel aufhat, dass niemand die Hausaufgaben in einer Stunde schaffen könnte. Trotzdem bleibt diese eine Stunde der maßgebliche Gradmesser für die Hausaufgaben, weil es eben nicht an jedem Tag so viel aufhat. Daher meine Empfehlung: eine Stunde pro Tag, an sechs Tagen die Woche. (In der 1. und 2. Klasse sind es natürlich eher eine halbe Stunde oder maximal 45 Minuten.)

Dazu ein Beispiel: Heute ist Dienstag, und unser Kind hat objektiv so viel auf, dass es diese Menge unmöglich in einer Stunde schaffen kann. Trotzdem ist nach dieser einen Stunde Schluss. Denn einen Teil der übergroßen Fülle kann es auf morgen, Mittwoch, schieben, weil dieser Teil der Hausaufgabe erst Donnerstag fertig sein muss.

Außerdem müssen über die Hausaufgaben hinaus noch Vokabeln geübt werden, und auch auf einen anstehenden Bio-Test soll sich das Kind vorbereiten. Doch wenn man diese beiden Aufgaben in 10-Minuten-Portionen über mehrere Tage streckt und dann eben noch am Samstag die eine Stunde einlegt, dann kommt man meiner Erfahrung nach doch sehr gut durch die Woche.

«Das mit nur einer Stunde am Tag funktioniert bei uns nicht! Mein Kind hat wirklich viel zu viel auf!», bekomme ich daraufhin von Eltern zu hören. Werfen wir dann einen genaueren Blick auf eine exemplarische Woche, stellt sich in der Regel heraus: Hoppla, da wurde z.B. der Freitagnachmittag vergessen, an dem nichts gemacht wurde, weil so schönes Wetter war. Und der Kindergeburtstag am Donnerstag, den hatte auch keiner auf dem Zettel. Gleichzeitig erinnert man sich sehr genau an den Dienstag, wo das Kind irre lang gesessen hat, weil es so viel aufhatte.

Wenn das Kind über Wochen nicht mit der Zeit zurechtkommt, obwohl es tagtäglich hoch konzentriert bei der Arbeit ist, steht eine ganz andere Entscheidung an: Ist mein Kind überhaupt auf der richtigen Schule und in der richtigen Schulform?

Wenn ich das nach reiflicher Abwägung bejahen kann, kann ich immer noch sagen: «Okay, dann machen wir eben jeden Tag eineinhalb Stunden!» Wobei bedacht werden sollte: Eineinhalb Stunden sind nach einem langen Schultag eine sehr lange Zeit für ein Kind, und seine Kooperationsbereitschaft wird rapide abnehmen. Vor allem, wenn es mit den eigenen Eltern arbeitet.

FAZIT: SO FUNKTIONIERT ES EFFIZIENT UND ZÜGIG

Zusammenfassend möchte ich festhalten: Mein oberstes Ziel ist es, dass Kinder lernen, schnell und effizient auch die oft als weniger wichtig erachteten Teile der Hausaufgaben abzuarbeiten. Ich sage bewusst «abarbeiten», denn wie Sie inzwischen wissen, bin ich der Ansicht, dass Hausaufgaben meist nichts mit Lernen zu tun haben. Dennoch ist es mir wichtig, dass ein Kind gut in der Schule klarkommt – und die Schule ist im Moment nun mal, wie sie ist. Meine Idealvorstellung von Schule und Lernen und die faktische Realität der meisten Kinder klaffen auseinander. Und ihre Realität ist es eben, dass sie jeden Tag bis zu fünf verschiedene Hausaufgaben haben, die mal mehr und mal weniger sinnvoll sind. Aber sie kommen einfach sehr viel besser und angenehmer durch die Schule, wenn sie lernen, auch und gerade diese Hausaufgaben zügig abzuarbeiten.

Dabei helfen die Vorgehensweisen, die ich gerade beschrieben habe; lassen Sie sie uns hier kurz rekapitulieren:

- Wir legen gemeinsam den **Zeitpunkt** fest, an dem die Hausaufgaben gemacht werden sollen.
- Wir starten dann mit einem schönen **Anfangsritual**, z. B. einem Lied, machen vielleicht ein kleines **Konzentrationsspiel**, um die Laune zu heben und das Kind richtig mit dem Kopf herzuholen.
- Wir fragen kurz die **Grundbedürfnisse** ab: satt, genug getrunken, genug bewegt? Liegt noch was auf dem Herzen?
- Dann erstellen wir einen **Lernplan** mit fünf überschaubar großen Lern- oder Aufgabenhäppchen, die in der folgenden Stunde gemacht werden sollen.
- Im Anschluss stellen wir den **Timer** auf jene Zeitspanne ein, die vorher eruiert wurde; also die längste Zeit, die sich das betreffende Kind konzentrieren kann. Für manche heißt das 3, für andere 15 Minuten.
- Wir erlauben dem Kind, **Lernort und -position** selbst zu wählen. Dann starten wir, die herunterlaufende Zeit als wirklich magische Konzentrationszeit zu behandeln. Während dieser Zeit gibt es nichts, das mich und meinen Kopf von der gegebenen Aufgabe ablenkt.

- Ist die Timer-Zeit abgelaufen, machen wir eine kleine **Konzentrationspause** mit Bewegung, Lachen und frischer Luft.
- Dann beginnt die nächste Zeitspanne auf dem Timer, und wenn **eine Stunde vorüber** ist, müssen wir nicht päpstlicher sein als der Papst: Fünf Minuten mehr tun sicher keinem weh.

Haben wir die oben ausgeführten Ratschläge beherzigt, können wir mit Fug und Recht sagen: «Toll, jetzt hast du genau so gearbeitet, wie wir es uns wünschen und wie es nötig ist. Klasse! Ja, es sind vielleicht noch nicht alle Aufgaben erledigt. Das liegt daran, dass diese Art zu arbeiten noch neu für dich ist. Je öfter wir das also machen und üben, desto besser wirst du darin werden und desto mehr wirst du in dieser Zeit auch schaffen. Es ist überhaupt nicht schlimm, dass du jetzt nicht alles geschafft hast. Wir haben unser Bestes gegeben!»

Falls das Kind nicht fertig geworden ist, betonen wir weiter: «Dass wir nicht die ganze Aufgabenmenge geschafft haben, ist ein untergeordnetes Ziel. Lass uns mal schauen, was wir geschafft haben und was nicht, und überlegen, woran das liegen könnte. An welchen Stellen hast du Zeit verschenkt, weil du etwas sehr langsam oder genauer gemacht hast, als es eigentlich sein muss? Welche Lehren können wir für morgen daraus ziehen?» Und weiter z. B.: «Zu den Englisch-Aufgaben sind wir jetzt fast gar nicht gekommen. Das heißt, morgen starten wir mit Englisch. Dann wird eben mal ein anderes Fach vielleicht nicht ganz fertig.» So können Sie völlig cool bleiben, auch wenn nach einer Stunde nicht alles erledigt ist. Das ist dann eben einfach so – für den Moment.

Am wichtigsten ist die Erfahrung: Wir haben ein Erfolgserlebnis gehabt, weil wir wirklich konzentriert und gleichzeitig fröhlich gearbeitet haben. Darum geht es. Das ist das wichtigste und oberste Ziel. Das haben wir nun erreicht. Und es ist ganz entscheidend, dies dem Kind zu vermitteln.

9. HAUSAUFGABEN: FRAGEN UND ANTWORTEN

WIE RICHTE ICH DEN SCHREIBTISCH MEINES KINDES EIN?

Naturgemäß werden mir viele Fragen zu den Hausaufgaben gestellt. Einige haben wir schon im letzten Kapitel gestreift und beantwortet. Nun will ich noch etwas genauer darauf eingehen.

Besonders häufig werde ich nach dem Schreibtisch für das Kind gefragt: Viele Eltern haben das Gefühl, dass ihr Kind zum Schulanfang einen eigenen Schreibtisch in seinem Zimmer braucht. Ich sage dann immer: «Wenn Sie Platz im Zimmer und das Gefühl haben, dass das nötig ist, können Sie gerne einen anschaffen. Aber für die Hausaufgaben braucht das Kind keinen Schreibtisch.»

Einen Schreibtisch im Kinderzimmer finde ich dann sinnvoll, wenn das Kind gerne bastelt und jüngere Geschwister hat, vor denen es Klebstift, Lego-Sets oder Bügelperlen in Sicherheit bringen möchte. Doch für die Hausaufgaben und zum Lernen empfehle ich immer den Ess- oder Küchentisch. Warum, erfahren Sie auf den folgenden Seiten.

BESSER AM ESSTISCH

Erstens: Kinder-Schreibtische sind meist viel zu klein für die Hefte und Bücher, die in der Schule benutzt werden. Hefte sind meist DIN A4, aufgeklappt dann DIN A3, dazu kommt das aufgeschlagene Buch, das aufgeklappte Mäppchen – und schon ist ein typischer Kinder-Schreibtisch übervoll. So kann man nicht arbeiten, weil die Kinder ständig den Eindruck haben: «Wenn ich das jetzt wegschiebe, dann fällt etwas anderes rechts vom Schreibtisch runter.» Oder «Ich kann gar nicht richtig schreiben, ständig liegt mein Ellbogen auf irgendwelchen Zetteln und Büchern». Das Tückische daran: Den Kindern ist das meist nicht bewusst, sondern sie empfinden eher unterbewusst ein diffuses Unwohlsein – und genau das wollen wir vermeiden, weil es unser erstrebtes positives Lernerlebnis verhindert oder erschwert.

Deshalb sage ich immer: Eine freie, große Tischplatte ist perfekt. Da kann man problemlos etwas von sich wegschieben oder auf die Seite legen, ohne dass etwas anderes deshalb vom Tisch fällt. Und das Beste daran: Nach den Hausaufgaben muss ich alles zusammenpacken, weil an diesem Tisch ja später gegessen oder gekocht wird. Auf dem Schreibtisch im Kinderzimmer bleiben die Schulsachen gerne liegen, was oft im Chaos endet. Wenn ich meinen Kram dagegen wegräume und gleichzeitig meine Schultasche mit allem packe, was ich morgen brauche, bin ich einerseits auf den neuen Schultag vorbereitet und habe andererseits einen Schlussstrich unter die Hausaufgaben gezogen: der perfekte Auftakt für meine Freizeit.

WAS NOCH GEGEN DEN KINDER-SCHREIBTISCH SPRICHT

Gerade für jüngere Kinder ist ein Schreibtisch im Kinderzimmer meist eine Überforderung – der zweite Grund dagegen. Das Kind sitzt in seinem Zimmer umgeben von seinen tollen Spielsachen, die vor allem in der Grundschule sehr viel interessanter sind, als eine Seite in Schönschrift zu füllen oder Divisionsblätter zu rechnen. Dennoch fordern viele Eltern ihr Kind auf: «Du machst jetzt deine Hausaufgaben in deinem Zimmer, und ich schaue in 20 Minuten nach dir.» Das Kind geht auf sein Zimmer, hört nach der vereinbarten Zeit die Schritte des Elternteils draußen vor der Zimmertür, springt in Panik auf von dem, was es eben gemacht, respektive gespielt hat, und schaut den Elternteil, der zur Tür reinkommt, ertappt an. Ich habe für das Verhalten des Kindes vollstes Verständnis: Die Versuchung war und ist einfach zu groß. Das ist so, als würde man von einem Erwachsenen eine effiziente Arbeit erwarten, während nebenher Netflix läuft oder Instagram offen ist. Wir alle kennen dieses Gefühl, diese Nonstop-Verlockung, die man ja auch in Form seines Handys ständig mit sich herumträgt.

Was hier auf jeden Fall hilfreich ist: sich nicht direkt in Sichtweite dieser Verlockung zu setzen. Für Erwachsene heißt das: Handy umdrehen oder abschalten. Für Kinder heißt es: Ich mache generell keine Hausaufgaben in der Nähe meiner Spielsachen.

In der Pubertät wird es nicht leichter. Spielsachen üben dann vielleicht keine große Verlockung mehr aus, wohl aber das Bett. In diesem Alter ist das eigene Bett das Verlockendste im Zimmer. Wie ein Magnet zieht es Jugendliche in seinen Bann und in die Horizontale.

Deshalb sage ich: Wer einüben will, dass Lernen und Hausaufgaben an einem Tisch stattfinden, sollte den Küchen- oder Esstisch wählen.

EIN TISCH FÜRS KIND IM ELTERLICHEN ARBEITSZIMMER

Ich habe in all den Jahren nur sehr wenige Kinder erlebt, die jene Selbstkontrolle besessen haben, die es braucht, um allein im eigenen Zimmer zu arbeiten. Wenn Sie jetzt sagen: «Das macht mein Kind aber ganz toll und jeden Tag!» – dann ist das wunderbar, und ich werde Ihnen sicher nichts anderes empfehlen.

Meiner Erfahrung nach ist das jedoch wirklich selten. Das liegt auch daran, dass auf so einem Kinder-Schreibtisch stets viele Sachen liegen, die nicht zum Lernen dazugehören und dem Kind wichtig sind: ein Freundebuch, ein Comic, eine Lego-Figur. Deshalb ist es sehr schwierig, einen Kinder-Schreibtisch schnell aufzuräumen und genug freie Arbeitsfläche zu schaffen. Bei einem Esstisch geht das in der Regel viel schneller und einfacher.

Was sich dagegen als gute Lösung herausgestellt hat, vor allem in der Corona-Zeit: den Kinder-Schreibtisch im Arbeitszimmer aufzustellen, sofern es eines gibt und der Platz dazu reicht. Das funktioniert auch deshalb, weil dann Eltern und Kinder zugleich von der förderlichen Arbeitszimmer-Atmosphäre profitieren können – vorausgesetzt, der Elternteil telefoniert im Homeoffice nicht ständig.

Aus diesem Grund mein Tipp, dass man sich bei den Hausaufgaben zum Kind dazusetzt und selber während der Arbeitsphasen des Kindes konzentriert arbeitet. Dadurch entsteht eine sehr gute, ruhige Lernatmosphäre.

WIE SCHAFFE ICH EINE GUTE LERNATMOSPHÄRE?

Die produktive Stille ist übrigens auch der Grund, warum so viele Studierende in die Bibliothek gehen: Sie nutzen die Bibliothek zum Lernen, z. B. für Klausuren. Diese besondere, ruhige Lernstimmung und die vielen anderen konzentriert nach vorn gebeugten Köpfe helfen ihnen, dranzubleiben.

Nur zur Erinnerung: Hierbei handelt es sich um Studierende, die schon 12 bzw. 13 Jahre Schule geschafft haben. Wenn wir im Vergleich dazu einen Grundschüler vor uns sehen, der über viel weniger Regulationsfähigkeit und Disziplin verfügt, bei dem das rationale Denken noch kaum ausgeprägt ist, der viel weniger planen oder die Konsequenzen seiner Handlungen abschätzen kann und von dem wir nun plötzlich erwarten, dass er in seinem Kinderzimmer am Kinder-Schreibtisch «langweilige» Aufgaben macht, dann wird einem bewusst, wie kurios und überzogen diese Erwartung ist.

Deshalb mein Tipp: Versuchen Sie, so weit wie möglich während der Hausaufgabenzeit eine Bibliotheksatmosphäre zu schaffen. Dazu gehört die absolute Regel, die auch in jeder Bibliothek gilt: Alle Handys aus! Manche Eltern stellen zu Hause sogar die Türklingel ab. Die Getränkeflasche steht auf dem Boden, damit sie nicht auf dem Tisch umkippen und die Unterlagen durchnässen kann. Und: Ich verhalte mich leise und bedächtig, um andere nicht zu stören.

Es ist schwer, eine solche Atmosphäre zu Hause einzuführen, weil die Stimmung ja normalerweise eine andere ist: Meist geht es laut, turbulent, dynamisch zu. Aus diesem Grund ist eine klare Struktur mit Start- und Endritual so wichtig, weil sie eine Grenze markiert, die sagt: Ab jetzt gilt für eine Stunde die

Bibliotheksruhe – und ab dem Endritual dürft ihr alle wieder laut sein. Diese Regel braucht Übung, doch mit etwas Übung wird sie eingehalten – und alle profitieren davon.

WAS MACHE ICH MIT JÜNGEREN GESCHWISTERN?

Wir haben auf den vorausgehenden Seiten gesehen, wie die Kinder mit Startlied, Lernplan, Konzentrationsspielen, Timer und Bibliotheksruhe in nur einer Stunde hoch konzentriert ihre Hausaufgaben machen. Das funktioniert hervorragend, wenn man nur ein Kind hat.

Oder zwei – und beide machen mit dieser Methode ihre Hausaufgaben. Aber was macht man mit Geschwistern, die noch nicht zur Schule gehen? Hinter dieser Frage verbirgt sich eine echte Herausforderung. Weil kleine Kinder – natürlich ohne böse Absicht – jede ausgeklügelte und methodisch abgesicherte Lernzeit komplett torpedieren können. Sie toben herum, machen Lärm, fragen ständig, werfen Dinge herunter, und von Bibliotheksruhe wollen sie auch nichts wissen – wie es nun mal die Art ist von kleinen Kindern. Sie können es also keinem Schulkind zum Vorwurf machen, dass es sich nicht konzentrieren kann, wenn ein Zweijähriger ständig dazwischenfragt und irgendwelche Klötzchen durch den Raum schmeißt. Ich sage es ehrlich: Leider habe ich dafür keine Patentlösung parat. Trotzdem ist es natürlich unabdingbar, dass man es irgendwie schafft, auch und gerade kleine Kinder für eine Stunde am Tag zur Ruhe zu bringen. Wie?

SETZEN SIE GESCHWISTERKINDER EINFACH DAZU

Das funktioniert in der Regel mit jüngeren Geschwistern, die bereits vier bis fünf Jahre alt sind. Die haben meist richtig Lust dazu, sich zum Hausaufgaben-Kind zu setzen; sie fühlen sich dabei wie die Großen! Sie gehören dazu, sie und ihre Aufgaben sind genauso wichtig wie die der älteren Geschwister, zu denen sie aufsehen. Diesen Effekt habe ich schon oft erlebt – und alle profitieren davon. Die älteren Kinder und die Eltern haben ihre Ruhe für die Hausaufgaben, und die jüngeren Kinder lernen schon lange vor ihrer eigenen Schulzeit, was es bedeutet, konzentriert am Tisch zu sitzen und zu arbeiten.

Hierfür würde ich mit Vorschulheften arbeiten. Diese gibt es inzwischen wie Sand am Meer, in den unterschiedlichsten Ausführungen, mit Schwungübungen, leichten Rechenaufgaben und vielen schönen Bildern zum Ausmalen. Das Gute daran: Das Kind hat ein richtiges, eigenes Heft, auf das es stolz sein kann, und es hat eigene, wichtige Hausaufgaben – wie die Großen.

Ich würde das jüngere Kind ebenfalls zunächst einmal an die Aufgabe heranführen. Wir haben ja besprochen, dass wir mit dem älteren Kind einen Lernplan erarbeiten. Also machen wir das auch mit dem jüngeren Kind: «Was nimmst du dir jetzt in den nächsten 15 Minuten vor? Ah, du möchtest dieses Blatt ausmalen, gute Idee – dann geht es jetzt los!» Dann starten Sie den Timer und schauen sich am Ende der 15 Minuten natürlich auch die Arbeit des jüngeren Kindes an und sagen: «Wie ging es dir mit der Malerei? Was fiel dir leicht, was schwer?»

Solche und ähnliche Reflexionsfragen, die wir dem älteren Kind stellen, können und sollten wir auch dem jüngeren Geschwisterkind stellen. Früh übt sich, wer ein Meister werden will.

«LASST DAS KIND DOCH KIND SEIN!»

Diesen Einwand höre ich oft, wenn ich den Vorschlag mache, jüngere Geschwister auf die oben beschriebene Art und Weise einzubeziehen. Manchmal auch in der Form: «Warum muss die Schule denn unbedingt schon im Alter von vier bis fünf Jahren anfangen? Die kommt doch noch früh genug!»

Ich bin der größte Fan der Vorstellung, dass Kinder vor Beginn der Schulpflicht vor allem eines sein sollen: Kinder. Wenn wir jüngere Kinder zu den Hausaufgaben der älteren hinzusetzen, hat das also nichts mit «Vorschule» zu tun.

Mir geht es vielmehr um die Frage: Wie schaffe ich eine ruhige Arbeitsatmosphäre für mein Schulkind, in der es sich auf das konzentrieren kann, was es abarbeiten soll und idealerweise möchte? Da ist das Hinzusetzen dann einfach Mittel zum Zweck. Ein Mittel, das allen nutzt und keinem schadet, wenn man darauf achtet, dass alles spielerisch bleibt, kein Druck aufgebaut wird («Mach jetzt diese Rechenaufgabe!») oder ständig «korrigiert» wird: «Das könntest du echt mal ordentlicher machen!»

Kurz und gut: Das jüngere Kind soll Freude bei seinen Aufgaben empfinden, sie als schöne Sache ansehen, bei der es fröhlich und frei nach eigener Fasson mitarbeitet.

ETWAS GANZ BESONDERES

Wer das Dazusetzen partout nicht möchte oder wenn es wirklich nicht funktioniert, dem empfehle ich: Schaffen Sie eine schöne kleine Kiste für das jüngere Geschwisterkind an, in der viele besondere Dinge sind, z. B. ein besonders schönes Malbuch, welches das Kind zu «normalen Gelegenheiten» nicht bekommt – nur in dieser einen magischen Stunde, die dann auch für das kleine Kind magisch wird.

Denselben Effekt erzielen ausgewählte Bastel-Sets oder alles andere, was so besonders ist, dass das Kind normalerweise keinen Zugang dazu hat.

Außerdem hilft hier die Konzentrations-Playlist (ebenfalls auf meiner Website erhältlich). Durch diese Musik entsteht eine gemütliche und heimelige Konzentrationsstimmung, und ich finde es immer wieder erstaunlich, wie gut sich sogar ganz junge Kinder darauf einlassen können. Von ähnlichen Erfahrungen haben mir auch schon Erzieher:innen aus Kitas berichtet, die Musik von der Playlist gespielt haben: «Die Kinder haben damit plötzlich eineinhalb Stunden ruhig gebastelt.» Das kriegt man in einer Kindertagesstätte auch nicht so ohne Weiteres hin. Deshalb: Geben Sie der Musik eine Chance!

BITTE GANZ ERNSTHAFT

Das Schulkind darf in der magischen Stunde nicht unterbrechen und nicht ablenken – aber auch das jüngere Geschwisterkind darf das nicht. Denn das ist, wie gesagt, eine magische Zeit, in der bestimmte Regeln gelten – für alle. Das können bereits ganz junge Kinder verstehen, wenn Sie diese Regeln ernsthaft einführen, betonen und einhalten.

Sollte es trotz nachhaltiger Bemühungen nicht funktionieren, gibt es noch folgende Möglichkeit: Ich kenne Eltern, die haben es geschafft, dass ihr Dreijähriger während der magischen Stunde auf seinem Zimmer ein Hörbuch hört. Er könnte dort auch ein spezielles, begehrtes Spielzeug haben, mit dem er sich täglich eine Stunde lang beschäftigen kann. Wenn das kleine Kind nicht allein in seinem Zimmer sein möchte, was je nach Kind absolut verständlich ist, können Sie ihm vorschlagen: «Dann setz dich doch aufs Sofa und hör mit den Kopfhörern etwas Schönes.»

Manchmal hilft auch ein Snack, der besonders gut schmeckt und besonders lange benötigt, um verzehrt zu werden. Wobei «lange» relativ ist: Denn sobald das kleine Kind das Pausenlied hört, kann es ja dazukommen und mit allen anderen herumtoben, lachen oder ins Freie gehen.

LETZTER AUSWEG: FERNSEHEN

Der letzte Ausweg, der zwar pädagogisch weniger wertvoll und in der Anwendung etwas schwierig ist, aber auf jeden Fall sachdienlich und zweckmäßig: das jüngere Kind fernsehen lassen. Das könnte durchaus Konflikte zwischen den Geschwistern geben, denn das Schulkind würde sicher ebenfalls lieber fernsehen als Arbeitsblätter ausfüllen. Doch wenn alles andere versagt, nutzen wir eben das Fernsehen als Ultima Ratio. Einfach weil wir die Lernzeit ernst nehmen müssen. Ohne ruhige Lernatmosphäre keine Konzentration, ohne Konzentration kein Lernen. Das hätte derart negative Auswirkungen auf das ältere Kind und die gesamte Familie, dass mir dieses Mittel zum Zweck gerechtfertigt erscheint.

Alternativ kann man jüngere Kinder in dieser Zeit von jemand anderem betreuen lassen: Oma, Opa, Onkel, Tante, einer vertrauenswürdigen Nachbarin ... Das alles hängt natürlich vom eigenen Netzwerk ab. Oft lohnt es sich zu warten, bis der Partner/die Partnerin (falls vorhanden) von der Arbeit nach Hause kommt, und sich dann aufzuteilen. Das ist dann zwar meist abends. Aber es gibt sowieso keinen idealen Zeitpunkt für Hausaufgaben, sondern nur Zeitpunkte, die für individuelle Familien gut passen. Zumal dann die Chance größer ist, dass das jüngere Kind schon im Bett ist und deshalb Ruhe einkehrt.

SIND TANDEM-PARTNER:INNEN EMPFEHLENSWERT?

Mit Tandem-Partner:innen meine ich üblicherweise Elternteile von Klassenkamerad:innen. Während also mein großes Kind mit mir und dem Kind meiner Tandem-Partnerin zusammen Hausaufgaben macht, ist das jüngere Kind dann bei der Tandem-Partnerin und *ihrem* jüngeren Kind – oder umgekehrt. Oder abwechselnd. Oder das große Kind geht rüber zum Tandem-Partner, weil es in dessen Haus keine kleinen Kinder gibt. Ich empfehle wirklich, das auszuprobieren und proaktiv auf andere Eltern zuzugehen.

Das Tandem-Modell hat noch einen Vorteil: Man hat es bei der Hausaufgabenbetreuung viel leichter, wenn man nicht Vater oder Mutter des betreuten Kindes ist. Alles, was ich auf diesen Seiten vorschlage, ist mit dem eigenen Kind viel schwieriger durchzusetzen als mit fremden Kindern. Deshalb empfehle ich gerne, dass Eltern für Hausaufgaben- und Lernstunden «Kinder tauschen»: «Ich erklär deinem Sohn Mathe und du meiner Tochter Deutsch.» Und alle sind glücklich, es gibt keinen Streit, die Hausaufgaben werden gemacht, und alle gewinnen. Sie glauben gar nicht, wie glücklich mir Eltern davon berichten, wenn sie ein solches System einrichten konnten.

Was sich insbesondere während Corona bewährt hat: Großeltern oder Onkel kommen via Video-Telefonie ins Haus, lernen mit dem Kind und besprechen die Hausaufgaben. Wer jetzt denkt: «Das ist leichter gesagt als getan!», hat recht. Absolut. Doch die Alternative, nämlich alles allein zu machen, kann weitaus anstrengendere Folgen haben: Die Situation wird chaotisch, der Erwachsene schreit frustriert, das Kind weint entmutigt, die Hausaufgaben werden nicht gemacht, das Kind bekommt Schwierigkeiten in der Schule ... Das ist alles bedeutend schlimmer. Ich weiß, wie viele Vorbehalte es in dieser Hinsicht gibt. Ich weiß aber auch, wie viele Eltern diese Vorbehalte schon überwunden haben.

WORIN BESTEHT DER UNTERSCHIED ZWISCHEN HAUSAUFGABEN MACHEN UND ÜBEN?

Banal gesagt: Hausaufgaben sind das, was die Lehrkraft aufgegeben hat und ins Hausaufgaben-Heft eingetragen wurde. Üben ist alles von den Hausaufgaben unabhängige Lernen zu Hause, wobei es natürlich Überschneidungen gibt, wenn z. B. die Lehrkraft als *Hausaufgabe* aufgibt: «Lernwörter *üben.*»

Üben finde ich – im Gegensatz zu Hausaufgaben – äußerst sinnvoll. Nur leider hat man dafür nicht immer genügend Zeit. Das ist für mich ein weiterer Grund, dass Kinder lernen, selbstständig und effizient zu arbeiten, damit mehr Zeit zum Üben bleibt. Kurze Definition: Üben ist das Eintrainieren von Lernstoff. Man übt, wenn der Lernstoff erarbeitet wurde, aber noch längst nicht automatisiert abgerufen werden kann. Diese Automatisierung ist aber der entscheidende Schritt zum Können.

Beispiel Einmaleins: Das muss «sitzen» – rückwärts, vorwärts, hoch und runter. Denn wenn man das «bloß» versteht, aber immer noch nachrechnen muss, wird es unmöglich, gut in Mathe mitzukommen. Deshalb müssen wir an diesem wie an vielen anderen Punkten nachhelfen und dafür sorgen, dass der Stoff so verinnerlicht wird, dass er später superschnell und problemlos abgerufen werden kann. Das Schöne daran: Man muss dafür nicht am Tisch über einem Heft sitzen. Das Einmaleins kann ich z. B. viel besser draußen mit Kreidekästchen üben, mit einem Stopplied, mit einem Mathe-Parcours. Eindrücke dieser praktischen Methoden erhalten Sie im farbigen Mittelteil des Buches.

SOLL ICH FEHLER BEI DEN HAUSAUFGABEN KORRIGIEREN?

Das fragen sich viele Eltern. Einerseits, weil es oft zu Frust und Streit führt, wenn Eltern das tun. Andererseits wollen sie verhindern, dass sich etwas Falsches verfestigt.

Wenn ich Grundschul-Lehrkräfte frage, wie sie es gern hätten, antworten die meisten: «Bitte nicht korrigieren!» Weil sie dann schnell im Heft erkennen können, wie weit das Kind ist und wo nachgearbeitet werden muss. Deshalb empfehle ich immer, die Lehrkraft zu fragen.

An dieser Stelle höre ich oft den berechtigten Einwand: «Aber wenn ich mit meinem Kind ganz in Ruhe Fehler bespreche, lernt es viel mehr dabei, als wenn es in der Klasse einfach nur mitbekommt: ‹Ah, das war jetzt falsch, okay.› Die Korrektur selbst hat es dann nämlich nicht verstanden, weil in der Schule nicht so ausführlich korrigiert und besprochen wird wie zu Hause, sondern oft nur ausradiert und die richtigen Ergebnisse eingefügt werden.»

Viele Eltern berichten mir auch: «Diese und jene Lehrkraft korrigieren die Hausaufgaben doch gar nicht!» Was nachvollziehbar ist: Man kann nicht jeden Tag alle Hausaufgaben von 25 Kindern korrigieren. Deshalb verstehe ich Eltern, die sagen: «Dann korrigiere ich das lieber selbst.»

Auch deshalb empfehle ich, das Vorgehen bei der Korrektur

vorher mit der Lehrkraft abzusprechen und dann auf jeden Fall eine Notiz ins Heft zu schreiben oder anderweitig mitzuteilen, an welchen Stellen es für das Kind noch schwierig ist. Das ist schließlich der Hauptgrund, warum die Lehrkraft die Fehler sehen möchte, und kann ein guter Kompromiss für beide Seiten sein. Aufpassen muss man allerdings, wenn Eltern bei der Korrektur selber Fehler machen und so beim Kind Verwirrung stiften.

Das passiert recht häufig, weil alle paar Jahre eine Schulreform z. B. die Methode der schriftlichen Subtraktion ändert. Da gibt es mehrere Methoden, die je nach Jahreszahl und Bundesland unterschiedlich verwendet werden. Und meist ist es eben nicht die Methode, welche die Eltern an der Schule gelernt haben. Mischen sie sich dann ein und sagen dem Kind: «Nee, so geht das nicht, ich zeig dir mal schnell, wie es richtig ist», sorgen sie für Irritationen. Auch das verhindert man, indem man im Zweifel bei der Lehrkraft nachfragt oder im Buch genau nachliest: Da stehen die aktuellen Methoden drin. Aus diesem Grund wird auch auf vielen Elternabenden gezeigt, wie die neuen Methoden gehen. Weil Fehlerkorrektur jedoch ein so wichtiges Thema ist, wollen wir sie im Kapitel 10 genauer betrachten.

DARF MEIN KIND PAUSE VOR DEM FERNSEHER MACHEN?

Gute Frage. Viele Kinder möchten direkt nach der Schule oder vor den Hausaufgaben oder auch nach den Hausaufgaben fernsehen – ist das okay?

Das Bedürfnis, sich nach anstrengender Arbeit berieseln zu lassen, verstehe ich absolut. Wir Erwachsenen wissen nur zu gut selbst, wie es ist, wenn man nach einem stressigen Tag keine Kraft mehr hat und denkt: «Das Einzige, was ich jetzt noch tun kann, ist, mich vor den Fernseher zu setzen.» Auch deshalb, weil Fernsehen oder Streaming mit all seinen tollen Serien süchtig macht – Kinder ganz besonders.

Mir liegt es fern, Medien zu verteufeln. Ich möchte nur darauf hinweisen, dass das, was das Kind nach einem anstrengenden Schultag braucht, eben genau nicht Fernsehen ist. Fernsehen ist ein ungeeignetes Werkzeug zur (Selbst-)Regulation. Es ist nicht das, was das Kind benötigt, um wieder in seine Mitte zu kommen und aufzutanken. Das gilt auch für Erwachsene.

Für beide ist es sinnvoller und zielführender, einfach nach draußen an die frische Luft zu gehen und sich zu bewegen.

Mein Ziel ist es, dass Kinder sich selbst so gut kennenlernen, dass sie merken: «Aha, jetzt hab ich wieder dieses komische Gefühl, ein wenig müde, schlecht gelaunt und schlapp, und da kommt auch schon wieder der Impuls, dass ich jetzt fernsehen möchte. Aber ich habe ja gelernt, dass das meinem Kopf und meinem Geist im Moment nicht guttut. Ich habe gelernt, dass das kein positives Fernsehen ist wie beim Filmabend mit der Familie, wo alle zusammensitzen und wo es Popcorn gibt.» Das berieselnde Fernsehen nach der Schule ist hingegen eine Ausgleichshandlung, die nur aus einem Gefühl des Unwohlseins vorgenommen wird. Das wiederum ist exakt der Punkt, an dem Süchte beginnen. Das gilt auch für alle anderen Suchtmittel: Trinke ich ein Glas Wein mit Freunden, weil wir alle in froher Runde zusammensitzen und etwas Gutes gekocht wurde? Oder trinke ich ein Glas, weil es mir nicht gut geht – anstatt mich mit den Auslösern dieses Unwohlseins auseinanderzusetzen?

Niemand würde ernsthaft bestreiten, dass es einem besser geht, wenn man in diesen müden Momenten das Handy zur Seite legt und stattdessen draußen zwanzig Minuten einen Spaziergang macht oder mit einem Freund telefoniert und dabei die Wohnung aufräumt. Danach merkt jeder und jede: Jetzt bin ich wieder reguliert, in meiner Mitte angekommen und habe wieder Lust, etwas zu machen.

Ein weiterer Grund, nicht fernzusehen: Nach dem eigentlichen Lernen verfestigt sich der Lernstoff weiter in unserem Unterbewusstsein. Diese wichtige Nachlernzeit zerstören wir, wenn wir den Fernseher anmachen, weil dieser durch seine starken visuellen Reize das Gelernte sofort überlagert. Daher meine Empfehlung: Lieber mit dem Kind sinnvolle Regulationsstrategien für die Zeit nach dem Lernen erarbeiten. Die sehen für jedes Kind anders aus – aber Fernsehen ist nicht darunter.

Das heißt nun nicht, dass man überhaupt nicht fernsehen soll. Aber eben nicht als Regulation und nicht im direkten Anschluss ans Lernen. Sinnvoller sind Vereinbarungen wie: «Bei uns zu Hause darf zwischen 18 und 19 Uhr TV geschaut werden – wenn man möchte.»

Weitere gute Tipps zum Thema Kinder und Mediennutzung finden Sie übrigens im Buch «Begleiten statt verbieten» von Anika Osthoff und Leonie Lutz.

WIE SCHAFFE ICH ES, DASS MEIN KIND NACH DEN HAUSAUFGABEN NOCH LESEN ÜBT?

Viele Eltern fügen an diese Frage noch an: «Oft fehlt ihm nämlich dafür die Motivation.»

Ich muss wohl kaum ausführen, wie wichtig Lesekompetenz ist. Jedes Schulfach und jede Aufgabe in der Schule werden leichter, wenn ein Kind gut lesen kann.

Lesen lernen ist ein oft mühsamer und anstrengender Lernprozess. Das liegt daran, dass am Anfang enorme Unterschiede existieren zwischen dem, was ein Kind lesen kann, und dem, wofür sich das Kind interessiert. Erstklässler lesen z. B. «momo» und «lilo» – Kunstworte mit ebenjenen Buchstaben, die das Kind schon gelernt hat. Doch eigentlich interessiert sich das Kind nicht für momo oder lilo, sondern für Pokémon. Es gibt kaum ein Kind, dem diese Texte so gut gefallen, dass es daraus eine Lesemotivation entwickeln würde. Deshalb würde ich empfehlen, sich von diesen Fibeltexten schnell freizumachen, weil sie der Lesemotivation oft mehr schaden als nutzen. Wenn ein Kind diese Texte ohne Probleme liest – dann immer gerne. Wenn es allerdings Schwierigkeiten damit hat, würde ich diese langweiligen Leseaufgaben durch spielerische und aktivierende Methoden aufwerten und auf Texte ausweichen, die einen wirklichen Leseanlass bieten. Leseanlass bedeutet, dass es einen realen Grund gibt, etwas zu lesen. In diesen Texten kennt das Kind dann vielleicht nicht alle Buchstaben. Doch weil es sich für den Textinhalt interessiert, betrachtet es die unbekannten Buchstaben als Herausforderung – und hat Interesse am Entziffern.

DER ERSTE SCHRITT ZUM LESEN: VORLESEN

Kinder meistern die Texte mit unbekannten Buchstaben und Worten meist erstaunlich gut, weil das Allerwichtigste beim Lesenlernen die Motivation ist. Texte mit unbekannten Buchstaben lesen zu lassen, machen wir so lange, bis das Kind eine Lesekompetenz erreicht hat, die den Texten entspricht, für die es sich interessiert. Bei manchen Kindern ist das bereits in der 3. Klasse der Fall, bei anderen in der 5., bei wieder anderen erst in der 7. Klasse. Leider schaffen es bis zu 20 Prozent aller Kinder während der gesamten Schulzeit überhaupt nicht; vor allem

Kinder aus bildungsbenachteiligten Elternhäusern können so – trotz Schulbesuch! – zu funktionalen Analphabeten werden.

Je früher es einem Kind gelingt, Texte zu lesen, für die es sich wirklich begeistert, desto besser. Und je länger wir mit der Aneignung dieser Fähigkeit warten, desto schwieriger wird es, lesen zu lernen, weil die Interessen des heranwachsenden Menschen immer komplexer werden und die Lesekompetenz weiter stagniert – eben weil er mangels Fähigkeit keinen Spaß am Lesen hat.

Deshalb ist es entscheidend, ab der 1. Klasse am Ball zu bleiben und diese Lücke zwischen Kompetenz und Interesse so schnell wie möglich zu schließen. Das fällt umso leichter, je stärker man die inzwischen gesicherte Erkenntnis versteht: Vorlesen ist der erste und wichtigste Schritt hin zur Lesefähigkeit. Das beginnt schon im Babyalter.

Ich empfehle Eltern, so lange vorzulesen, bis das Kind alleine und von sich aus mindestens 15 Minuten täglich liest. Deshalb kann es sein, dass ich auch einem Zehnjährigen abends noch etwas vorlese. Meiner Erfahrung nach hören viele Eltern zu früh mit dem Vorlesen auf: «Mein Kind kann doch jetzt lesen. Soll es selber lesen!» Doch es kann eben noch nicht so flüssig lesen, dass es auch Bücher aus seinem Interessengebiet schafft.

Demnach würde ich z. B. die Harry-Potter-Bücher vorlesen und das Kind pro Kapitel, Abschnitt oder Absatz erst mal nur einen Satz vorlesen lassen – und nach und nach immer mehr, bis es eine ganze Seite am Stück liest. Danach übernimmt wieder der Erwachsene. So arbeitet man sich Schritt für Schritt voran, und mit der Zeit liest das Kind alleine weiter. Deshalb, ich wiederhole mich: So lange vorlesen, bis das Kind selbst liest.

DER ZWEITE SCHRITT ZUM LESEN: ECHTE LESEANLÄSSE SCHAFFEN

Gerade am Anfang, wenn das Kind noch nicht gut lesen kann, sollte man mit realen Leseanlässen arbeiten, dazu gehört z. B., das Kind im Supermarkt den Einkaufszettel vorlesen zu lassen. Es gibt also einen sinnvollen Grund, in diesem Moment genau diesen Text zu lesen. Das Kind fühlt sich eingebunden und ist stolz, wenn es auf diese Weise seinen Beitrag leisten kann.

Weitere echte Leseanlässe sind: Werbeplakate lesen, wenn man an der roten Ampel steht. Rezepte, wenn man gemeinsam kocht, am besten eignen sich dafür Kinderkochbücher. Anleitungen aller Art, wenn man ein neues Spiel oder Bastel-Set hat. Außerdem: Nachrichten, die nur für das Kind bestimmt sind. Das kann eine persönliche WhatsApp von Oma (bei Leseanfänger:innen die Schrift des Handys groß stellen) sein, eine für das Kind bestimmte Postkarte des Patenonkels oder ein Brief von einem Wichtel oder anderen Phantasie-Wesen, die bei Ihnen zu Hause leben und dem Kind z. B. lustige Geschichten über die Mitglieder des Haushalts erzählen. (Erwachsenenschrift ist schwer zu lesen. Es gibt tolle Postkarten-Apps, die digitale Postkarten in Druckschrift drucken und versenden.)

Wer es etwas spielerischer mag, dem empfehle ich die App «ChatterPix». Bei dieser macht das Kind ein Handyfoto von einem Objekt: Kuscheltier, Möbel, Mensch – ganz egal. Nehmen wir an, es knipst einen Sessel. Dann kann es an beliebiger Stelle des Sessels auf dem Foto einen Mund einzeichnen, drückt auf den Aufnahmeknopf, liest etwas vor – und der Sessel spricht dann die Wörter nach. Es fällt leicht, sich auszumalen, welchen Spaß Kinder daran haben, alle möglichen Dinge zum Sprechen zu bringen.

Spaß haben Kinder auch daran, ein Hörspiel aufzunehmen. Mit der Aufnahmefunktion des Handys geht das heute schnell und einfach. Die vierjährige Cousine soll ein Bilderbuch geschenkt bekommen? Dann schenken wir noch das Hörspiel dazu, so hat das Schulkind einen schönen Anreiz, die Texte zu den Bildern flüssig und gut vorzulesen. Besonders schön ist, wenn man sich dann noch Geräusche überlegt, die man wie bei einem richtigen Hörspiel darunterlegt.

COMICS LESEN

Ich möchte unbedingt eine Lanze für Comics brechen. Sie sind völlig grundlos als «kein richtiges Lesen» verschrien. Dabei sind sie großartig zum Lesenlernen geeignet. Es gibt absolut nichts daran auszusetzen, wenn ein Kind erst einmal jahrelang nur Comics liest, weil es die eben am liebsten mag. Selbst viele Erwachsene lesen sie immer noch gerne, denken Sie nur an das beliebte Graphic-Novel-Genre.

Neben den Klassikern wie «Lustiges Taschenbuch» oder «Asterix & Obelix» gibt es heute eine Vielzahl wundervoll gezeichneter Comics mit kindgerechten Inhalten. Wenn Comics also der Weg zum Lesen für Ihr Kind sind, dann ist das wunderbar. Lassen Sie sich nichts anderes einreden.

Viel wichtiger ist, dass man Lesen als schönes, gemütliches Ritual etabliert, z. B. abends vor dem Einschlafen kuschelig im Bett oder am Wochenende morgens. Gerne auch mit Kakao auf dem Sofa. Das Wichtigste ist, dass beim Kind dabei ankommt: Lesen ist schön, und ich freue mich darauf! Aus diesem Grund ist Druck mit Aufforderungen wie «Du musst jetzt noch eine Viertelstunde hier in der Fibel lesen» auch so schädlich, weil Druck diese Lesefreude ganz schnell zum Erliegen bringt.

Wenn Lesen eine weitere der vielen Sachen wird, die ein Kind tun muss, dann verfestigt sich beim Kind schnell die Überzeugung: «Lesen ist doof!» Das ist es, was wir unbedingt verhindern wollen.

DAS KIND MACHT FEHLER BEIM LESEN – WAS TUN?

Wenn ein Kind liest, macht es anfangs und auch später noch viele Fehler. Es ist sehr schädlich, weil demotivierend, auf jedes einzelne falsche Wort hinzuweisen. Viel besser ist es, nach dem Lesen das Kind zu bitten, in eigenen Worten zu wiederholen, worum es im Text ging. Das bringt für seine Lesekompetenz weitaus mehr, als penibel darauf zu achten, dass jedes Wort richtig gelesen wird.

Wenn Sie gerade bei richtigen Leseanfänger:innen korrigieren wollen, versuchen Sie das so sanft wie möglich zu tun und den Lesefluss möglichst selten zu unterbrechen, z. B., indem Sie nur den Finger unter das falsch gelesene Wort legen, aber nichts sagen. Oder indem Sie das Kind nach einem Satz bitten, ihn noch mal zu lesen. Sehr bewährt hat sich hier der Rollentausch: Sie lesen den Text laut und langsam vor und machen immer wieder Fehler, auf die Sie das mitlesende Kind dann aufmerksam macht.

Um die Lesemotivation zu steigern, gibt es eine Reihe von «Tricks». Sehr gut funktioniert z. B., ein neues Buch vorzulesen und an einer besonders spannenden Stelle plötzlich aufzuspringen, das Buch offen liegen zu lassen und zu sagen: «Mist, ich habe vergessen, die Waschmaschine anzustellen. Bin gleich wieder da!» Ganz oft greift das Kind dann selbst zum Buch. Kommt man fünf Minuten später zurück, findet man es vertieft in die Zeilen.

Ja, Lesenlernen kann wirklich anstrengend und langwierig sein. Deshalb ist es umso wichtiger, dass wir als Erwachsene und Vorbild hier immer wieder aufbauen, anregen, Lesestoff vorschlagen und den Fokus auf die Freude am Lesen und den interessanten Inhalt der Texte legen, anstatt pedantisch auf Fehler beim Lesen hinzuweisen oder genervt feste Leseabläufe einzufordern à la: «Und jetzt musst du noch 10 Minuten in diesem Buch lesen!»

«MEIN KIND FINDET ABER NICHTS INTERESSANTES ZU LESEN!»

Wenn ich diesen Satz von Eltern höre – und das tue ich oft –, muss ich immer ein bisschen schmunzeln, weil es rein faktisch gar nicht möglich ist, dass es bei der aktuellen Masse an Texten auf der Welt nicht auch irgendwelche Texte gibt, die diesem Kind gefallen. Da wurde schlichtweg zu wenig ausprobiert.

Deshalb ist der häufige Gang in den örtlichen Buchladen und vor allem die Stadtbücherei so wichtig. Sollte das Kind dort wirklich nichts finden, dann können Sie es auch mit einer Zeitschrift probieren. Ich hatte mal einen Schüler, der wollte überhaupt, generell und prinzipiell nicht lesen. Irgendwann hat er dann die Auto-BILD für sich entdeckt, und damit war sein Leseboykott beendet. Er studierte sie so intensiv, dass er schon nach kurzer Zeit phantastisch lesen konnte.

Ebenso ausgefallen, aber gut geeignet sind Sammelkarten mit ihren kleinen Texten auf der Rückseite. Alles, was zum Lesen animiert, ist prima (kindgerechte Inhalte vorausgesetzt).

Schließlich gibt es noch Lese-Apps wie das Antolin-Lesespiel oder die bekannte Anton-App. Aber selbst in Videospielen gibt es häufige Leseelemente, gucken Sie sich einfach mal um!

Auf meinem Instagram-Account finden Sie übrigens eine Liste mit Buchtiteln, die selbst notorische Lesemuffel zum Lesen gebracht haben. Die Buchempfehlungen habe ich zusammen mit meiner Community erstellt. Die Chance ist groß, dass Sie hier geeigneten Lesestoff für Ihr Kind finden.

10.

FEHLER KORRIGIEREN

FEHLER SIND CHANCEN

Wir hatten über Fehler und wie wir am besten mit ihnen umgehen bereits im Zusammenhang mit den unterschiedlichen Mindsets gesprochen (s. Kapitel 1), bei den Hausaufgaben und insbesondere auch beim Lesenlernen (s. Kapitel 9). Doch weil Fehlerkorrektur ein so wichtiges Thema ist, wollen wir ihr hier ein ganzes Kapitel widmen. Denn, noch mal: Fehler sind entgegen landläufiger Meinung eine Riesenchance, um Lernen zu lernen.

Intuitiv wünschen wir uns natürlich fehlerfreie Hausaufgaben und fehlerfreies Lesen. Aber ich kann Ihnen versprechen: Ihr Kind lernt viel mehr, wenn es Fehler machen darf und diese dann stärken- und entwicklungsorientiert korrigiert werden. Daher gilt die Regel: Wann immer ein Kind bei einer Aufgabe null Fehler macht – war sie zu leicht.

Natürlich ist das etwas überspitzt formuliert. Selbstverständlich freue auch ich mich, wenn ich mit einem Kind etwas lange eingeübt habe und es dann irgendwann fehlerfrei klappt. Was ich mit meiner Formulierung meine, ist vielmehr: Neue Aufgaben, die *auf Anhieb* fehlerfrei gelöst werden, waren zu leicht.

Ich bin der Überzeugung, dass wir nur an Herausforderungen wachsen können und daher Fehler begrüßen sollten. Denn sie zeigen, dass ich etwas gemacht habe, das ich *noch* nicht kann. Das ist toll, erfordert Mut. Ich habe mich auf eine Sache eingelassen, die ich auf den ersten Blick nicht verstehe und die mich wachsen lässt. Meine Fehler geben Zeugnis davon.

Aus meiner Sicht gibt es beim Lernen nichts Hinderlicheres als Kinder, die Angst haben, etwas falsch zu machen. Ich freue mich über jedes Kind, das Fehler als etwas Normales sieht, und sage mir in solchen Fällen: «Hier ist zwar noch viel zu tun. Aber solange sich ein Kind traut, sich auf neue Aufgaben einzulassen, stehen alle Möglichkeiten offen, und das Kind befindet sich auf dem besten Weg, etwas zu lernen.»

An dieser Stelle wollen wir uns an die Unterscheidung zwischen Fixed Mindset und Growth Mindset erinnern. Damit haben wir das Buch nicht ohne Grund gestartet, denn diese Unterscheidung ist die absolute Grundlage fürs Lernen – und für den Umgang mit Fehlern.

Innerhalb eines Fixed Mindsets zeigen Fehler an, dass man etwas «einfach nicht kann». Hat man hingegen ein Growth Mindset, zeigen sie nur: «Cool, ich habe eine neue Herausforderung gefunden. Hier muss ich jetzt üben!» Wenn ich will, dass mein Kind über sich hinauswächst und Dinge versucht, die außerhalb seiner Komfortzone liegen, einfach weil die Welt so groß und bunt ist und es so vieles zu entdecken und zu lernen gibt, dann müssen wir unbedingt eine positive Fehlerkultur einführen und pflegen. Mein Merksatz dazu: *Wer keine Fehler macht, macht auch sonst nicht viel.*

Übrigens: Streiche ich einen Fehler an, verwende ich dazu ein besonders schönes Korrekturzeichen. Ich male zunächst neben den Fehler eine kleine Lupe und bitte das Kind, noch mal genau hinzuschauen, eben wie durch eine Lupe. Wenn es den

Fehler dann gefunden und korrigiert hat, eventuell mit meiner Hilfe, male ich mit wenigen Strichen aus der Lupe eine Sonne mit Sonnenstrahlen.

Wenn das Kind also einen Text mit 20 Rechtschreibfehlern vor sich hat, lächeln es nach der Korrektur 20 Sonnen an. Ein sichtbares Zeichen, dass Fehler nichts Schlechtes, sondern ein Grund zum Feiern sind.

Genauso wichtig, wie Fehler anzustreichen, ist das Anstreichen dessen, was gut gelungen ist. Blumen, Häkchen, Lachsmileys bieten sich dafür ebenso an wie kleine Worte wie «Wow!», «Cool», «Toll formuliert». Oder: «So viel geübt!»

Außerdem ist es sinnvoll, die Korrekturfarbe bewusst zu wählen: Rot wird z. B. von vielen als negative Signalfarbe wahrgenommen. Ich benutze deshalb gerne Grün oder Pink, aber im Grunde sind alle Farben erlaubt.

FÜNF SÄTZE, DIE IHREM KIND DIE ANGST VOR FEHLERN NEHMEN

Leider haben viele Kinder Angst vor Fehlern. Das ist nicht verwunderlich, schließlich wird ihnen an der Schule ja eingebläut, dass Fehler etwas Schlechtes sind, das mit traurigen Smileys und schlechten Noten bewertet wird. Vor diesem Hintergrund ist es gar nicht so einfach, mit dem Kind eine positive Fehlerkultur einzuüben. Trotzdem lohnt es sich. Dabei helfen Ihnen diese fünf Tipps:

1. Stets den Fokus auf alles lenken, was bereits richtig ist: «Schau mal, das hier ist alles richtig.» Oder Sie zählen die richtigen Antworten und sagen: «Wow, acht von zehn Aufgaben sind schon richtig!»

2. Ein schöner Merksatz ist in diesem Zusammenhang: «Fehler sind Helfer – deshalb bestehen sie ja auch aus denselben Buchstaben.» Also können Sie Ihrem Kind mit Überzeugung sagen: «Schau mal, dieser Fehler ist ein echter Helfer. Daraus können wir richtig viel lernen.»
3. Oder Sie nutzen die spielerische Variante: «Huch, da fehlt wohl ein h – warte, ich fange es kurz ein. An welche Stelle gehört es denn?» (Und dabei greifen Sie mit der Hand aus der Luft ein unsichtbares H.) Manchmal verwende ich dafür auch ein Schleich-Tier. Ich habe z. B. eine strenge Eule, die dann auf den Fehler fliegt, sich dorthin setzt und nach dem fehlenden H fragt.
4. Fokus auf die Anstrengung, nicht auf das Ergebnis: «Schon viel besser! Toll, wie viel Mühe du dir gibst. Ich sehe hier drei Fehler. Wetten, dass du sie ebenfalls siehst, wenn du den Text Wort für Wort rückwärtsliest?» Das ist eine probate Methode, um den Fokus auf einzelne Wörter zu richten. Wenn wir vorwärtslesen, springt das Auge zu schnell zum nächsten Wort. Beim Rückwärtslesen fehlt dieser Vorwärtsdrang. Wir achten dabei weniger auf den Inhalt, sondern lesen jedes einzelne Wort für sich und finden Rechtschreibfehler deshalb leichter.
5. «An dieser Stelle sehe ich, dass ich dir … noch einmal erklären sollte. Ohne den Fehler wäre das nicht aufgefallen. Komm, wir gehen das noch mal gemeinsam durch.» Damit können Sie Fehler korrigieren, die auf ein Verständnisproblem hinweisen.

WAS TUN BEI IMMER DENSELBEN ODER SEHR VIELEN FEHLERN?

Ihr Kind schreibt dieses eine Wort immer wieder falsch oder «vergisst» ständig, am Satzanfang mit Großbuchstaben zu starten? Meine Theorie dazu lautet: Kinder wiederholen die immer selben Fehler nur, weil sie nicht aus ihnen lernen. Und warum nicht? Weil Fehler für sie mit Angst und Scham behaftet sind und persönliches Versagen suggerieren. Deshalb schauen sie sie erst gar nicht näher an und können deshalb nicht daraus lernen. Und mit jeder Wiederholung des Fehlers werden Angst und Scham größer und damit das Unvermögen, aus Fehlern zu lernen.

Leidet auch Ihr Kind unter dieser Angst und Scham, ist der wichtigste Schritt, ihm beides zu nehmen. Das gelingt uns ausschließlich, indem wir beginnen, Fehler zu feiern. Ich habe z. B. einen kleinen Radiergummi, auf dem steht: «Juhu, ein Fehler! Weitermachen!»

Wenn ich einen Text mit extrem vielen Fehlern vor mir habe, ist es sehr demotivierend für das Kind, alle Fehler der gesamten Arbeit anzustreichen und verbessern zu lassen. Dabei entsteht schnell der Eindruck: «Ich kann ja überhaupt nichts.» Außerdem ist es unmöglich, aus so vielen Fehlern gleichzeitig zu lernen. Meist wird dann aus keinem einzigen gelernt.

Viel besser ist es deshalb, Überarbeitungsschwerpunkte zu setzen. Es geht nicht darum, dass ein Viertklässler einen fehlerfreien Text vorweisen kann, sondern darum, dass er eine bestimmte Fehlerkategorie wirklich versteht und daraus lernt.

Nehmen wir z. B. die Regel für doppelte Mitlaute. Hier könnten Sie einen Schwerpunkt setzen und sagen: «Bei sechs Wörtern im Text fehlt der doppelte Mitlaut. Du findest sie bestimmt. Wollen wir nochmal die Regeln dazu wiederholen? Dann schreiben wir diese sechs Wörter auf. Wir können sie außerdem in unsere Lernkartei übernehmen.»

Legen Sie also den Fokus auf eine spezielle Fehlerkategorie. Das ist auf jeden Fall erfolgversprechender, als einfach 40 Fehler anzustreichen, womöglich noch in Rot. Ich versuche dabei immer, das Kind im Blick zu behalten und genau auszutarieren, wie viel Fehlerkorrektur es gerade aushalten kann, damit es noch daraus lernt. Wichtig sind vor allem unsere Haltung und die Art und Weise, wie wir über Fehler sprechen (s. auch Kapitel 1). Ich würde daher empfehlen, das eigene Scheitern einmal so richtig vor dem Kind zu zelebrieren. Wenn Ihnen beispielsweise ein aufwendiges Rezept nicht gelingt, dann zeigen Sie, wie Sie damit gut umgehen, indem Sie dem Kind das wie ein kleines Theaterstück vorspielen: «Oh Mann, so ein Mist! Das hat nicht funktioniert. Dabei habe ich mir so viel Mühe gegeben. Ich verstehe das gar nicht.» Erstens geht es also darum, zu zeigen: Enttäuschung und negative Gefühle dürfen sein.

Zweitens sollten Sie die Fehler(un)wichtigkeit einordnen: «Na ja, so ist das eben, wir machen alle Fehler. Und das war heute eben meiner.» Und drittens dann auf Ursachensuche gehen: «Wahrscheinlich lag es daran, weil ich abgelenkt war und einfach zu viele Sachen gleichzeitig machen wollte.» Oder: «Ich gehe jetzt das Rezept noch mal Schritt für Schritt durch, dann finde ich bestimmt die Stelle, die ich vergessen habe. In Zukunft lese ich mir das Rezept einfach mehrmals durch, bevor ich anfange zu kochen. Ist doch super: Ohne diesen Fehler hätte ich das jetzt nicht lernen können.»

WAS IST MIT KINDERN, DIE WENIGE FEHLER MACHEN?

Das ist doch schön! Auf der einen Seite. Auf der anderen Seite ist es ein Problem, weil das nicht ewig anhalten wird.

Es gibt Kinder, denen in der Grundschule jede Aufgabe fehlerfrei gelingt. Und es gibt Kinder, die das auch an den weiterführenden Schulen noch schaffen, weil ihnen quasi alles zufliegt. Doch spätestens im Studium stoßen sie auf echte Herausforderungen – und dann wird es gefährlich. Denn über die Jahre haben viele dieser «fehlerlosen» Menschen unweigerlich ein starkes Fixed Mindset entwickelt: «Ich bin hochintelligent, weil ich alles auf Anhieb kann und richtig mache!» Ein solches Mindset treibt einen Menschen im Studium dann oft in große Verzweiflung, wenn plötzlich etwas nicht gelingt und dann der Schluss naheliegt: «Ich habe mich geirrt, ich bin doch nicht so intelligent, dieses Fach liegt mir nicht, ich kann das nicht, ich lasse es lieber.» (S. dazu ebenfalls Kapitel 1.)

Dann sind wir leider oft mit äußerst klugen Menschen konfrontiert, die ihr Studium abbrechen wollen: Keineswegs, weil die intellektuellen Fähigkeiten fehlen würden, sondern nur, weil sie nie gelernt haben, mit Fehlern und Scheitern umzugehen. Daher ist es ganz entscheidend, Schule und Unterricht so zu verändern, dass wirklich alle Kinder vor echte Herausforderungen gestellt werden. Stattdessen verlangt Schule weitgehend immer noch, dass eine Durchschnittsleistung erbracht wird, die für die einen Kinder schon eine Überforderung darstellt, während sie die Kinder am anderen Ende des Spektrums ständig unterfordert.

Gerade diese Kinder stehen vor der großen Aufgabe, sich frühestmöglich echten Herausforderungen zu stellen und dort zu erleben: «Fehler machen gehört dazu, wenn ich etwas Neues lerne. Das ist kein Problem, denn ich kann alles lernen. Ich brauche dafür lediglich Zeit, Übung und eine gute Strategie.»

Für eine solche Herausforderung außerhalb der Schule empfehle ich, das Kind ein (gerne selbst gewähltes) Musikinstrument erlernen zu lassen.

Dabei wird es automatisch an seine Grenzen kommen und erleben: «Huch, gar nicht so einfach, wie ich dachte.» Außerdem wird es viele Fehler machen und bestimmte Tonabfolgen, Noten und Melodien hundert-, wenn nicht tausendmal üben müssen, bis sie funktionieren.

Wenn Ihrem Kind Musik gar nicht liegt, hat eine Sportart, die ambitioniert ausgeübt wird, denselben Effekt.

Das wichtigste Ergebnis wird nicht sein, dass das Kind nun Violine spielen oder ein Rad schlagen kann, sondern dass es für sein Leben lernt: Wenn etwas nicht funktioniert, ist das nicht schlimm. Ich mache einfach weiter und versuche es noch mal.

WAS FANGEN SIE MIT KLEINEN PERFEKTIONIST:INNEN AN?

Viele Sechs- und Siebenjährige haben eine natürliche Neigung, alles perfekt machen zu wollen. Das wächst sich über die Jahre meist aus. Trotzdem ist es wichtig, das Kind in die richtige Richtung zu begleiten. Hierfür gibt es keine einfache Lösung, sondern es ist ein adaptiver Prozess. Folgende Anhaltspunkte sind dabei hilfreich.

Erstens: die elterliche Zuneigung von Noten unabhängig machen. Viele Eltern erwidern mir darauf: «Aber ich schimpfe doch gar nicht, wenn das Kind schlechte Noten hat!» Das glaube ich ihnen sofort, doch oft sind Eltern besonders lieb und glücklich, wenn ihr Kind mit guten Noten nach Hause kommt. Kinder empfinden dann das Ausbleiben dieses Feierns als Strafe und haben im Endeffekt doch das Gefühl, dass die Zuneigung ihrer Eltern von den Noten abhängig ist. Deshalb ist es mir wichtig, besonders viel Zuneigung zu zeigen in Momenten, die unabhängig von Noten und Leistungen sind, sowie in Situationen, in denen ein Kind vielleicht gescheitert ist.

Zweitens: Oft wollen Kinder den Eltern keine Sorgen bereiten. Sie spüren vielleicht, dass es einem Elternteil gerade nicht gut geht und wollen ihm mit einer guten Note eine Freude machen. Hier ist es wichtig, dem Kind immer wieder zu verdeutlichen: «Meine Probleme sind nicht deine Probleme. Ich bin groß und kümmere mich um mich selbst. Du darfst ganz Kind sein und musst dich nicht um mich kümmern.»

Drittens: Diese Kinder können den Umgang mit Scheitern und Fehlern anhand von berühmten Beispielen einüben. Erinnern Sie sich z. B. noch, wie Bastian Schweinsteiger im Champions-League-Finale 2012 in München den entscheidenden Elfmeter verschossen hat? Gehen Sie auf YouTube, und schauen Sie sich diesen Clip mit Ihrem Kind an. Überlegen Sie gemeinsam: Wie hat er sich wohl gefühlt in diesem Moment? Vor so vielen Millionen Menschen einen so großen Fehler zu machen? Obwohl er ein Profi ist und alle sich auf ihn verlassen haben? Was hat er danach gemacht? Ist er zu seinem Trainer gegangen und hat gesagt: «Ich kann nicht Fußball spielen, ich lasse das jetzt»? Nein, er ist duschen gegangen und hat bestimmt sehr mit sich gehadert, war enttäuscht und frustriert. Aber trotzdem stand er ein paar Tage später wieder auf dem Platz und hat trainiert. Ein paar Jahre danach ist Schweinsteiger Weltmeister geworden und als einer bedeutendsten Fußballer in die deutsche Fußballgeschichte eingegangen.

Von diesen Geschichten gibt es viele. Ich sammle sie auf meinem Instagram-Profil – insbesondere für alle kleinen Perfektionist:innen.

11.

PRÜFUNGSANGST

VON NERVOSITÄT BIS PANIK

Wir haben viel darüber gesprochen, wie das Lernen zu Hause funktionieren kann und wir ein Kind beim Lernen gut begleiten können. Eine ganz besondere Herausforderung, die vom eigentlichen Lernen völlig unabhängig ist, ist die Prüfungsangst. Hier sollten wir etwas genauer hinschauen, denn im alltäglichen Sprachgebrauch wird der Begriff manchmal etwas unbedacht verwendet. Meiner Erfahrung nach gibt es große Abstufungen: von einer leichten Nervosität bis hin zu Panikattacken. Eine gewisse Aufgeregtheit vor Prüfungen ist erst mal völlig normal und sogar nützlich: Sie sorgt dafür, dass im Körper Adrenalin ausgeschüttet wird, und mit diesem Adrenalin im Blut kann man fokussierter arbeiten. Meist erbringen wir damit sogar bessere Leistungen, als wir das vorher beim Lernen in einer entspannten Situation gedacht oder gekonnt hätten.

Wenn ein Kind also sagt, dass es Angst vor einer Prüfung hat, lohnt es sich auf jeden Fall, die Angst erst einmal zu begrüßen, sich darüber zu freuen, sie wie einen hilfreichen Partner zu betrachten und dem Kind zu erklären: «Es ist gut und richtig, dass du dich so fühlst. Diese Angst kannst du dir jetzt zunutze machen.» Mein Lieblingssatz dazu: «Angst beginnt im Kopf. Mut auch.» Und: «Versuch, dieses aufgeregte Gefühl einzuladen. Es wird dir helfen, dass du dich besser konzentrieren kannst, dein Gehirn besser durchblutet wird und du die Antworten schneller findest.»

Wichtig ist dabei allein, dass diese Angst nicht übermächtig wird, wie es leider bei einigen Kindern und Jugendlichen der Fall ist. Die Ursache dafür kann eine Reihe schlechter Prüfungserfahrungen sein, aber es gibt für echte Ängste im psychologischen Sinne mannigfaltige Gründe, die mitunter überhaupt nichts mit der konkreten Prüfung zu tun haben müssen, um sich als Prüfungsangst zu äußern. So können Menschen beispielsweise extreme Angst vor Spinnen entwickeln, ohne je eine wirklich schlechte Erfahrung mit einer Spinne gemacht zu haben.

WENN ANGST LÄHMT

Wenn ein Mensch wirklich unter starker Prüfungsangst leidet, führt das dazu, dass die Situation nicht gemeistert werden kann. Die Angst hindert den Menschen daran, die Prüfung erfolgreich abzulegen; nicht ein Mangel an Wissen, Intelligenz oder Vorbereitung.

Angst lähmt und führt zum bekannten Blackout, wo alles Gelernte wie weggewischt zu sein scheint. Betroffene berichten, dass sie von typischen Angstsymptomen überfallen werden: Zittern, kalte Hände, Herzklopfen, Magendrücken, Schwindel, Schweißausbruch, Beklemmungsgefühle ... Auf die Prüfungsfragen können sie sich dann nicht mehr konzentrieren.

Passiert das mehrmals, werden sie in einen ziemlich gemeinen Kreislauf der Angst hineingesogen. Ein Kreislauf deshalb, weil sie irgendwann merken: «Oh, hier kommt die Angst wieder», allein schon durch diesen Gedanken Angst vor der erwarteten Prüfungsangst entwickeln, dadurch noch mehr Angst bekommen, diese stärker bemerken, weshalb sie sich noch mehr ängstigen ... und so weiter. In dieser sich aufschaukelnden Gefühlsspirale wird die Angst immer weiter verstärkt – oft bis hin zur Panikattacke, woraufhin manche Prüflinge fluchtartig den Prüfungsraum verlassen müssen.

Sollte Ihr Kind an einer solchen heftigen Ausprägung der Angst leiden, sollten Sie das nicht auf die leichte Schulter nehmen oder es als banal oder lapidar abtun, sondern unbedingt professionelle Hilfe in Anspruch nehmen, und zwar so bald wie möglich. Denn diese Ängste verstärken sich mit jeder weiteren negativen Angst- bzw. Prüfungserfahrung. Je schneller man also handelt, desto besser. Hier ist der Gang zum Kinderpsychologen absolut geboten. Wie gesagt: Es kann ein völlig anderes psychisches Thema dahinterstecken, das dann an der betreffenden Stelle gelöst werden muss.

Wenn die Prüfungsangst jedoch weniger stark ausgeprägt ist, gibt es insbesondere zwei Hinweise, die helfen können: Erstens ist es wichtig, die betreffenden Lehrpersonen über die Prüfungsangst zu informieren, damit sie sensibilisiert sind und bei Prüfungen dem Kind allein durch ermutigende Blicke und aufmunternde Worte ein bisschen Zuversicht schenken können. Das hilft häufig bereits.

Zweitens ist es wichtig, dass ein Kind versteht, was eigentlich in seinem Kopf passiert, wenn es Prüfungsangst erlebt.

VERSTEHEN, WAS IM KOPF VORGEHT: DIE SCHNEEKUGEL

Prüfungsangst ist nicht nur für viele Kinder ein Rätsel. Denn meist sind prüfungsängstliche Kinder sogar besonders gut auf Prüfungen vorbereitet (um mit guter Vorbereitung diese Angst zu mindern – meist erfolglos). Sie erhalten dann in der Prüfung ihr Aufgabenblatt, lesen die erste Aufgabe und spüren oder vermuten im Hinterkopf bereits die Angst, die kommen könnte.

Wenn sie dann bei der ersten Aufgabe nicht auf Anhieb die Antwort wissen, geht es los mit der Angst. Sie äußert sich in Gedanken wie: «Oh Gott, wenn ich schon die erste Aufgabe nicht kann, dann kann ich ja gar nichts!» Oder: «Ich werde eine 6 schreiben!» Oder: «Ich hab so viel gelernt, und es war alles umsonst!» Bis zu: «Was werden meine Eltern sagen?»

Hier sei noch mal daran erinnert: Wenn man als Eltern keinerlei Notendruck aufbaut, sondern dem Kind immer wieder bestätigt, dass man es völlig unabhängig von seinen Schulleistungen liebt und schätzt, kann man hier schon viel Stress und damit Angst nehmen.

Was bei Angst im Kopf passiert, erkläre ich Kindern anhand einer Schneekugel; also einer Glaskugel, in der es schneit, wenn man sie schüttelt. Wenn die Angst einsetzt, ist es im Gehirn so, als würde man die Kugel schütteln. Dann schießt der Kunstschnee oder das Glitzerzeug wild umher, und ich kann nicht mehr klar durch die Kugel hindurchsehen. Bei der Angst ist es genauso: Wenn sie sich breitmacht, kann ich nicht mehr klar denken, bin praktisch blind und überzeugt, alles Gelernte sei verschwunden.

In Wahrheit ist natürlich alles immer noch da. Ich kann es nur gerade nicht sehen, weil die Angst drum herum wabert. Das Einzige, was ich also tun muss, ist warten und die Kugel ruhig halten, damit sich der Glitzer bzw. der Schnee langsam absetzt. Dann kann ich wieder klar sehen – und denken.

Wenn ich stattdessen auf die Angst einsteige, mich von ihr mitreißen lasse und hektisch werde, ist es so, als würde ich die Kugel immer weiterschütteln und damit verhindern, dass sich der Schnee absetzen und zur Ruhe kommen kann. Deswegen brauche ich eine Methode, mit der ich es schaffen kann, die Kugel ruhig zu halten, damit sich die Sicht aufklären kann. Von diesen Methoden sollte ein Kind mit Prüfungsangst mehrere in petto haben.

DAS WICHTIGSTE MITTEL GEGEN ANGST: DIE ATMUNG

Glücklicherweise haben wir die Möglichkeit, unser Angstempfinden mit unserer Atmung zu steuern und in den Griff zu bekommen. Voraussetzung ist, dass wir in einer Angstsituation erkannt haben: Diese Angst ist zwar da – aber es besteht gerade keine reale Gefahr für mich. Nehmen wir im Gegensatz dazu die evolutionär bedeutsame Angst vor dem berüchtigten Säbelzahntiger: Diese Angst war überlebenswichtig. Sie forderte in Gefahrensituationen zum Handeln auf und war damit gesund und lebensrettend. Prüfungsangst dagegen ist weder das eine noch das andere. Also macht es Sinn, diese spezielle Angst zu regulieren.

Dabei hilft es, wenn Sie Ihrem Kind – wie oben beschrieben – erklären, was gerade in ihm vor sich geht, und es rational versteht, dass die Angst vor Prüfungen erst einmal wie ein Freund behandelt werden kann. Dieser Freund ist einfach nur ein bisschen laut und aufmüpfig geworden, weshalb wir ihn in die Schranken weisen müssen. Das schafft man am besten durch verschiedene Atemtechniken wie z. B. die 4–7–8-Atmung.

Dabei atmen wir ein und zählen bis 4 – halten die Luft an und zählen bis 7 – dann atmen wir aus und zählen dabei bis 8.

Probieren Sie es am besten gleich aus! Ruhig drei, vier Atemzyklen. Ich zeige sie Kindern meist, indem ich sie auf ihre Hände schauen und dann an den Fingern mitzählen lasse: 4 Finger fürs Einatmen – 7 für die Pause – 8 fürs Ausatmen.

Am Anfang kann das durchaus herausfordernd sein, deshalb darf man zu Beginn auch recht schnell zählen. Es ist nicht entscheidend, im Sekundentakt zu zählen, sondern sich in die Technik einzuarbeiten. Mit der Zeit kommt man dann schnell in den Sekundentakt.

Üben Sie diese Atmung unbedingt mit Ihrem Kind! Sie ist ein tolles Werkzeug fürs ganze Leben. Wichtig ist es, diese zuerst außerhalb der belastenden Situation auszuprobieren. Schon nach drei bis vier Atemzyklen stellt sich nämlich eine beruhigende Wirkung ein, die sich steigert, je öfter und länger wir üben. Woran liegt das? Wenn wir uns ängstigen oder gestresst sind, ist der Sympathikus – der «Stressnerv» – besonders aktiv. Mit dem Anhalten des Atems und der verlängerten Ausatmung können wir ihn beruhigen und dafür den Parasympathikus aktivieren, den Ruhenerv unseres Nervensystems. Der Parasympathikus sorgt für körperliche Entspannung und lässt uns im Angstfall wieder klar denken.

Übrigens kann man mit dieser Atemtechnik auch sehr gut einschlafen. Wenn Sie Ihr Kind zu Bett bringen, ist das also ein guter Moment, um diese Atmung zu üben.

Wenn ein Kind diese Technik beherrscht, ist sie wie eine Rettungsboje in tosender See, an die es sich im Ernstfall klammern kann. Das gibt Sicherheit und beruhigt. Wichtig ist, dass man in der Prüfungssituation die Übung lang genug macht, damit sie wirken kann. Also mindestens 12 Atemzyklen oder 4 bis 5 Minuten am Stück. Ganz ohne weiteres Zutun wird sich dadurch eine starke Ruhe im Körper ausbreiten. Und jetzt?

TIPPS FÜR DIE PRÜFUNG SELBST

Idealerweise hat das Kind vor der aktuellen Prüfungssituation gelernt, bei jeder Arbeit oder jedem Test mit der Aufgabe anzufangen, die es versteht und gut kann. Wenn innere Ruhe eingekehrt ist, wird es also das Aufgabenblatt durchlesen und die Aufgabe auswählen, zu der es etwas schreiben kann.

Steht dann erst einmal etwas auf dem Blatt, beruhigt es sich weiter und geht zur nächsten Aufgabe, die ihm ebenfalls leichtfällt. Oft ist es so, dass es dann ganz am Ende die erste Aufgabe macht und merkt: «Die ist ja doch gar nicht so schwer, wie ich dachte. Das war vorhin wohl mehr Angst, als dass die Aufgabe wirklich schwer war.» Diese Erkenntnis hilft ebenfalls, die Angst beim nächsten Mal einzudämmen.

Auch diese Technik kann und muss vorher eingeübt werden. Ideal wäre natürlich, wenn Kinder sie in der Schule gezeigt bekämen. Dem ist leider nicht immer so, aber ich kenne mittlerweile viele Lehrkräfte, die die gesamte Klasse vor einer Prüfung stärken und dabei helfen, eine entspannte Prüfungssituation zu schaffen. Eine befreundete Lehrerin und Bloggerin, Nina Toller, setzt dafür auf drei Powerposen.

POWERPOSEN GEBEN SPÜRBAR KRAFT UND ZUVERSICHT

Bei einer dieser Powerposen stehen wir breitbeinig, spannen alle Muskeln in Po, Beinen und Rumpf an und stemmen die Fäuste in die Taille. Probieren Sie es gleich mal aus, Sie werden spüren, wie allein diese Körperhaltung Kraft, Zuversicht und Mut verleiht.

Eine weitere Variante: Wir stemmen eine Faust in die Taille

und recken den anderen Arm nach oben (wie Superman, kurz bevor er abhebt).

Bei der dritten Alternative recken wir beide Arme nach oben: Die sogenannte Siegerpose, die ebenfalls ein Hochgefühl verleiht, obwohl man davor kein Rennen gewonnen hat.

Solche Posen macht Nina Toller vor der Klassenarbeit gemeinsam mit der ganzen Klasse. Alle nehmen in der selbst gewählten Pose mehrere Atemzüge. Dazu sagen sie laut sogenannte Affirmationssätze wie: «Ich bin gut vorbereitet.» Sie atmen durch die Nase ein und durch den Mund aus und sagen: «Ich weiß, was ich kann. Ich weiß, was auf mich zukommt. Ich schaffe das!»

VIELE ANDERE NÜTZLICHE TECHNIKEN

Andere Lehrkräfte, insbesondere jene, die eine Fortbildung in Achtsamkeitsmethoden gemacht haben, regulieren Prüfungsängste auch mit einer kleinen Atemübung, bei der alle vor der Prüfung mit geschlossenen Augen ganz entspannt an ihrem Platz sitzen, sich auf einen ruhigen Atem konzentrieren – dabei ist vor allem die verlängerte Ausatmung wichtig – und dadurch ebenfalls ruhig werden. Es gibt auch Lehrkräfte, die Spickzettel erlauben, was eine gute Methode ist gegen die Prüfungsangst, wie wir an anderer Stelle schon gesehen haben (s. Kapitel 2).

Was ebenfalls hilfreich sein kann: Wenn das Kind im Kopf einen sicheren Ort aufsucht. Dieser Ort wurde lange vor der Prüfung angelegt, indem sich das Kind ihn in allen beruhigenden und Sicherheit gebenden Details ausgemalt hat und diese Visualisierung regelmäßig wiederholt. Das Kind erschafft im Kopf einen Ort, an dem es sich wohlfühlt, wo es warm ist, sonnig, ruhig, schön und sicher, wo sich alle Menschen versammelt haben, die ihm wichtig sind und ihm Kraft geben. An diesem Ort kann z. B. ein Baum stehen, an dem Zettel hängen, auf denen alles steht, was das Kind gelernt hat. Es muss nur ganz entspannt zu diesem Baum gehen und einen Zettel nach dem anderen lesen – und hat das Wissen parat. Der «sichere Ort» ist ein hilfreiches mentales Bild, das das Kind während der Atemübung vor der Prüfung abrufen kann.

FAZIT: PRÜFUNGSANGST IST KEIN SCHICKSAL

Unabhängig davon, mit welcher dieser Techniken das Kind seiner überbordenden Prüfungsangst begegnet: Der «Schnee in der Kugel» setzt sich ab, das Kind wird ruhiger und kann wieder klar denken. So können Sie Ihrem Kind dann auch den Erfolg erklären, den es nach solchen Techniken spürt. Beides ist wichtig: sowohl die Erklärung als auch das Erlebnis.

Erst nachdem das Kind die beruhigende Wirkung der gewählten Technik mehrmals erlebt, gefühlt und reflektiert hat, wird es im Fall der Fälle mit genügend Vertrauen darauf zurückgreifen. Angst überwindet ein Kind am erfolgreichsten, indem es häufig die Erfahrung macht, dass es die Angst allein bändigen konnte.

Abschließend sei gesagt: Prüfungsangst ist keine «Diagnose für das ganze Leben». Sie ist vielmehr ein Phänomen, das mit der richtigen Technik und wiederholter Übung gut in den Griff zu bekommen ist, sodass die Prüfungsangst danach in moderater Form, als leichte Aufregung, als «Vorstart-Spannung», ein guter Freund für Prüfungen werden kann.

12.

NOTEN UND PRÜFUNGEN

DIE QUADRATUR DES KREISES

Mit diesem Buch versuche ich eine Quadratur des Kreises: Ich möchte zeigen, wie Kinder beim gegenwärtigen Zustand unseres Schulsystems trotzdem Freude und Erfolg beim Lernen haben können. Dabei bin ich der festen Überzeugung, dass vieles von dem hier Beschriebenen gar nicht nötig wäre, wenn wir ein anderes Schulsystem hätten: ein Schulsystem, das sich stärker am Kind und am Stand der Wissenschaft ausrichtet. Wäre es in der Schule z. B. möglich, dass Lernende mitreden könnten, was sie wann und auf welche Weise lernen, bräuchte es viele Motivationstechniken nicht – weil Mitbestimmung, Eigenverantwortung im Rahmen der eigenen Möglichkeiten, Selbstverwirklichung und Kreativität per se motivieren. Aus all diesen Motiven heraus *wollen* Kinder lernen – das ist meine tiefe Überzeugung, resultierend aus meiner täglichen Erfahrung.

Wenn ich mir eine Gruppe Erstklässler anschaue, sehe ich Kinder, die alle ganz wild darauf sind, möglichst schnell möglichst viel zu lernen. Leider trainieren wir ihnen diese Neugier, dieses Interesse und diesen Wissensdurst meist recht erfolgreich während ihrer Schulzeit ab, indem wir sie Tag für Tag mit Wissen füttern, nach dem sie nicht gefragt haben. Es ist so, als würden Sie jemandem, der Sie höflich und wiederholt um ein

Glas Wasser bittet, nonstop Apfelsaft einflößen. Das eigentliche Bedürfnis des Bittenden wird nie gestillt sein, aber irgendwann wird er trotzdem keinen Durst mehr nach Wasser haben.

Es gibt mittlerweile einige Schulen, die anders arbeiten. Sie nehmen die Lernenden in die Verantwortung, indem sie ihnen z. B. aktiv das selbst regulierte Lernen beibringen. Das bedeutet, dass diese Schulen das Wie des Lernens in jeder Unterrichtsstunde und jedem Fach in den Mittelpunkt stellen (s. dazu auch Kapitel 4). Wenn man sich an solchen Schulen die Kinder und Jugendlichen anschaut, ist es faszinierend, mit wie viel Eigenverantwortung, Interesse, Motivation und Disziplin sie sich ihrem Lernstoff widmen. Das ist einer meiner zentralen Kritikpunkte an der heutigen Schule: mangelnde Eigenverantwortung. Ein anderer ist die herrschende Prüfungskultur.

PRÜFUNGSKULTUR: ÜBERHOLT

Unsere Prüfungskultur ist längst überholt und wissenschaftlich nicht mehr haltbar, wird aber dennoch weiter wie gehabt praktiziert – als hätten Noten eine objektive Aussagekraft, als wären sie eine zuverlässige und vor allem richtungsweisende Rückmeldung über den Wissensstand eines Kindes.

In Sport und Kunst haben wir interessanterweise ein gutes Gefühl dafür, dass Benotung ungerecht ist: Kinder haben ganz unterschiedliche körperliche Voraussetzungen, was Größe, Gewicht oder Entwicklung angeht. Nun werden diese unterschiedlich großen, schweren und entwickelten Kinder danach benotet, wie hoch sie springen oder wie weit sie einen Ball werfen können. Das ist doch absurd!

Oder in Kunst, wenn es darum geht, zwei kreative und mit Sorgfalt gemalte Bilder eines Sonnenuntergangs zu bewerten:

Gefallen tun sie uns beide, weil beide schön und Ausdruck kindlicher Kreativität und Vorstellungskraft sind. Doch die Lehrkraft muss eines der Bilder «runterwerten», weil es bestimmte formelle Vorgaben nicht erfüllt – einmal ganz abgesehen davon, dass die Frage, was schön ist, die Menschheit seit Tausenden Jahren beschäftigt.

Wer die Unsinnigkeit der Notenvergabe in diesen Fächern verstanden hat, kann und sollte es auf alle anderen Fächer übertragen. Denn auch hier existieren unterschiedliche Voraussetzungen, Fähigkeiten und Tagesformen, mit denen ein Kind auf ein Fach und einen Lernstoff trifft.

Dessen ungeachtet ist der gesamte Unterricht auf Prüfungen und Noten ausgerichtet. Das beginnt so: Eine Gruppe von ungefähr 26 Kindern derselben Altersstufe sitzt in einem Raum. In diesem Raum müssen sich nun alle 26 Kinder mit denselben Methoden denselben Lernstoff erarbeiten, unabhängig von 26 recht unterschiedlichen Intelligenzniveaus, dem unterschiedlichen Vorwissen, der vielleicht noch unterschiedlicheren Tagesverfassung, ihren individuellen Neigungen und ihren heterogenen Lernpräferenzen (s. Kapitel 2).

Ein paar Wochen später kommt dann der Tag der Tage, der Prüfungstag, Dienstag 10 Uhr. Schlag 10 Uhr müssen alle 26 Kinder unter künstlich geschaffenen Prüfungsumständen dieses aufgenommene Wissen wieder reproduzieren. In einem Test, der für alle gleich ist und für den alle gleich viel Zeit haben. Eine gute Note bekommen dabei nur jene, die am besten in der Lage sind, in der vorgegebenen Zeit exakt jene Antworten zu geben, die von der Lehrkraft vorgesehen sind.

Ich verstehe nicht, wie man glauben kann, Kinder auf diese Art fit fürs Leben zu machen.

Im Berufsleben sind solche künstlichen Laborsituationen

samt ihren abgefragten Fähigkeiten schlicht inexistent. Fragt man Berufstätige, Führungskräfte und Wissenschaftler nach Fähigkeiten, die für eine zeitgemäße erfolgreiche Berufstätigkeit von entscheidender Bedeutung sind, hört man Nennungen wie: Teamfähigkeit, Sachkompetenz, gute Kommunikation, Kreativität, Lösungskompetenz, zielorientiertes Handeln, Auffassungsgabe, Agilität, Frustrationstoleranz, Resilienz …

All diese für Beruf und Leben wesentlichen Fähigkeiten werden durch die herrschende Prüfungsordnung nicht nur nicht gefördert, sondern sogar abtrainiert: Ich muss in der Schule z. B. nicht unbedingt teamfähig sein – vor allem im Test muss ich es alleine schaffen. Ich darf, wenn es darauf ankommt, auch nicht mit meinem Sitznachbarn kooperieren – wie ich es später im Beruf mit Kolleg:innen zwingend muss. Und kreativ darf ich schon überhaupt nicht sein, wenn es um das Aufsagen von Antworten geht.

Ich darf, wenn mir gerade eine Formel oder Ähnliches nicht einfällt, die fehlende Information nicht nachschlagen – als ob es Google nicht gäbe. Ich bekomme eine schlechte Note, obwohl ich schon mit der winzigsten Informationshilfe glänzend in der Lage gewesen wäre, eine im Test gestellte Transferaufgabe zu lösen. Wie widersinnig und fern jeder Arbeits- und Alltagsrealität ist das alles?

FALSCHE PRIORITÄTEN

Vielleicht am schmerzlichsten ist die Schmähung der Kreativität außerhalb von Fächern wie Bildende Kunst; sie ist im normalen Unterricht schlichtweg nicht gefragt. Da gilt vielmehr: Je näher die Prüflinge jener Antwort kommen, die die Lehrkraft vorgesehen hat, desto besser für sie. Sie lernen dabei: Es gibt einen einzigen, vorgezeichneten Weg und eine ganz bestimmte, vorher festgelegte Lösung. Alles andere zählt nicht – denn dafür gibt es im Test keine Lösungspunkte. Dabei widerspricht auch diese Art der Leistungsbeurteilung exakt dem, was im späteren Berufsleben gefragt ist: Eigenverantwortung, Kreativität, Problemlösekompetenz, Agilität. Das ist ein Problem.

Weitaus problematischer ist, dass diese Art von Prüfungen nicht nur hin und wieder stattfindet, sodass man sie tolerieren und sagen könnte: «Nun ja, sie sind ja nur ein kleiner Aspekt, der einfach mit zur Schule gehört!» Nein, ganz im Gegenteil, Noten und Tests *sind* die Schule. Denn jede Minute Unterricht richtet sich daran aus, dass es in fünf Wochen einen Test geben wird, der zu schreiben ist. Die Lehrkraft muss jede Minute ihres Unterrichts so gestalten, dass möglichst viele Kinder in diesem Test eine gute Note erzielen.

Das heißt umgekehrt: Eine Lehrkraft, die es viel sinnvoller findet, wenn Kinder in ihrer Zeit eigenverantwortlich mit unterschiedlichen Methoden, im Team oder alleine lernen würden oder selbst gewählten Projekten nachgehen – eine solche Lehrkraft verschafft mit dieser Einsicht und der entsprechenden Unterrichtsgestaltung diesen Kindern im aktuellen Schulsystem einen massiven Nachteil.

Diese vorbildliche Lehrkraft tut dann zwar genau das, was richtig ist und die Kinder im Leben weiterbringt. Doch im Endeffekt wird sie dafür gerügt werden. Denn entscheidend für dieses System ist allein, welchen Notenschnitt die Klasse beim nächsten Test erzielt.

Wie viel wertvolle Lebens- und Unterrichtszeit verschwendet wird, um sich auf diese fragwürdige Art von Tests vorzubereiten!

Dabei – und das ist vielleicht das Absurdeste daran – wird

eine Fähigkeit hochgehalten, die die Kinder im späteren Leben überhaupt nicht brauchen: die Fähigkeit, möglichst viel Lernstoff in kurzer Zeit aufzunehmen und dann in einer fest vorgeschriebenen Art und Weise wiederzugeben. Eine solche Fähigkeit wird im richtigen Leben nicht belohnt. Es sei denn, man hat vor, sein Leben lang zu studieren und für Prüfungen zu lernen.

Damit kein Missverständnis entsteht: Sich schnell eine Menge Wissen aneignen und exakt wiedergeben zu können, ist keine schlechte Fähigkeit. Ihr Anwendungsbereich scheint mir jedoch relativ klein, während die anderen genannten Fähigkeiten in relativ vielen Feldern eingesetzt werden können. Doch statt Letztere zu fördern, richten wir ein komplettes Schulsystem 12 oder 13 Jahre lang schwerpunktmäßig auf diese eine Fähigkeit aus, mit der es außerhalb der Schule nicht viel zu gewinnen gibt. Das ist schon ziemlich welt- und lebensfremd.

Wenn es dann noch darum geht, diese Fähigkeiten zu benoten, wird es richtig absurd.

NOTEN SIND ZU EINFACH

Noten sind eine extrem vereinfachte Rückmeldung über den äußerst komplexen Lernprozess, was bereits ihre Form verrät: Zahlen von 1 bis 6 (hierzulande). Was sagt eine schlichte Zahl denn schon aus? Sie bietet keinerlei Orientierung, wie es um den individuellen Lernprozess eines Kindes in einer gegebenen Phase steht. Eine solche Zahl ist rein formal, oberflächlich und unterkomplex. Deshalb ist sie wenig hilfreich, aussagekräftig oder gar wegweisend.

Eigentlich müsste es als Lehrkraft mein Ziel sein, Lernenden eine Rückmeldung über ihren persönlichen Lernprozess zu geben. Eine Rückmeldung, aus der sie mögliche Verbesserungen ableiten können und dank derer sie erfahren, in welchen Bereichen eines Faches sie schon gut sind und an welchen Stellen sie noch weiterlernen können, sollten oder müssen. Das wäre die einzig interessante, da brauchbare und nutzenstiftende Information, die Lernende während ihrer Schulzeit brauchen, um besser zu werden.

Meinetwegen können wir erst einmal an standardisierten Abschlüssen festhalten, da sie z. B. den Vergabeprozess von Studien- und Ausbildungsplätzen auf eine gewisse Art vereinfachen. Aber ob diese Vereinfachung in der aktuellen Form sinnvoll ist, könnte man durchaus diskutieren. Man könnte auch diskutieren, ob es nicht sinnvollere Methoden gibt, Ausbildungs- und Studienplätze zu vergeben.

Der Haken an dieser nützlichen Diskussion wäre jedoch immer noch: Während der kompletten Schulzeit werden Noten überhaupt nicht dafür eingesetzt, diesen Vergabeprozess zu vereinfachen. Bis zur 8. Klasse werden Noten als Vergleichsinstrument schlichtweg nicht gebraucht, sondern richten sogar großen Schaden an. Welcher Schaden das ist, darum geht es im Folgenden.

WENN DIE LERNREISE EINE WANDERUNG WÄRE …

Stellen wir uns die Schulzeit als eine Lernreise vor. Oder um es noch bildlicher zu machen: als eine lange Wanderung mit Checkpoints und Etappenzielen. Doch sieht diese Wanderung für jedes Kind ein bisschen anders aus. Wo der Weg für das eine Kind schmal und steinig ist, findet das andere Kind etappenweise einen breiten, asphaltierten Weg vor – und bei der nächsten Etappe vielleicht umgekehrt. Denn jedes Kind erlebt die einzelnen Abschnitte des Weges abhängig von seiner Tagesform, seiner Vorbereitung und seiner Ausrüstung für diese Wanderung individuell – das macht keine zwei Wanderungen vergleichbar.

Meines Erachtens sollte es uns in der Schule darum gehen, jedes Kind auf seiner individuellen Lernreise bestmöglich zu begleiten. Selbstverständlich kann man dann einige Etappen im Gleichschritt gehen oder es zumindest versuchen. Doch dahinter sollte die feststehende Überzeugung und Erkenntnis liegen, dass nicht alle Kinder zu einem bestimmten Zeitpunkt einen bestimmten Checkpoint erreichen müssen.

Viel wichtiger wäre es, dem Kind während seiner Lernreise immer wieder zurückzumelden: «Hier stehst du gerade. Das hast du in den letzten Tagen und Wochen geschafft. Und genau an dieser inhaltlichen Stelle geht es jetzt weiter.» Das wäre eine Lernbegleitung, die das Kind auf seiner persönlichen Lernreise weiterbringt.

Was wir stattdessen machen: Wir lassen eine Gruppe von 26 Kindern diese Reise im Gleichschritt durchlaufen. Dabei bestrafen wir sowohl jene, die viel schneller laufen könnten, als auch jene, die hinterherhasten und dabei nichts von der schönen Natur um sich herum erleben können. Wenn sich dann ein Kind z. B. den Fuß vertritt, bleiben wir nicht stehen, sondern laufen einfach weiter.

Unter unseren 26 kleinen Wandernden sind immer einige, die schneller als die anderen wandern, die viel früher am Checkpoint eintreffen könnten und würden. Einfach weil sie schneller zu Fuß sind. Das dürfen sie jedoch nicht sein. Sie müssen ihren Schritt künstlich verlangsamen, manchmal sogar ganz stehen bleiben, da Schnelligkeit in diesem Prüfungssystem ebenfalls nicht gefragt ist oder belohnt wird.

Letztlich ist das eine gute Methode, den schnellsten Wandernden die Freude und Lust am Wandern abzutrainieren. Ich weiß: Das ist nicht beabsichtigt! Doch diese Rechtfertigung mindert den angerichteten Schaden nicht. Er zeigt sich sowohl bei den überdurchschnittlichen wie den unterdurchschnittlichen Schüler:innen («durchschnittlich» wird hier ausdrücklich ohne Wertung verwendet). Betrachten wir zunächst die besonders starken Schüler:innen.

DIE TRAGÖDIE DER EINSER-SCHÜLER:INNEN

Das aktuelle Noten- und Prüfungssystem erweist jenen Schüler:innen einen Bärendienst, die auch der Note nach «sehr gut» in der Schule sind. Ich weiß, das erscheint wie ein Luxusproblem. Doch das ist es nicht.

In jeder Klasse, vor allem an Grundschulen, gibt es einige Schüler:innen, die vorwiegend Einsen schreiben. Der Schaden, den das Prüfungssystem bei ihnen anrichtet, ist so verheerend, dass er sogar ihr ganzes Leben ruinieren kann – wie wir gleich sehen werden.

Wenn ein Kind nur Einsen schreibt, ist das zwar für alle Beteiligten beeindruckend. Übersehen wird dabei jedoch, dass dieses Kind ganz bestimmt unterfordert ist. Es muss sich beim Lernen überhaupt nicht aus seiner Komfortzone herausbewegen und sich den Lernstoff nicht angestrengt erarbeiten, bekommt aber trotzdem nonstop die Rückmeldung, dass es alles «sehr gut» macht. Dabei macht es gar nichts sehr gut, wenn es weit unter seinen Möglichkeiten bleibt. Im Gegenteil: Die Art, wie es lernt, ist eher «sehr schlecht». Irgendwann wird sie zwangsläufig zu großen Problemen führen, dann nämlich, wenn sich das Kind für ein neues Wissensgebiet einmal wirklich anstrengen müsste, das aber nie kennengelernt und geübt hat (s. dazu auch Kapitel 1 oder Kapitel 10).

Daher wäre es viel wichtiger und sinnvoller für diese Kinder, wenn sie Prüfungen schreiben könnten, die so schwer sind, dass sie wirklich dafür lernen und sich aus ihrer Komfortzone wagen müssen. Dabei misslingt ihnen zwar wahrscheinlich das eine oder andere, gleichzeitig würden sie aber erkennen und erfahren, was es heißt, wirklich zu lernen. Diese Chance gibt ihnen das derzeitige Prüfungssystem allerdings leider nicht.

Stattdessen fliegt diesen Kindern in den ersten Schuljahren praktisch aller Erfolg nur so zu, was sie unweigerlich zu der Überzeugung verleitet: «Lernen ist, wenn ich im Unterricht aufpasse, mir das am Abend noch mal durchlese – und schon schreibe ich in den Tests lauter Einsen!» Eine Illusion, die wie eine Seifenblase platzen wird. Denn in späteren Schuljahren, auf höheren Schulen oder in Studium und Beruf wird die Stoffmenge dann so umfangreich und komplex, dass diese «Lernmethode» nicht mehr funktioniert. Plötzlich stehen diese ehemaligen Einser-Schüler:innen hilflos vor einem Berg an Stoff, den sie nicht bewältigen können, weil sie nicht gelernt haben, wie man einen herausfordernden Berg besteigt. Sie hatten in der Schule keine Herausforderung dieser Art. Man hat sie daran gehindert, das zu lernen, was sie fürs Leben brauchen, indem man sie konsequent und nachhaltig unterforderte.

So viele von ihnen zweifeln in der Folge an sich und der Welt, an Studium und Beruf. Sie denken zwangsläufig: «Dann bin ich wohl doch nicht so schlau, wie ich immer dachte und wie mir alle ständig gesagt haben, wenn sie meine Einsen sahen. Ich kann wohl doch nichts. Die Lehrer an der Schule haben sich bestimmt geirrt – denn das hier schaffe ich nicht und dieses da auch nicht.» Wegen dieser Glaubenssätze (s. Kapitel 1 zum Fixed Mindset) scheitern sie dann an konkreten Herausforderungen – völlig unnötig.

Denn sie müssten in solch kritischen Situationen nichts anderes tun, als sich konsequent hinzusetzen und sich diesen komplexen Lernstoff erarbeiten: ihn immer wieder lesen und studieren, bis sie ihn verstehen, ihn dann wiederholen, bis er «sitzt», danach in der Anwendung selbstverständlich auch Fehler machen, deshalb noch mal wiederholen – bis sie es irgendwann können und den Stoff beherrschen. Doch diese simple Vorgehensweise, dieses eigentliche Lernen, ist ihnen völlig fremd.

Ich tue also einem Kind mit guten Noten, für die es wenig bis nichts tun muss, keinen Gefallen.

WAS NOTEN BEI LANGSAMEN KINDERN ANRICHTEN

Kinder lernen unterschiedlich schnell. Manche Kinder lernen wesentlich langsamer als andere. Sie bekommen vom herrschenden Schul- und Notensystem schlechte Noten, weil sie zum Zeitpunkt, an dem der Test geschrieben wird, den Stoff noch nicht beherrschen. Aus diesem Grund schreiben sie schlechte Noten – und nicht, weil sie «schlecht» wären, wie die Note suggeriert. Sie sind nicht schlecht, nur langsamer.

Das würde sich auch nach dem Test zeigen – wenn das jeweilige Prüfungsthema nach dem Test nicht beendet und abgehakt wäre: Doch leider beendet die Note den Lernprozess, weil im Anschluss in der Regel einfach ein neues Thema begonnen wird. Die Wandergruppe läuft weiter, obwohl noch nicht alle am Checkpoint angekommen sind.

Nehmen wir das Beispiel Brüche: Ein Kind schreibt in der

ersten Klassenarbeit darüber eine 5. Diese 5 wird dem Kind schnell und zuverlässig suggerieren: «Brüche kann ich nicht! Der Test zeigt das deutlich!» Das wird sich das Kind dann bei jedem einzelnen kommenden Bruch sagen – und in Mathe wird es während seiner Schulzeit noch Hunderten Brüchen begegnen. Dabei «lügt» diese 5.

Würden wir die Leistung differenzierter betrachten, würden wir erkennen, dass das Kind zum Zeitpunkt des Tests vielleicht einfache Brüche bereits gut rechnen konnte und auch Erweitern und Kürzen kein Problem darstellte. Nur das Addieren und Multiplizieren hat noch nicht so gut geklappt. So kam es zur 5 – doch das verrät die Note nicht. Sie unterschlägt diesen Teil der Wahrheit. Sie sagt vor allem nicht, dass das Kind Brüche innerhalb von zwei Wochen schon wunderbar beherrschen könnte, wenn es die Zeit gehabt hätte, diesen Checkpoint zu erreichen.

Natürlich gibt es auch einfühlsame Lehrkräfte, die bestärkend sagen: «Das schaffst du schon noch! Du musst nur ein wenig aufholen.» Das ist gut gemeint, doch Noten sprechen lauter als Lehrkräfte, und beim Kind wird sich ganz schnell verfestigen: «XY kann ich nicht. In XY bin ich einfach schlecht.» Dabei fällt mir folgendes Zitat von Karel Mikan ein, Co-Gründer von Superheldenkids: «Man kann geübt oder ungeübt sein, aber nicht schlecht.»

NOTEN BRINGEN DIE MOTIVATION ZUM ERLIEGEN

Egal, ob ein Kind zu den Einser- oder langsamen Kandidat:innen gehört: Sobald der Fokus auf der Notengebung liegt, wird die intrinsische Motivation von Kindern im Verlauf der Zeit immer mehr unterdrückt.

Björn Nölte beschreibt das in seinem Buch «Eine Schule ohne Noten» mit einer tollen Analogie über Delfine: Delfine springen in der freien Wildbahn häufig hoch aus dem Wasser heraus; aus Freude vielleicht oder aus biologischen Gründen – wer weiß das schon. Jedenfalls sind diese Sprünge ein völlig normales und natürliches Verhalten von Delfinen.

Geraten sie dann in die Gefangenschaft eines Freizeitparks, bringt man ihnen eine Choreografie für die Show bei. Fortan bekommen sie für jeden Sprung aus dem Wasser einen Fisch zur Belohnung. Schon nach wenigen Wochen stellen sie daraufhin ihr natürliches Sprungverhalten komplett ein – und springen nur noch, wenn sie einen Fisch dafür bekommen. Genau dasselbe erleben wir in Schulen durch die Notengebung.

Nehmen wir an, ein Kind hat zuvor mit größtem Interesse einer Erzählung gelauscht oder mit viel Hingabe stundenlang an einem Bastelprojekt gearbeitet. In der Schule lernt es nun, dass es dafür Noten gibt. Mit der Zeit wird es aufhören, von sich aus zu basteln oder konzentriert zuzuhören, solange ihm dafür keine gute Note in Aussicht gestellt wird. Selbst wenn sich Lehrkräfte besonders coole und ansprechende Aufgabenstellungen ausdenken, lautet die erste Frage: «Kriegen wir dafür eine Note?» Wird das verneint, ist die Motivation für die Aufgabe nicht mehr existent, obwohl sie an sich Spaß machen würde. Wie schade. Auch das ist ein ungewolltes Ergebnis der Notengebung, das zuverlässig entsteht, sobald benotet wird.

ALTERNATIVEN ZU TESTS UND NOTEN

Wie man stattdessen vorgehen könnte, um Lernstände zu überprüfen: **Mein erster Vorschlag lautet: Das Kind entscheidet, wann es einen Test schreiben möchte.**

Ich gehe so weit, zu sagen, dass aller Stoff, der bis zum Abitur vermittelt wird, von jedem normal begabten Kind (wir sehen hier einmal von Kindern mit ausgeprägter Lernschwäche ab) gemeistert werden könnte – auch von allen Hauptschüler:innen. Das Einzige, was dazu nötig wäre: dass einige von ihnen ein bisschen mehr Zeit dafür bekommen.

Ich bin absolut dafür, dass man durch einen Test überprüft, ob ein Stoff gelernt wurde. Doch wäre mein Vorschlag, dass ein Kind diesen Test erst schreibt, wenn es sich sicher mit dem Stoff fühlt. So würde man unseren Kindern viel Prüfungsangst und viele schlechte Lernerfahrungen ersparen, die beide dem Lernprozess extrem schaden.

Mein zweiter Vorschlag lautet: Lassen wir Tests einfach wiederholen!

Nehmen wir an, in der 3. Klasse wird im zweiten Sachkunde-Test das Thema «Wald und Bäume» abgeprüft. Ein Kind schreibt dabei eine 4. Warum halten wir nun stur an dieser mäßig gut abgelieferten Leistung fest? Warum geben wir dem Kind nicht die Chance, die Sache mit dem Wald noch einmal zu vertiefen und sein Wissen in einem Wiederholungstest erneut unter Beweis zu stellen? Das würde niemandem schaden.

Natürlich würde das zusätzlichen organisatorischen Aufwand erfordern. Doch das ist kein Argument. Es gibt Schulen, die praktizieren das bereits so; mit relativ geringem Aufwand. Sie haben einen beaufsichtigten Raum, in dem ständig Tests aller Art von Schüler:innen verschiedener Jahrgänge geschrieben werden. Diesen Raum betritt das Kind an dem Tag, an dem es sich bereit für den Test fühlt. Es setzt sich und schreibt den Test unter Aufsicht. Dafür muss man nicht einmal das komplette Schulsystem ändern. Weder für die Möglichkeit von Testwiederholungen noch für die freie Wahl des Test-Tages.

Wir müssten lediglich unsere Einstellung ändern und uns von der verbreiteten Haltung verabschieden, die da lautet: «Du hast die Note, die du verdienst!» Stattdessen sollten wir stärker zu der Überzeugung kommen: Ich will aus jedem Kind, das hier sitzt, das Beste rausholen – und wenn ich es dafür einen Test wiederholen oder den Tag des Tests selber wählen lasse.

Übrigens würde man auch den schnellen Einser-Kindern einen großen Gefallen tun, wenn man nicht ihre Zeit verschwenden würde, sondern sie z. B. schon nach zwei Wochen einen Test schreiben ließe, für den andere Kinder vielleicht drei oder vier Wochen Vorbereitung brauchen. Verschätzt sich das Kind und schreibt eine schlechte Note, kann es den Test dann zusammen mit den anderen Kindern erneut schreiben. Was spräche dagegen?

Mein dritter Vorschlag ist folgender: Statt Noten könnten wir eine Kategorisierung der Art «bestanden/nicht bestanden» einführen.

Dahinter steht die Überlegung, dass es bei der Stoffbewältigung nicht um Perfektion geht, und gleichzeitig wird der Kreativität und Vielfalt des menschlichen Denkens Rechnung getragen: Das Kind beherrscht den Stoff XY und kann ihn anwenden. Besondere Herangehensweisen werden honoriert, Flüchtigkeitsfehler sind nebensächlich.

«Nicht bestanden» bedeutet dann lediglich: «*noch* nicht bestanden». Die Botschaft lautet im Gegensatz zur herkömmlichen 5 oder gar 6: «Mach einfach weiter, bis du auch das bestehst!»

Mein vierter Vorschlag: Alternativen zu schriftlichen Tests einsetzen!

Es gibt so viele verschiedene Arten der Leistungserbringung wie beispielsweise Portfolio-Arbeiten, Gruppenarbeiten, Vorträge, selbst erstellte Podcasts ... So viele Nachweise, die zeigen, dass gelernt wurde, was gelernt werden sollte. Alle diese Nachweise würden die Lernrealität viel besser abbilden als das ständige Lernen auf einen Test mit einem festen Set an Fragen und feststehenden Antworten.

AUF DIE HALTUNG KOMMT ES AN

Obwohl es erste Bestrebungen gibt, Noten in der Grundschule abzuschaffen, und erste Schulen das zumindest für Klasse 1 bis 4 eingeführt haben, mahlen die Mühlen in dieser Hinsicht sehr langsam. Wir als Einzelpersonen können das Prüfungssystem nicht ändern. Doch wir können unsere Haltung zu Noten verändern. Das kostet nichts, außer Einsicht, etwas Überwindung und Konsequenz in der Anwendung. Und wir können schon heute damit beginnen.

Es beginnt damit, wie wir mit Kindern über Noten sprechen. Wichtig ist, das auf eine stärkende und kindgerechte Art und Weise zu tun, z. B.: «Erinnerst du dich, wie du im Sommer Fahrrad fahren gelernt hast? Tom, der gleich alt ist wie du, konnte es bereits im Frühling. Wenn ihr jetzt im Herbst zusammen fahrt – macht das dann noch einen Unterschied? Nein, oder? Ihr könnt es beide gleich gut. Ihr flitzt gemeinsam um die Häuser. Aber jetzt stell dir mal vor, es hätte im Mai eine Radfahrprüfung gegeben. Dann hätte Tom eine 1 bekommen und du eine 6. Völlig unsinnig, oder? Aber genau so funktionieren Noten.»

Viele Lehrkräfte stimmen mir in diesem Punkt übrigens zu. Ich kenne eine Reihe von ihnen, die sich beim Korrigieren und Notengeben schrecklich schwertun und richtiggehend leiden. Weil sie wissen: «Jetzt muss ich wieder einem Kind, das bislang so motiviert gelernt hat, eine schlechte Note geben.» Sie leiden, weil sie genau wissen, zu welcher Demotivation das beim Kind führen wird. Sie sehen und erleben: Das Kind war auf einem guten Weg – bis diese bescheuerte schlechte Note dazwischenkam und den schönen Lernfortschritt kaputtgemacht hat.

Solange sich allerdings am Prüfungs- und Notensystem nichts wesentlich ändert, ist es entscheidend, dass sich unsere Haltung zu Noten noch in einem weiteren Punkt verändert (s. dazu ausführlich Kapitel 3): Wir schimpfen bei schlechten Noten nicht und feiern gute Noten nicht zu sehr. Natürlich können und sollten wir, wenn ein Kind mit einer guten Note fröhlich bis begeistert nach Hause kommt, ihm ein High Five geben und «Toll! Gut gemacht!» aus vollem Herzen sagen und auch so meinen.

Doch danach würde ich sofort zu inhaltlichen Fragen übergehen: «Auf welche Antwort bist du besonders stolz? Welche Aufgabe war die schwerste? Was nimmst du aus diesem Test mit? Wo würdest du jetzt weiterlernen?»

Und bei schlechten Noten: «Schau mal, was du schon alles konntest!» Sie wissen nach dem Lesen der vorangegangenen Kapitel: Man findet immer etwas, das selbst bei einem schlechten Test gut war. Dann ebenfalls sofort inhaltlich weiterarbeiten: «Was kannst du jetzt dazulernen? Wo möchtest du weitermachen?»

Mit einer solchen Haltung und Begleitung können wir immerhin einige negative Konsequenzen von Noten abfedern.

FAZIT: WARUM NOTEN ABGESCHAFFT WERDEN SOLLTEN

Wer – für einen Elternabend oder auch sonst – gute Argumente braucht, warum Noten unsinnig sind, dem führe ich im Folgenden die sieben wichtigsten noch einmal zusammengefasst auf.

1. NOTEN SIND UNGERECHT

Noten beziehen in keinster Weise die Ausgangsbedingungen des Lernens mit ein: tagesabhängige Verfassung, den sozioökonomischen Hintergrund, Sprachwissen, Bildungsstand des Elternhauses, die Unterstützung zu Hause, eventuelle Traumata, mentale Reife und vieles mehr. Dabei wäre es wichtig für das eigene Selbstbild, auch diese Faktoren in die eigene Leistung miteinzubeziehen.

2. NOTEN MACHEN DAS FALSCHE VERGLEICHBAR

Gerade in den ersten acht Schuljahren ist es meiner Meinung nach völlig nebensächlich, wie gut ein Kind im Vergleich zu anderen Kindern abschneidet. Entscheidend ist nur: Wie gut ein Kind sich im Vergleich zu seinem eigenen Lernstand von vor x Wochen entwickelt.

Ein Kind ständig nur an einer willkürlich ausgewählten Vergleichsgruppe zu messen (nichts anderes ist eine Klasse), ist nichtssagend: In einer anderen Klasse wäre dasselbe Kind vielleicht supergut oder sehr schlecht.

Vergleichen ist immer schädlich und der Ausgang des Vergleichs stets abhängig von der ausgewählten Vergleichsgruppe. Noten gaukeln Kindern eine Vergleichbarkeit vor, ohne dieses Versprechen auch nur im Geringsten einlösen zu können.

Ich wünsche mir, dass unser Bildungssystem mehr Türen öffnet als zuschlägt. Dass es jedem Kind die Möglichkeit gibt, seinen bestmöglichen Abschluss zu machen.

3. GUTE NOTEN MACHEN ÜBERHEBLICH

Kinder, die immer nur Einsen schreiben, denken oft, sie seien schlauer als alle anderen (was lediglich im begrenzten Klassenraum zutrifft, s. o. 2.). Irgendwann kommt der Punkt, an dem sie etwas nicht können. Oft geben sie dann auf, denn sie haben nie gelernt, auf Misserfolge mit erhöhter Anstrengung zu reagieren. Wenn ein Kind nur gute Noten schreibt, ich wiederhole mich da gerne, ist es an der Schule unterfordert und vergeudet seine Zeit.

4. SCHLECHTE NOTEN DEMOTIVIEREN

Eine Note 6 wird laut einem Beschluss der Konferenz der Kultusminister der Länder von 1968 (!) dann vergeben, «wenn die Leistung den Anforderungen nicht entspricht und selbst die Grundkenntnisse so lückenhaft sind, dass die Mängel in absehbarer Zeit nicht behoben werden können». Was sollen wir mit so einer Aussage anfangen?

Was ist mit «in absehbarer Zeit» gemeint? Tage, Wochen, Monate? Ich hatte schon zuhauf mit Kindern zu tun, die eine 6 in Mathe geschrieben hatten und nach nur wenigen Stunden Nachhilfe im selben Test locker eine 1 geschrieben hätten.

Also, was bilde ich mir ein, bestimmen zu können, dass ein

Kind «in absehbarer Zeit» seine Mängel nicht wird beheben können?

Hinzu kommt die vereinzelt immer noch verfolgte, furchtbare Taktik einiger Lehrkräfte: «Ich gebe diesem Kind jetzt mal eine schlechte Note, damit es stärker motiviert ist, sich mehr anzustrengen.» Ein Kind, bei dem das funktioniert, habe ich bis heute nicht kennengelernt. Schlechte Noten frustrieren, sie motivieren nicht.

5. KINDER WOLLEN EIGENTLICH GAR KEINE NOTEN

Kinder wollen und brauchen Anerkennung, Feedback, Wertschätzung und Kontrolle. Sie benötigen differenziertes Feedback: Was kann ich schon? Was noch nicht? Was ist mein nächster Lernschritt? Differenzierung ist nötig, sinnvoll und hilfreich – Noten nicht. Kinder wachsen in einem Umfeld auf, das so durchtränkt ist von Noten und Vergleichen, dass es so scheint, also würden sie sich ebenfalls Noten wünschen. Doch aus anderen Ländern und Schulsystemen wissen wir: Das ist ein Effekt der Sozialisierung. Kinder gehen ohne Noten sehr viel entspannter und mit mehr Lernfreude zur Schule.

6. KINDER LERNEN NUR NOCH FÜR NOTEN UND NICHT MEHR FÜR SICH SELBST

Alle Kinder kommen als begeisterte, intrinsisch motivierte Lernende auf die Welt – und in die Schule. Alles Neue ist für sie spannend und muss sofort ausprobiert werden. Bis zum Schulbeginn haben sie eine Unzahl von Dingen auf diese Weise gelernt: Laufen, Essen, Sprechen, Radfahren, soziales Verhalten … Tausende kleine Dinge, die sich Kinder Tag für Tag aneignen, die gar nicht weiter auffallen. Kinder bewältigen noch vor dem ersten Schultag eine unglaubliche Menge an «Lernstoff». Diese natürliche Lernfreude wird bei zu vielen Kindern an der Schule zerstört. Dass das passiert, liegt an vielen Faktoren; einer davon ist das Noten- und Prüfungssystem.

7. NOTEN SIND REINE MOMENTAUFNAHMEN

Eine Note beschreibt lediglich, wie gut ein Kind zu einem bestimmten Zeitpunkt in einem bestimmten Raum und mit einer bestimmten Fragestellung einen Lernstoff abliefern konnte. Mehr nicht. Ob ein Kind bereits drei Tage danach wesentlich besser gewesen wäre oder wenn die Eltern sich am Vorabend des Tests nicht laut gestritten hätten oder wenn einige missverständliche Fragen anders formuliert gewesen wären – darüber sagt eine Note nichts aus. Doch sind das interessante und wichtige Fragen, zu denen Noten eine Antwort schuldig bleiben.

13.

ES GEHT NUR GEMEINSAM

DIE MACHT DER WORTE

Dieses Buch heißt im Untertitel «Wie Lernen gelingt». In diesem Zusammenhang wird eines oft übersehen: die Zusammenarbeit der verschiedenen Erwachsenen, also von Eltern, Bonus-Eltern, Großeltern, Verwandten, Nachbarn, Nachhilfe-Lehrkräften und vor allem den Lehrkräften in der Schule. Oder kurz: alle Erwachsene, die Einfluss nehmen auf den Lernprozess eines Kindes. Jede und jeder einzelne von ihnen kann die Person sein oder werden, über die das Kind später einmal sagen wird: «Hätte ich damals nicht XY gehabt, dann hätte ich das nicht geschafft. Dann wäre nicht das aus mir geworden, was ich heute bin.»

Diese Macht, aber auch diese große Verantwortung, die mit dem Einfluss auf den Lernprozess eines oder einer Heranwachsenden einhergeht, sollten wir uns immer wieder deutlich vor Augen führen. Denn leider schleppen Heranwachsende bereits einen einzigen unbedachten Satz eines dieser Menschen als geistigen Ballast mit sich herum, manchmal über viele Jahre hinweg. Auf der anderen Seite können einen motivierende Sätze beflügeln und durch das ganze Leben tragen, sie können Bildungswege prägen und Lebensentscheidungen beeinflussen. Ich möchte dafür ein Beispiel aus meinem eigenen Leben geben: Ich kam mit 15 Jahren in ein von Jesuiten geleitetes Internat und musste vier Jahre Latein aufholen, da ich bis dahin auf einem neusprachlichen Gymnasium gewesen war. Da ich aber mit einem Stipendium und wenig Geld dort war, konnte ich mir keine Latein-Nachhilfe leisten. Damals sagten jedoch der Internats- und der Schulleiter: «Das kriegen wir hin. Du bist ja in allen anderen Fächern sehr gut. Dann machen wir es einfach so: Du gibst den jüngeren Kindern hier an der Schule Nachhilfe, und wir organisieren dir Latein-Nachhilfe von einem Lateinlehrer.» So wurde ich, obwohl ich das nie vorgehabt hatte, von heute auf morgen Nachhilfelehrerin.

Am Anfang hatte ich absolut keine Ahnung, was ich da eigentlich tat. Mir tut meine erste Nachhilfeschülerin Elisabeth heute noch leid, wenn ich daran denke, wie unwissend ich neben ihr saß und mit großen Augen die Seiten ihres Mathe-Buchs der 5. Klasse anschaute. Uns beiden war zunächst nicht klar, was hier zu tun ist. Aber wir bissen uns durch, und ich versuchte, ihr so gut ich konnte den Stoff zu erklären. In der darauffolgenden Mathe-Arbeit verbesserte sie sich von einer 5 auf eine 2.

Durch dieses Ergebnis war mein Ruf besiegelt. Fortan konnte ich mich nicht mehr retten vor Nachhilfe-Anfragen. Da ich ja selbst Schülerin war und dazu erst 15 Jahre, mit allem, was dazugehört, überlegte ich mir, dass es doch viel sinnvoller ist, mehreren Kindern gleichzeitig Nachhilfe zu geben. Denn ich merkte schnell, dass den meisten vor allem Übung fehlte und man auch gut gemeinsam üben kann. So gründete ich meine erste kleine Nachhilfeschule.

Bald schon stellte ich andere «Lehrer:innen» ein. Bereits nach einem Jahr hatten alle Schüler:innen der 5. bis 8. Klasse bei uns die sogenannte Lernförderung; das offizielle Nachhilfe-

Angebot des Internats. Für mich war es ein großartiges Spielfeld, alles auszuprobieren, was mir so in den Kopf kam: Wir lernten mit Mozarts Musik als Untermalung, machten Mathe-Aufgaben in Bewegung und Konzentrationsspiele und übten, übten, übten. Wenn ich heute an diese Zeit denke, kann ich wirklich nicht glauben, dass der Schul- und der Internatsleiter das alles einfach erlaubt haben. Aber offensichtlich hatten die beiden großes Vertrauen in mich.

So vergingen die Jahre bis zum Abitur. Ich war die «Lernförderungs-Caro» und dachte mir nicht viel dabei. In dem privilegierten Umfeld, in dem ich dort war, träumte ich von einer grandiosen Zukunft, in der ich viel Geld verdienen würde – und zwar als Unternehmensberaterin bei McKinsey. Aus heutiger Sicht muss ich bei dem Gedanken grinsen: Was für ein unpassender Beruf für meine Persönlichkeit!

Eines Tages hielt mich der Schulleiter auf dem Gang an, es war kurz vor dem Abitur. Er sagte: «Wenn Sie später nichts mit Kindern machen, wäre das ein großer Verlust.» Ich weiß noch, wie ich höflich nickte, etwas beleidigt von dannen zog und mich bei meinen Freundinnen beschwerte, wie bescheuert er sei, zu denken, in mir würde nicht mehr stecken. Ich regte mich so auf, wie man sich nur mit 18 Jahren aufregen kann.

Nach dem Abitur begann ich mein Philosophie-Studium in München, das ich mir wiederum durch Nachhilfe finanzierte. Aber wieder dachte ich: Das ist eben mein Zeitvertreib und meine Geldeinnahmequelle, aber nun wirklich keine Profession fürs Leben. Ich war schließlich zu Größerem bestimmt.

Einige Jahre später hatte ich dann eine tiefe persönliche Krise, stellte alles infrage und hatte eine kleine Depression. In dieser Zeit ereigneten sich zwei Dinge. Das erste war, dass ich ziemlich unglücklich bei meiner großen Schwester zu Besuch war und sie mich bat, mit ihrem Sohn für die Englischarbeit zu lernen. Obwohl ich dazu eigentlich keine Kraft hatte, tat ich es ihr und meinem Neffen zuliebe. Nach zwei Stunden Englischlernen ging es mir plötzlich besser als in allen Wochen zuvor. Damals erkannte ich, dass mir diese Arbeit offensichtlich nicht nur lag, sondern dass ich sie auch für meine Seele brauchte.

Das zweite Erlebnis war meine Indienreise, die ich ganz klassisch für junge Sinnsuchende als Anfang 20-Jährige unternahm, um mir dort zu überlegen, was ich nun eigentlich mit meinem Leben anfangen möchte.

Als ich auf einer der ewig langen Busfahrten aus dem Fenster schaute, fiel mir unvermittelt dieser eine Satz meines damaligen Schulleiters wieder ein: «Wenn Sie später nichts mit Kindern machen, wäre das ein großer Verlust.» Plötzlich machte dieser Satz total Sinn, und ich erkannte, dass der Schulleiter mich damals wirklich gesehen hat.

Für ihn war es offensichtlich, dass eine 15-Jährige, die mal eben für die gesamte Unterstufe eine Nachhilfeschule gründet, ein besonderes Talent haben muss.

Im Lichte dieser späten Erkenntnis öffnete ich mich für diesen Weg, kehrte nach Hause zurück und begann erst einmal ganz entspannt zu unterrichten. Ich habe Abi-Vorbereitungs-Camps für Mathe veranstaltet und mit Kindern und Jugendlichen in den unterschiedlichsten Settings gelernt. Nach einigen Jahren bewarb ich mich bei Teach First Deutschland, um zwei Jahre an einer Schule in einem sozialen Brennpunkt Berlins zu arbeiten. Als ich im Anschluss daran mit meinem ersten Kind stillend auf dem Sofa saß, begann ich mein Wissen darüber, wie man gut mit Kindern lernen kann, auf Instagram zu teilen – und nun halten Sie dieses Buch in den Händen. Ich bin überzeugt, dass ich nur wegen dieses einen klugen Satzes meines damaligen Schulleiters diesen Weg eingeschlagen habe. Und damit sind wir wieder am Beginn des Kapitels: bei den weitreichenden Auswirkungen, die Worte, die Ihre Worte haben können. Oft sind es gar nicht einmal jene Menschen, die die meiste Zeit mit einem Kind verbringen, die tiefste Eindrücke hinterlassen.

ZUSAMMENARBEIT VON ELTERN UND LEHRKRÄFTEN

Ein großes Potenzial, das wir noch gar nicht angesprochen haben, ist die Zusammenarbeit von Lehrkräften und Eltern (der Einfachheit halber stellen Sie sich unter «Eltern» alle mit dem Kind im Privaten regelmäßig zusammenarbeitenden Erwachsenen vor).

Viel zu oft arbeiten diese «Lager» nicht mit-, sondern gegeneinander. Dabei ist das so ziemlich das Schädlichste, was man einem Kind antun kann. Nichts ist demotivierender, als wenn die Eltern zu Hause über eine Lehrkraft schimpfen. Das wird in jedem Fall dazu führen, dass dieses Kind seine Lehrkraft a) nicht mehr respektiert und b) kaum noch von ihr lernen wird. Der Verlierer ist hier in jedem Fall das Kind.

Ich bin mir voll bewusst, dass es äußerst schwierige Lehrkräfte gibt, die man zu Recht kritisieren und blöd finden darf. Ich gebe Ihnen jedoch den unbedingten Rat, das nie vor Ihrem Kind auszusprechen. Viel besser ist es, über die Elternvertretung, die Klassenleitung, im direkten Gespräch mit der jeweiligen Lehrkraft oder sogar über die Schulleitung im Fall des Falles Einfluss zu nehmen. Aber bitte wirklich nie vor dem Kind. Darüber hinaus ist auch besondere Vorsicht geboten bei Gesprächen mit anderen Eltern oder Klassenkamerad:innen, die die Kinder oft mit anhören.

DIE ENGELSSPIRALE

Es ist extrem förderlich, wenn Eltern und Lehrkräfte eine richtig gute Beziehung zueinander pflegen. Das kann die Arbeit der Lehrkraft wie auch den Lernerfolg des Kindes enorm beeinflussen. Darf ich in diesem Zusammenhang vorstellen: die Engelsspirale. Was ist das? Sie ist das Gegenteil von einem Teufelskreis.

Die Engelsspirale funktioniert so: Lob führt zu einem Gefühl der Wertschätzung. Dieses Gefühl der Wertschätzung führt zu mehr Motivation. Mehr Motivation wiederum führt zu besserer Leistung und damit wieder zu mehr Lob – und so weiter; eben eine Engelsspirale.

Die Engelsspirale wirkt bei allen Menschen und in allen Kontexten und besonders gut bei Lehrkräften. Diese machen nämlich mehrheitlich unheimlich viele Dinge, die keiner sieht und für die sie auch nicht finanziell kompensiert werden: Leider ist es nicht so, dass die besonders engagierten Lehrkräfte besonders viel verdienen oder einen besonders hohen Status an ihrer Schule haben. Oft sogar ganz im Gegenteil. Häufig geben sie ihr eigenes Geld für ihre Klasse aus und werden von einigen Kolleg:innen auch noch dafür belächelt. So kann es vorkommen, dass eine Lehrkraft über Jahre engagierten und guten Unterricht macht, ohne dafür entsprechend wertgeschätzt zu werden. Sie als Eltern haben nun die Chance, egal an welcher Stelle diese Lehrkraft gerade steht, in diesen positiven Kreislauf einzusteigen. Einfach, indem Sie sie ganz konkret wertschätzen, z. B. so: «Ich wollte Ihnen mal sagen, dass ich beeindruckt bin vom Erdkundeheft meiner Tochter. Sie machen so tolle Hefteinträge. Ich frage mich, wie ausgefeilt da erst Ihre Tafelbilder sein müssen, wenn schon die Hefteinträge so schön sind.» Oder: «Washma hat heute erzählt, dass Sie im Unterricht immer so lustig sind. Das gefällt ihr richtig gut. Danke für Ihre Leichtigkeit.» Oder: «Ich habe heute die Klassenarbeit durchgeschaut und bin beeindruckt, was Sie den Kindern alles beibringen. Mein Kind hat schon so viel gelernt von Ihnen.» Oder: «Ich weiß nicht, was in der letzten Stunde passiert ist, aber Carla kam so begeistert und fröhlich nach Hause, dass Sie einen wunderbaren Job gemacht haben müssen.»

An diesen Beispielen sehen Sie, dass Lob ganz unterschiedlich formuliert sein kann. Selbst wenn am Unterricht der Lehrkraft ansonsten vielleicht einiges auszusetzen ist, empfehle ich von Herzen, irgendeine Sache zu suchen, die gut ist. Diese verstärken Sie dann durch Wertschätzung. Denn wenn diese Lehrkraft sich wertgeschätzt fühlt, gibt sie sich in den nächsten Stunden wahrscheinlich wieder große Mühe. Wertschätzen Sie das erneut, sind wir mitten in der Engelsspirale. Aus diesem Grund gibt es auf meiner Website kostenlose Vordrucke, sogenannte kleine Lobkärtchen, die Sie ausdrucken und die Ihr Kind oder Sie selbst ausfüllen können.

Ich kann mir vorstellen, dass Sie einige Lehrkräfte im Kopf haben, bei denen Sie dazu absolut keine Lust haben. Dazu kann ich nur sagen: Es lohnt sich trotzdem. Denn diese Lehrkräfte sind irgendwann Lehrer:innen geworden, weil sie Kindern etwas beibringen und sie fördern wollen. Durch zahlreiche Fehler in unserem Bildungssystem verlieren leider zu viele von ihnen diesen Antrieb. Und Sie können ihn wieder wachrütteln.

Stellen Sie sich vor, die Deutschlehrerin Ihres Kindes würde jeden Tag fünf solcher Botschaften wie oben lesen. Oder der Biolehrer bekäme drei positive Rückmeldungen zu seiner letzten Bio-Stunde. So etwas hat unweigerlich positive Auswirkungen. Wer sich durch Wertschätzung gestärkt fühlt, ist motivierter und macht besseren Unterricht.

Deshalb mein Rat: Starten Sie am besten mit anderen Eltern eine Initiative der Wertschätzung – dann brauchen Sie auch nicht besorgt zu sein, dass Ihre persönliche Wertschätzung als «Einschleimerei» gesehen werden würde. Je mehr Eltern mitmachen und vor allem auch die Kinder selbst, desto schneller wird sich etwas verändern, und die Lehrkraft wird einen besseren Job machen.

FAZIT: EIN DACH DECKT MAN, WENN DIE SONNE SCHEINT

Ganz allgemein lässt sich festhalten, dass die Beziehung zwischen Eltern und Lehrkräften eine höchst wichtige und meist unterschätzte ist. Es gibt ein schönes Sprichwort dazu: «Ein Dach deckt man, wenn die Sonne scheint, und nicht, wenn es regnet.» In diesem Sinn kann ich nur empfehlen, eine freundliche und wertschätzende Beziehung zur Lehrkraft aufzubauen, «solange die Sonne scheint», also solange es noch keine größeren Probleme gibt, und auch selbst für möglichst viele «Sonnenstrahlen» zu sorgen.

Diese freundliche Basis wird dann der Boden sein, auf dem später im Schuljahr auch schwierige Gespräche mit der Lehrkraft gelingen. Fehlt diese gute Basis, kommt es oft zu für beide Seiten furchtbaren Streitereien, unter denen im Endeffekt immer Ihr Kind selbst leidet. In diesem Sinne: Gehen Sie mit gutem Beispiel voran. Bleiben Sie stets höflich, freundlich, respektvoll und zugewandt. Wertschätzen Sie aktiv die wirklich anstrengende Arbeit der Lehrkraft Ihres Kindes, und Sie werden erstaunt sein, welche positiven Auswirkungen das auf Ihr Kind hat.

DANKSAGUNG

Ich habe dieses Buch während meiner zweiten Schwangerschaft geschrieben, die mich gesundheitlich vor größte Herausforderungen gestellt hat. Anfangs wollte ich ganz absagen, weil mir jegliche Kraft fehlte, und auch währenddessen musste ich immer wieder wochenlange Schreibpausen einlegen.

Dass Sie dieses Buch trotzdem in den Händen halten, liegt vor allem an Julia Vorrath, meiner wunderbaren Lektorin beim Rowohlt Verlag. Sie hat von Anfang an an mich geglaubt und stets mit allergrößtem Verständnis und im Sinne meines gesundheitlichen Wohls reagiert, Deadlines verschoben, sich meiner Arbeitsweise angepasst, und nur durch ihre Nachsicht und Bestärkung habe ich es letztlich doch schreiben können.

Außerdem danke ich Michaela Bothe, meiner hervorragenden Mitarbeiterin, die alles kann, was ich nicht kann, die mir immer den Rücken freihält und mir aus der Patsche hilft, wenn ich mich wieder mal verschätzt habe. Danke, dass du mir damals so hartnäckig deine Hilfe angeboten hast.

Danke auch an meine Hebamme Sissi Rasche, ohne deren einfühlsame Hilfe und Netzwerk von Ärzt:innen und Therapeut:innen ich diese Schwangerschaft und damit auch dieses Buch nicht geschafft hätte.

Ein besonderes Danke gilt meinem Mann Hendrik, ohne den ich «Learn Learning with Caroline» viel zu früh aufgegeben hätte. Du hast von der ersten Sekunde an mich geglaubt und mich jeden Abend aufgebaut, als meine Posts noch 13 Likes hatten. Danke, dass du so stark bist, wenn ich schwach bin. Ich bin so froh, dass wir gemeinsam durch dieses Leben gehen.

Schließlich ein RIESIGES Danke an die Leser meiner Seite @learnlearning.withcaroline. Ohne eure Unterstützung gäbe es meine Arbeit gar nicht. Euer Feedback, die lieben Kommentare, eure tollen Ideen und vielen Fragen helfen mir, jeden Tag besser zu werden. Danke, dass ihr eure Kinder am Fenster lernen lasst und euch traut, Schule und Lernen neu zu denken.

Wer es genauer wissen will:

STUDIEN ZUM THEMA GROWTH MINDSET

Im ersten Kapitel habe ich die Studien von Carol Dweck thematisiert. Die Wissenschaftlerin hat in einer Reihe von Studien das Lernverhalten und die Leistung von Kindern im Hinblick auf das Growth Mindset bzw. das Fixed Mindset untersucht. In einer ihrer ersten Studien wollte die Professorin ergründen, wie Kinder mit Herausforderungen und schwierigen Aufgaben umgehen. Dazu stellte sie ihren Probanden, zehnjährigen Schüler:innen, einige Aufgaben, die vom Anspruchsniveau her etwas zu schwer waren. Manche Kinder reagierten überraschend positiv und freuten sich über die Herausforderung. Sie hatten erkannt, dass schwierige Aufgaben ihnen helfen werden, ihre Fähigkeiten zu erweitern und Neues zu lernen – sie hatten das Growth Mindset.

Für andere Kinder jedoch waren die Erfahrung im Test und dessen Ergebnis vernichtend. Aus ihrer Sicht wurde ihre Intelligenz auf den Prüfstand gestellt – und sie waren nach eigenem Empfinden gescheitert: deutliches Anzeichen eines Fixed Mindsets.

Im nächsten Schritt ging Carol Dweck der Frage nach, wie Kinder mit einem Fixed Mindset mit ihrem Scheitern umgehen und wie sie sich in zukünftigen Testsituationen verhalten würden. Sie fand heraus, dass viele von ihnen, anstatt mehr zu lernen, eher schummelten oder auf irgendeine Weise betrogen, wenn sie einen vorausgegangenen Test nicht bestanden hatten (Blackwell, Trzesniewski & Dweck, 2007).

In einer anderen Studie gaben die Kinder an, dass sie sich jemanden suchen würden, der noch schlechter abgeschnitten hatte als sie selbst, um sich besser zu fühlen (Nussbaum & Dweck, 2008).

Aus unzähligen weiteren Studien wird ersichtlich, dass Fixed-Mindset-Kinder vor Herausforderungen und Schwierigkeiten regelrecht davonlaufen (Hong, Chiu, Dweck, Lin & Wan, 1999; Moser et al., 2011; Mueller & Dweck, 1998; Nussbaum & Dweck, 2008).

Darüber hinaus haben Wissenschaftler:innen die elektrische Aktivität des Gehirns gemessen, wenn sich Schüler:innen einem Fehler gestellt haben (Moser, Schroder, Heeter, Lee & Moran, 2011). Bei Kindern mit Fixed-Mindset zeigte sich kaum Aktivität; ihr Gehirn hat sich nur wenig mit dem Fehler beschäftigt. Das Gehirn der Kinder mit dem Growth Mindset zeigte im Gegensatz dazu sehr viel Aktivität auf. Es lief sozusagen auf Hochtouren, um Fehler zu verarbeiten, aus ihnen zu lernen und sie zu korrigieren.

Auf der Suche nach Wegen aus dem Fixed Mindset hat Carol Dweck außerdem Studien durchgeführt, um zu prüfen, wie sich das Mindset der Schüler:innen und somit auch ihre Gesamtleistung in die richtige Richtung bewegen lassen. Sie richtete zunächst den Fokus auf das Thema Lob. In mehreren Studien wurde nachgewiesen, dass durch das Loben von Anstrengung, Ausdauer, Konzentration und Fortschritt (im Gegensatz zum Lob von Intelligenz, Talent und Ergebnissen) sich die Einstellung zum Lernen wesentlich veränderte und die Kinder widerstandsfähiger wurden (Mueller & Dweck, 1998; Kamins & Dweck, 1999; Cimpian et al., 2007; Gunderson et al., 2013).

Carol Dweck übertrug diese Erkenntnisse in eine weitere Studie (O'Rourke, Haimowitz, Ballweber, Dweck & Popovic,

2014), für die ein Online-Mathematik-Spiel entwickelt wurde. Anstatt das Belohnungssystem wie üblich auf die Rechenergebnisse zu fokussieren, belohnten die Wissenschaftler:innen den Fortschritt, die Anstrengung sowie die vom Kind eingesetzte Strategie. In der Folge haben sich die Kinder mehr angestrengt, mehr Strategien entwickelt und sich im Schnitt länger mit dem Spiel beschäftigt. Darüber hinaus zeigten sie weitaus mehr Ausdauer, wenn sie vor richtig schwierigen Aufgaben standen.

Auf diese Weise ist es tatsächlich möglich, das Mindset von Schüler:innen zu beeinflussen und mit einer Veränderung hin zu einem Growth Mindset insgesamt bessere Leistungen zu erzielen. In einer der Studien konnten die Wissenschaftler:innen um Carol Dweck nachweisen: Wenn Kinder sich anstrengen und ihre Komfortzone verlassen, um etwas Neues und Schwieriges zu lernen, entstehen im Gehirn neue und stärkere Neuronenverbindungen. Leistungsschwache Kinder, deren Growth Mindset trainiert wurde, haben über die Zeit eine starke Leistungsverbesserung erfahren; im Vergleich zu Kindern der Kontrollgruppe, die kein Training erhielten und deren Noten über die Zeit immer schlechter wurden (Blackwell, Trzesniewski & Dweck, 2007).

STUDIENÜBERSICHT:

Blackwell, L.S., Trzesniewski, K.H., & Dweck, C.S.: Implicit Theories of Intelligence Predict Achievement across an Adolescent Transition: A Longitudinal Study and an Intervention. Child Development, 78, S. 246–263 (2007)

Cimpian, A., Arce, H.M.C., Markman, E.M., & Dweck, C.S.: Subtle linguistic cues affect children's motivation. Psychological Science, 18, S. 314–316 (2007)

Gunderson et al.: Parent Praise to 1- to 3-Year-Olds Predicts Children's Motivational Frameworks 5 Years Later. Child Development, 84, S. 1526–1541 (2013)

Hong, Y., Chiu, C., Dweck, C. S., Lin, D. M. S., & Wan, W.: Implicit Theories, Attributions, and Coping: A Meaning System Approach. Journal of Personality and Social Psychology, 77 (3), S. 588–599 (1999)

Kamins, M. L., & Dweck, C. S.: Person versus process praise and criticism: Implications for contingent self-worth and coping. Developmental Psychology, 35 (3), S. 835–884 (1999)

Mueller, C. M., Dweck, C. S.: Praise for intelligence can undermine children's motivation and performance. Journal of Personality and Social Psychology, 75 (1), S. 33–52 (1998)

Moser, J. S., Schroder, H. S., Heeter, C., Moran, T. P., Lee, Y. H.: Mind your errors: Evidence for a neural mechanism linking growth mind-set to adaptive posterror adjustments. Psychological Science, 22(12), S. 1484–1489 (2011)

Nussbaum, A. D., Dweck, C. S.: Defensiveness Versus Remediation: Self-Theories and Modes of Self-Esteem Maintenance. Personality and Social Psychology Bulletin, 31, S. 232–242 (2008)

O'Rourke, E., Haimovitz, K., Ballweber, C., Dweck, C. S. & Popovic, Z.: Brain Points: A Growth Mindset Incentive Structure Boosts Persistence in an Educational Game. In Proceedings of the SIGCHI Conference on Human Factors in Computing Systems (2014), abrufbar auf academia.edu

Caroline von St. Ange
Mein Lerntagebuch

Finde heraus, was in dir steckt!

160 Seiten

Dies ist dein neues Hausaufgabenheft mit vielen Lerntipps, coolen Lernmethoden und Motivationsboostern – so macht Lernen Spaß. Hier erfährst du alles rund um Hausaufgaben und ums Lernen, übersichtlich gestaltet und angereichert mit vielen tollen Illustrationen.

Sei mutig genug, schwierige Dinge zu versuchen!